1ª edição
15.000 exemplares
Fevereiro/2014

© 2014 by Boa Nova Editora

Capa
Juliana Mollinari

Diagramação
Juliana Mollinari

Revisão
Mariana Lachi
Maria Carolina Rocha

Coordenação Editorial
Júlio César Luiz

Todos os direitos estão reservados.
Nenhuma parte desta obra pode ser reproduzida
ou transmitida por qualquer forma e/ou quaisquer
meios (eletrônico ou mecânico, incluindo fotocópia e
gravação) ou arquivada em qualquer sistema ou banco
de dados sem permissão escrita da Editora.

O produto da venda desta obra é destinado à
manutenção das atividades assistenciais da Sociedade
Espírita Boa Nova, de Catanduva, SP e do Instituto
Educacional Espírita de São Leopoldo, RS.

1ª edição: Fevereiro de 2014 - 15.000 exemplares

O TESTEMUNHO DOS SÁBIOS

Rafael de Figueiredo
ditado pelo espírito **Frei Felipe**

Instituto Beneficente Boa Nova
Entidade coligada à Sociedade Espírita Boa Nova
Av. Porto Ferreira, 1.031 | Parque Iracema
Catanduva/SP | CEP 15809-020
www.boanova.net | boanova@boanova.net
Fone: (17) 3531-4444

Dados Internacionais de Catalogação na Publicação (CIP)
(Câmara Brasileira do Livro, SP, Brasil)

Frei Felipe (Espírito).
  O Testemunho dos Sábios / ditado por frei
Felipe;[psicografado] Rafael de Figueiredo.
Catanduva, SP: Instituto Beneficente Boa Nova,
2014.

ISBN 978-85-8353-000-8

1. Espiritismo 2. Psicografia 3. Romance
espírita
I. Figueiredo, Rafael de. II. Título.

09-10352   CDD-133.9

Índices para catálogo sistemático:

1. Romance espírita: Espiritismo 133.9

Impresso no Brasil/Presita en Brazilo

O TESTEMUNHO DOS SÁBIOS

Rafael de Figueiredo
ditado pelo espírito **Frei Felipe**

Capítulo 1 9

Capítulo 2 21

Capítulo 3 39

Capítulo 4 57

Capítulo 5 69

Capítulo 6 87

Capítulo 7 93

Capítulo 8 103

Capítulo 9 113

Capítulo 10 133

Capítulo 11 147

Capítulo 12 161

Capítulo 13 171

Capítulo 14 191

Capítulo 15 199

Capítulo 16 225

Capítulo 17 239

Capítulo 18 267

Capítulo 19 287

Capítulo 20 299

Capítulo 21 313

Capítulo 22 331

Capítulo 23 343

Capítulo 24 361

Capítulo 25 377

Capítulo 26 391

Capítulo 27 405

Capítulo 28 415

Epílogo 427

Anexo I 433

Anexo II - Alfred Russel Wallace 435

Anexo III - Relato de William Crookes sobre duas experiências
com Katie King 437

Na úmida e enevoada Londres, mais um dia de outono se erguia, apontando aos moradores da mais importante metrópole europeia da época que o inverno que logo chegaria não diferiria dos anteriores. Os transeuntes envergavam pesadas roupas, pois, mesmo que as temperaturas ainda não houvessem despencado, um gelado vento cortava a cidade proveniente das margens do Tamisa.

As dificuldades impostas pelo clima têm o poder de moldar os hábitos e as personalidades das pessoas. Os habitantes de regiões onde o sol aparece poucas vezes parecem trazer ares mais sombrios, talvez contagiados pelas próprias nuvens que quase sempre desfilam sobre suas cabeças. O frio exige alimentação mais calórica e torna seus habitantes de complexão robusta, ao mesmo tempo em que o trabalho, recurso que os ares gelados também parecem estimular, torna-se compromisso moral da população. Estranho como o clima age sobre o caráter de uma nação. Torna o povo mais sério ou galhofeiro.

A capital inglesa do início do século XX trazia seus ares

aristocráticos, impulsionada pelo desenvolvimento industrial em franca expansão, impondo-se ao mundo como potência econômica e social. Assim como em séculos anteriores outras nações influenciaram os hábitos e costume social, chegara a vez da famosa ilha, além do Canal da Mancha. Grandes corporações financeiras ali tinham sua sede, o comércio mundial dependia do aval inglês. Seus braços se estendiam às colônias na América, África e Ásia. Em resumo, manter-se atualizado significava à época conhecer do que tratavam os ingleses.

Entretanto, a manhã parecia mais sombria que as dos dias que a antecederam. Ao caminhar pelas ruas parecia estar-se mergulhado em um oceano, havia tanta neblina, que fazia com que o ar parecesse estar contaminado por minúsculas gotículas d'água formando um oceano flutuante. Clima propenso às doenças respiratórias, especialidade médica de nosso personagem principal, o ainda jovem Edouard Smith.

Ele cruzava as ruas do curto trajeto que o levava do hospital até sua residência, uma casa confortável não longe do centro administrativo de Londres. Vinha de uma noite em claro, atendendo as muitas emergências que surgiam em estações assoladas pela umidade. Trajava-se como a moda da época exigia, portando paletó de tom escuro, pequena gravata, chapéu e uma pesada capa, que o protegia tanto do frio como do orvalho. Portava somente sua inseparável valise, onde se encontravam os poucos, porém, indispensáveis recursos médicos do início do século XX. Caminhava cansado, ansiando por uma xícara de café e algo que lhe pudesse matar a fome antes de repousar o restante do dia.

Edouard nascera em Glasgow, na Escócia. Sua família provinha de tradições burguesas; eram empreendedores proprietários de alguns pequenos comércios, mas que apostando no futuro investiram no crescente mercado industrial. Eram, portanto, dotados de razoável poder aquisitivo — fator fundamental para a educação dele e de sua única irmã, Elise. Esta era bem mais nova do que ele, fruto de um segundo casamento paterno, após o falecimento de sua mãe.

Desde a mais tenra infância Edouard mostrou-se dotado de sagacidade e fácil inteligência. Suas brincadeiras diferiam das crianças de seu convívio, divertia-se com seus desenhos, esboçados em papel comprado na mercearia junto com alguns poucos lápis já de reduzido tamanho de tanto uso. Ao invés de correr e pescar como seus colegas de folguedos, em muitas ocasiões ele optava por coletar insetos e desenhar aves e a flora local. Entretanto, mantinha-se entrosado socialmente. De personalidade doce, pouco trabalho dava sua educação, apesar dos costumes bastante ortodoxos e rígidos que impunham rigorosa disciplina. Podíamos dizer que nesse período de transição social por que passava a Europa e o mundo de forma generalizada, a educação doméstica enfrentava uma crise de identidade. O poder econômico se concentrava nas mãos de industriários e comerciantes, que ainda enalteciam os hábitos e a elegante tradição da nobreza europeia. Apesar da falta de títulos nobiliárquicos que dessem requinte aos nomes, os novos ricos que ascendiam na sociedade faziam questão de matricular seus filhos nas tradicionais escolas da nobreza, e os costumes continuavam influenciados pelo requinte das sociedades monárquicas. Talvez um delírio pelo glamour do passado, tão comum nesses períodos que convulsionam a sociedade e a transformam por completo.

Edouard mostrou-se interessado nos estudos, dominando idiomas e ciências com extrema facilidade. Em realidade não os aprendia, apenas os relembrava como nos explica a crença reencarnacionista. Como costuma acontecer, um de seus principais mentores intelectuais muito o influenciou, colocando-o no caminho que deveria ser a trajetória de sua vida. Entusiasmado conseguiu que seu pai o matriculasse numa das principais faculdades de medicina da Inglaterra, garantia de sucesso e de uma vida confortável.

Contando com poucos anos abandonou sua terra natal, sempre saudoso das paisagens bucólicas e do gélido vento das highlands escocesas, para residir em Londres, simbolicamente a atual capital do mundo. Sua mente vivaz embriagou-se com o agito e as novidades que chegavam espontaneamente ao seu conhecimento. A efervescência social não o contagiava muito, porém, as polêmicas jornalísticas já eram moda e estampavam as capas dos principais jornais londrinos. Esse acesso fácil à cultura e às novidades serviu de estímulo para que Edouard, ainda adolescente, resistisse à saudade de casa.

Formou-se em medicina com louvor e, antes mesmo que terminasse os estudos, já atendia no principal hospital londrino acompanhando seu professor da especialização que hoje chamaríamos de pneumologia. Não demorou a casar-se. De temperamento doce, despreocupado de conquistas amorosas, foi preferido por inúmeras e tradicionais casas de Londres. O mesmo professor, que o tratava como braço direito, com facilidade negociara o contrato de núpcias, visto que seu pai havia falecido de grave enfermidade. Em realidade o Dr. Stewart era-lhe a atual família, porque após a morte de seu pai ficara praticamente sem familiares. Sua madrasta e irmãzinha eram fruto de um segundo relacionamento que teve ensejo poucos anos antes de sua partida de Glasgow. Não havia laços afetivos que os prendesse uns aos outros. Abrira mão da consi-derável herança de família, um pouco orgulhoso, queria tudo adquirir com o próprio trabalho.

Casara-se com Elisabeth Clarkson, de uma tradicional família lon-drina, passando ela a ostentar o sobrenome Smith. Moravam na região central da capital; ambos exibiam educação primorosa. Elisabeth, além de falar francês com maestria, era estudada em canto e piano, o que estimulava o casal Smith a concorridos saraus em sua residência, mas que quase sempre descambavam em diálogos politizados e de cará-ter intelectual. Elisabeth, apesar de meiga e gentil, tinha personalidade forte, de opinião marcante e não respeitava as tradições, deixando claro o que pensava quando sua opinião divergia do marido. Essa atitude chocava alguns frequentadores das reuniões facilmente, entretanto muito agradava Edouard, que via em sua esposa uma mulher inteligente que a cada dia mais o encantava.

Caminhara mais alguns passos parando defronte a sua residência, casa em estilo londrino, com porta e algumas janelas voltadas para frente, sem espaço entre a sua e as casas vizinhas. Os tons acinzentados davam sobriedade à construção e um visitante poderia ficar tomado em observá-la. Procurava as chaves da porta nos bolsos, já resmungando por não encontrá-las com a esperada facilidade. Gladys, governanta da residência, vira Edouard chegando e lhe abrira a porta.

— Bom-dia, senhor Smith.

— Bom-dia, Gladys.

— Perdeu a chave de novo? — perguntou a serva com largo sorriso no rosto.

O jovem sorriu ao responder:

— Deve estar em algum bolso, só não consigo encontrá-la quando quero.

Edouard adentrou o lar com passos pesados, desfazendo-se da capa e da valise, que deixara no cabide próximo a porta. Caminhou até a sala onde encontrou Elisabeth. Ela aprumada tomava café enquanto lia o jornal.

— Bom-dia, querido — disse ao perceber a presença do marido.

O casal tratava-se com extrema delicadeza. Edouard comentou alguns rápidos episódios de seu trabalho no hospital e sentou-se em frente à esposa.

— Gladys, por favor, traga-me uma xícara de café e algo para comer — solicitou o médico à governanta.

Não demorou a trazer o que fora requisitado, afinal já estava habituada ao mesmo ritual sempre que o patrão voltava de um plantão no hospital. Elisabeth, percebendo que Gladys retornara à sala, voltou a conversa ao ponto em que haviam sido interrompidas com a chegada do marido.

— Ouve isso Gladys — disse e passou a ler em voz alta — "segundo o relato da Sra. Noel, esposa de um ilustre general francês servindo em Argel, capital da Argélia, relatos mediúnicos de relevância ocorrem com a médium Marthe Béraud. Esses fenômenos vêm acontecendo com regularidade desde 1903, sempre que a Sra. Noel hipnotiza Marthe. Um brâmane indiano apresenta-se materializado aos olhos dos presentes, denominando-se Bien Boa e afirmando ter morrido já correm trezentos anos".

Edouard reagiu com enfado à leitura da esposa e, não se contendo, exclamou:

— Elisabeth, já lhe falei que esses tabloides são mentirosos. Eles inventam notícias para vender jornais e impressionar as pessoas. Não dê crédito a essas alucinações.

— Ora querido, sabe minha opinião e o quanto divergimos nesse aspecto. Afirmo que pessoas respeitadas têm-se detido a analisar semelhantes episódios, e as observações são as mais criteriosas possíveis. E o "Light" difere dos tradicionais jornais sensacionalistas, está certo que nunca é demais certa desconfiança, entretanto não podemos ser intransigentes com os fatos que despontam nas mais diferentes partes do mundo — respondeu entre um gole e outro de café.

Agastado e cansado pela noite de trabalho, o jovem médico optou por deixar essa discussão infrutífera de lado e retirar-se para dormir.

RAFAEL DE FIGUEIREDO DITADO POR FREI FELIPE

— Estou cansado, não tenho tempo para essas fantasias. Preciso descansar um pouco. Com licença, vou me retirar.

Elisabeth continuou discutindo a reportagem com Gladys; curiosas procuravam se inteirar da viabilidade do que o jornal relatava. Elisabeth possuía algumas amigas de seu círculo social que já haviam realizado reuniões mediúnicas e estava bastante interessada no assunto.

Cansado, Edouard dormira sem se preocupar com a hora. O relógio já passava do meio da tarde quando acordou com bastante fome. Elisabeth e Gladys haviam ido às compras. Sozinho em casa, encaminhou-se à cozinha e arrumou o que comer. Deu uma rápida revirada nos jornais e não pôde frear a curiosidade de ler a matéria que sua esposa comentara pela manhã. Não admitia estar curioso com relação a essa espécie de fatos, mas, aproveitou estar longe dos olhos alheios e sem ter que admitir a ninguém tal interesse, lançou mão do exemplar do "Light" sobre a mesa. Sentia vontade de conhecer o fato, mesmo que fosse para ali encontrar questões absurdas e fáceis de rechaçar, sendo ele um homem da ciência.

Colocou o café de lado e, com o jornal aberto sobre a mesa, iniciou a leitura. A narrativa dava conta das manifestações ocorridas em Argel e presenciadas por diversas pessoas da família Noel, familiares do general francês lá servindo, além do testemunho de um engenheiro e um médico. O que lhe pareceu bastante imprudente. Entendia que homens estudados não deviam se expor a esse tipo de situação controversa. Não conhecia os referidos cientistas envolvidos em tais observações — Gabriel Delanne[1] e Charles Richet[2]. Entretanto, o fato de assumirem a realidade dos acontecimentos já lhe abalara algumas convicções, e

---

[1] François Marie-Gabriel Delanne (1857 — 1926): nascido em família espírita, foi um dos principais discípulos de Allan Kardec. Engenheiro, defendeu a ideia de um Espiritismo científico, atuando por diversas vezes em pesquisas junto de outros cientistas, como o amigo Charles Richet. Podemos atribuir a ele o desenvolvimento do conceito do perispírito, suas definições e estudos.

[2] Charles Robert Richet (1850 — 1935): fisiologista francês, ganhador do prêmio Nobel de Medicina em 1913, foi fundador da Metapsíquica, ciência que estuda os fenômenos mecânicos ou psicológicos oriundos de forças inteligentes ou poderes desconhecidos, segundo sua própria definição. Escreveu diversos livros sobre suas pesquisas espíritas.

O TESTEMUNHO DOS SÁBIOS

mesmo que não admitisse, intimamente fazia-o ser mais criterioso na sua crítica mordaz e até debochada dos fenômenos espíritas. As coisas não deveriam ser tão simples de desmascarar como sempre pensara.

O texto referia-se ainda aos cuidados tomados pelos dois estudiosos, que realizavam inspeções detalhadas no ambiente em que as experiências ocorreram. Procuravam a existência de alçapões, garantiam que janelas e portas estivessem obstruídas para que ninguém ali pudesse ingressar, fingindo ser o espírito materializado. Após alguns minutos de espera, a figura imponente de Bien Boa[3] surgia, vestindo sua habitual túnica e o elmo dourado que trazia na cabeça. Era um homem de quase um metro e oitenta com negra barba sobressaindo-lhe no rosto. Richet destacava que podia ouvir os passos do espírito sobre o assoalho, indicando este ter ação sobre a matéria. Tanto Richet quanto Dellane apertaram-lhe a mão para avaliar se era mesmo composto de carne e osso. Sua temperatura corporal não diferia da temperatura dos vivos. Por vezes, via-se sua materialização surgir a partir de pequenas bolas luminosas que, crescendo de tamanho, assumiam sua forma, e para não deixar dúvida de fraude, se materializava em diferentes partes da peça, próximo ou distante da médium e diante de todos. Assim como surgia, desaparecia sem deixar vestígios, sob o olhar atento de todos os presentes.

Mas os pesquisadores haviam ido mais além. Richet sendo médico, propôs que Bien Boa soprasse por um canudo num copo repleto de água de barita[4] límpida fazendo o conteúdo gorgolejar por alguns segundos. Após os trinta segundos, soprando o ar expirado dentro do copo, o líquido ficou esbranquiçado, fato comprovador de que a aparição expelia gás carbônico, como se vivo fosse, para a surpresa e o convencimento dos presentes. Dellane e Richet diziam-se convencidos da veracidade do fenômeno, o que dava crédito à narrativa.

---

[3] Em anexo fotografia de Bien Boa por Charles Richet.
[4] Água de barita: solução aquosa de hidróxido de bário, utilizada para identificação de gás carbônico e carbonatos.

Edouard não sabia o que pensar, pois o texto realmente discordava do que supunha encontrar com a leitura. Não pensou que homens com conhecimento científico se detivessem em análise desse tipo de fenômenos. Pensou tratar-se de mera diversão de pessoas desocupadas e com tempo suficiente para alimentar a fértil imaginação. A questão então era mais complexa do que supunha. Entretanto, ainda acreditava na possibilidade de os estudiosos, apesar de seus esforços, terem deixado passar algo que os fizera ser enganados. Sofrerá o jovem médico, porém, o primeiro golpe em suas convicções doutrinadas pelo positivismo científico. Terminou seu café e passou o resto do dia refletindo de que modo poder-se-ia criar essas manifestações sem que as mesmas fossem descobertas.

No dia imediato, logo cedo, após tomar o café com sua esposa, rumou para o hospital onde se encontraria com o amigo e médico Rupert Stewart. A afinidade entre ambos saltava aos olhos. Stewart acolhera Edouard logo que este chegara a Londres, proveniente de Glasgow. Fora-lhe o segundo pai, conselheiro e orientador prudente e sempre presente. Algumas vezes ambos já haviam se questionado dessa fácil simpatia entre eles, acreditando-a se dever ao idêntico gosto que nutriam pelo exercício da medicina. Não sendo adeptos das ideias reencarnacionistas, sua análise não ia além dessa existência, mas ambos já haviam sido muito próximos em encarnação anterior, quando Rupert Stewart também lhe fora uma espécie de pai adotivo.

Pensativo, Edouard chegou sem perceber ao hospital. Rupert o vira chegando e resolveu esperá-lo para que entrassem juntos. Como o jovem não percebeu sua presença, teve que chamá-lo.

— Edouard.

— Oi professor, estou distraído hoje e nem o vi — disse desculpando-se.

— Percebi — falou o idoso médico sorrindo do devaneio do rapaz.

— Vim refletindo sobre algo que me intrigou — comentou Edouard, desejando ouvir outra opinião sobre o tema.

Rupert aguardou em silêncio, esperando que o jovem lhe comentasse o que o intrigava com espontaneidade.

— Não desconhece que Elisabeth, apesar de seus dotes intelectuais, tem muita curiosidade pelos tais fenômenos psíquicos que parecem despontar em todos os cantos nos dias atuais. Ela recebe mensalmente um exemplar do "Light", jornal voltado a informações sobre esse tipo de coisa. Acontece que ontem, quando cheguei a casa, ela e Gladys conversavam sobre um episódio ali narrado. Eu não dei crédito e mais uma vez levei na conta de fantasia, mas depois me inteirei da reportagem e não posso negar que fiquei surpreendido com o que pude ler. A questão é muito mais complexa do que poderia supor.

Rupert sorria do caráter bastante curioso de seu pupilo. Conhecia-o bem para saber que o mesmo não se deixaria enganar por questões superficiais.

— Desde então venho refletindo sobre isso. Não consigo achar uma forma de negar o que consta ali descrito, a não ser que ponha em dúvida a honestidade dos observadores. O que me pareceria um equívoco.

— Mas de que fala exatamente esse texto? — indagou pela primeira vez o experiente médico, enquanto ambos caminhavam pelo interior do hospital.

— A reportagem dava conta da materialização de um espírito de nome Bien Boa, que afirmava ter morrido fazia trezentos anos.

Rupert olhou curioso para seu ex-aluno.

— Não estou louco professor, vou-lhe mostrar a narrativa para que o senhor me ajude a entender o que se passa.

— Não pedi que se justificasse Edouard.

— Nem precisava da forma como o senhor me olhou.

Sorriu o velhinho.

— Não, filho. Não foi um olhar de repreensão, mas de surpresa. Porque você nunca havia demonstrado interesse por questões dessa ordem.

— Então, o senhor não me reprova a curiosidade?

— Por que o faria? Já estou na idade de compreender que não existe verdade absoluta. A ciência que exercemos é uma prova disso, quantas vezes há se transformado nessas últimas décadas? Além do que, sempre achei interessante que o indivíduo pudesse ter fé em alguma coisa, além de seu próprio intelecto.

Edouard parecia não conhecer esses pensamentos de seu amigo.

— Sempre me preocupei com seu jeito de ser. É excelente profissional, porém, noto que não consegue lidar bem com a perda de um paciente. E muito me preocupo com o fato de que, um dia, a perda de um familiar ou ente mais próximo possa abalá-lo profundamente. As pessoas que têm uma crença em algo superior, apesar da dor, conseguem superar melhor esse tipo de separação. E é natural que pessoas na minha idade preocupem-se com questões como estas. Nunca sabemos o momento em que seremos chamados a prestar contas a Deus.

— Então, o senhor não acha absurdas essas questões?

— De maneira alguma! Na realidade, esses assuntos muito me interessam. E, como você diz, essas manifestações surgem espontaneamente cada vez em maior número e é difícil delas não se tomar conhecimento.

— Já as conhecia?

— Já as vi de perto, meu filho. E digo-lhe que são difíceis de negar. Apesar de que acreditá-las entre em choque com tudo que estudamos e aprendemos. Quisera eu tê-las conhecido em minha juventude, quando a vida me oportunizaria mais tempo para nelas me deter. Entretanto, parece que também nisso sou convidado a encaminhá-lo nos primeiros passos.

Edouard sorria à alusão do velhinho.

— Quem sabe em uma oportunidade não muito distante aceitará me acompanhar em alguma experiência dessa natureza — comentou, já terminando de se aprontar para dar início ao atendimento dos pacientes.

Rupert provocou no jovem médico profundas cogitações, mas as mesmas deveriam ficar para mais tarde. Nesses dias frios e úmidos, o número de pacientes com doenças respiratórias crescia muito e o trabalho era constante.

Elisabeth aprumava-se, pegara seu chapéu e logo saíra para rua, onde não demorou a que uma charrete atendesse seus acenos.

— Para onde a senhora deseja ir? — perguntou o condutor.

Ela informou o endereço, que distava pouco de sua própria residência, e, enquanto deslocava-se pelas movimentadas ruas de Londres, deixou que seus pensamentos divagassem.

Esta seria a primeira vez que assistiria a uma sessão espírita. Estava ansiosa. O que veria? Como funcionaria? Sua amiga Clara Robertson e seu marido John ocupavam-se desses fenômenos fazia alguns meses. Haviam começado a convite de um tio que se ocupava de questões espíritas fazia alguns anos. Era para a residência de Clara que se dirigia. Uma pequena reunião havia sido programada para a observação desses fenômenos, e Elisabeth fora convidada.

Clara aguçara a curiosidade da senhora Smith com seus comentários

Uma sobrinha sua, de nome Emma, mostrara-se suscetível à influência dos espíritos, que por ela davam curiosos e convincentes testemunhos da sobrevivência da alma após a morte. Elisabeth cogitava que talvez algum familiar falecido pudesse se manifestar. Diziam que coisas voavam e mesmo fantasmas tornavam-se visíveis em certas ocasiões. Será que isso aconteceria mesmo?

Estava perdida em cogitações, quando se deu conta já estava estacionando em frente ao endereço desejado. Enquanto pagava o condutor, sua amiga Clara veio recepcioná-la.

— Olá, Liz querida. Que bom que veio.

— Não perderia essa oportunidade por nada.

— Cheguei a imaginar que Edouard não permitiria.

— Ele não tem esse direito, aliás, ele nem sabe que aqui viria. Ele não se mostra muito interessado nesse tipo de coisa, que afirma ser fruto da imaginação de incautos. Evitei qualquer atrito no sentido.

— Entendo, mas vamos entrando. Alguns convidados já se encontram presentes. Vou apresentá-la.

Elisabeth era uma mulher bastante independente, principalmente em se tratando do período que descrevemos. Não era extremista, mas tinha uma personalidade muito marcante. E era esta mesma característica, aliada à boa educação recebida, que fazia dela uma mulher singular e interessante.

Adentrou a casa e de imediato dirigiram-se para a sala, que se encontrava já preparada para as atividades. Algumas cadeiras estavam-se dispostas em semicírculo. As luzes bruxuleantes permitiam que tudo fosse avistado com clareza. Uma mesa de proporções medianas mobiliava o centro da sala. Sobre ela material para escrever e alguns livros que não soube identificar de imediato.

Um pouco ansiosa, foi apresentada aos três cavalheiros e a outra dama, esposa de um deles, que ali se encontravam. Conversavam com circunspecção, pareciam estar mais acostumados com o que veriam e não guardavam tanta expectativa quanto Elisabeth. Clara, após solicitar algumas providências à governanta de sua residência, sentou-se ao lado de sua amiga.

— Liz, acalme-se. Não precisa ficar nervosa, não vai acontecer nada demais — comentou sorrindo ao perceber as mãos inquietas da amiga.

— Perdoe-me a ingenuidade Clara, mas não sei o que esperar.

— Não é nada demais. Não precisa ter medo.

— É que não sei como me comportar.

— Não se preocupe com isso. Não precisará fazer nada. Basta manter o silêncio e procurar ter os pensamentos controlados durante a sessão.

— Poderia me explicar como funciona?

— Perdoe minha falta de tato, já devia ter feito isso. Vou tranquilizá-la. Só está faltando John, que foi buscar Emma, nossa médium, e assim que todos os convidados chegarem, nós vamos dar início à sessão. Em primeiro lugar, procuramos ler e comentar alguns trechos de um dos livros que estão sobre a mesa. Está vendo? — disse apontando.

— Que livros são aqueles?

O TESTEMUNHO DOS SÁBIOS

— Não os conhece? São algumas obras de Allan Kardec. Pensei que lendo o "Light" você já os conhecesse.

— Não, nunca tive oportunidade de lê-los, só ouvi falar.

— Espere, vou pegá-los.

Clara buscou os livros disponíveis e apresentou-os a Elisabeth. Constava "O Livro dos Espíritos" e o "O Livro dos Médiuns". Ambos em edições francesas, o que não era problema para nenhuma das duas senhoras, que conheciam bem o idioma.

— Foi presente de meu tio. Ele disse que, com o que não nos havia podido ajudar, estes livros o fariam.

A senhora Smith folheava-os curiosa.

— Que achou? — quis saber Clara.

— Olhando assim não consigo emitir um parecer, mas parecem obras, no mínimo, curiosas.

— John tem um conhecido que as consegue trazer do continente. Se tiver interesse, posso pedir que ele as consiga para você também.

— Adoraria.

— Voltando ao funcionamento da atividade, — retoma o assunto — depois dessa leitura, fazemos uma invocação para que, se houver algum espírito interessado em nos falar qualquer coisa, que se utilize da médium presente para tanto.

— E como acontece?

— Emma fica relaxada, sentada junto àquela mesa. Vê os papéis? Alguns espíritos disseram ser mais fácil para eles se manifestar por escrito. E assim o fazem, e ao final lemos o que foi escrito. Outros espíritos preferem falar através de minha sobrinha, fazem-no com naturalidade, como se vivos estivessem. Bem, eles estão mesmo — disse entre risos. — Não é muito comum, mas já tivemos eventos diferentes, onde nossos livros flutuaram, assim como a médium teve sua cadeira erguida.

— E materializações?

— Nunca as vi. Não de espíritos propriamente dito, apenas por duas vezes nos deixaram flores. Porém, John me disse que não poderíamos ter certeza de que são materializações ou se os espíritos as colheram em algum outro lugar e as transportaram até aqui.

— Estou curiosa para ver essas coisas.

— É na verdade fantástico. Até eu, mesmo depois de já ter presenciado tantas sessões, ainda me surpreendo com a realidade.

— Acredita mesmo que sobrevivamos após a morte? — Elisabeth também acreditava, mas se mostrava prudente em seus questionamentos.

— Às vezes ainda me deixo invadir por dúvidas. John crê com firmeza, mas minhas dúvidas sempre são dizimadas após nossas noites em sessões.

— Penso nas possibilidades, compreende as transformações filosóficas que invadiriam nossa sociedade com a constatação desses fenômenos? Estar diante da possibilidade de assistir a essas coisas me entusiasma — Elisabeth, apesar de inexperiente no Espiritismo, estava acostumada a meditar; suas leituras eram fonte de profundas cogitações filosóficas, ela compreendia muito melhor que sua amiga as consequências morais do Espiritismo.

— Oh, são eles. John chegou com Emma; com licença, vou recebê-los.

Enquanto Clara fora atender ao esposo e sobrinha, Elisabeth mergulhou em cogitações íntimas. Estava ansiosa pelo início da atividade, poderia constatar o que até agora só havia ouvido falar. Apesar da convicção interior que trazia, os fatos afirmariam a certeza da imortalidade da alma. Era um momento capital em sua existência, sem dúvida mudaria muito o rumo de sua vida, a maneira de encará-la. Fazia parte de seu roteiro reencarnatório, não sabia disso, mas sentia a importância que estes instantes teriam dali para frente.

Ergueu-se para cumprimentar John Robertson e Emma.

— Fico feliz em tê-la conosco. Espero que tenhamos uma noite agradável — comentou o anfitrião com modos educados.

— Titia comentou que é a primeira vez que participa de uma sessão espírita. Não fique preocupada, no princípio estranhamos um pouco, talvez por não compreendermos, mas depois conseguimos encarar tudo com perfeita naturalidade. Com licença, mas agora preciso me ajeitar, hoje chegamos mais tarde que o habitual. Depois teremos tempo para conversar — disse e saiu a jovem de cabelos avermelhados e muita simpatia.

Emma era órfã de mãe, e Clara era como que sua irmã mais velha. A jovem frequentava a residência do casal Robertson com assiduidade, principalmente após o passamento da mãe. O pai, trabalhando na marinha mercante, passava a maior parte dos dias em viagem, confiando nos préstimos dos parentes para auxiliar na formação da jovem.

Elisabeth ficou espantada com a naturalidade de Emma. Em realidade esperava algum tipo de ritual, mas não foi nada do que vira. A jovem, recém-saída da infância, falava com desenvoltura e naturalidade. Após os devidos cumprimentos aos demais convidados, todos se assentaram aguardando as instruções de John para o início das atividades.

— Boa-noite aos amigos, sejam todos bem-vindos! Como sei que alguns de vocês nunca estiveram presentes a uma sessão de fenômenos espíritas, creio ser meu dever dar alguns pequenos esclarecimentos. É de extrema importância que mantenham a calma, haja o que houver, e que não façam comentários diretos aos espíritos. Seria mesmo oportuno que, se possível, evitassem considerações, mesmo que mentais, durante a atividade. Depois teremos razoável tempo para comentários. Não faremos evocação particular, pois nossos guias espirituais têm-se mostrado prestimosos e vigilantes às nossas necessidades de instrução. Quero ressaltar que nossa atividade é séria e não se presta a meras curiosidades. Nosso interesse é estudar a realidade do fenômeno espírita e progredir em seus estudos — o locutor observava a reação dos presentes. — A médium irá se colocar, após nossa leitura, à disposição dos espíritos, que a utilizarão para a comunicação da forma que julgarem melhor. Algumas vezes é-nos solicitado que cantemos algum hino religioso ou recitemos alguma prece. Garanto-lhes que isso não é um ritual, mas apenas uma forma de manter a atenção dos presentes o menos dispersa possível e voltada a pensamentos elevados.

E disse concluindo:

— Alguém tem alguma questão?

Como o silêncio reinasse no recinto anunciou o início da sessão. Leu-se um trecho de "O Livro dos Espíritos", ao que se sucedeu respeitoso silêncio. Não demorou mais que cinco minutos e a mão de Emma passou a tatear a mesa procurando lápis e papel. O ambiente iluminado parcamente, de acordo com a época, emoldurava a cena com certo ar de suspense, gerando enorme expectativa nos presentes, em especial naqueles que ali estavam pela primeira vez. A jovem estava aparentemente inconsciente, sua cabeça pendia em direção ao peito, apenas sua mão direita se movimentava. Interessante ressaltar que Emma era canhota quando em vigília, entretanto psicografava com a mão direita. Talvez um esforço espiritual para atestar a independência do fenômeno da vontade da médium.

Sua mão tateou e deu pequenas batidas sobre a mesa, como se o espírito quisesse chamar a atenção sobre o que acontecia. Sabe-se, por experiência, que o entrosamento entre médium e espírito carece de certo tempo para possibilitar a manifestação com maior desenvoltura. Enquanto se apoderava do controle motor da médium, o espírito parecia estar fazendo exercícios que facilitassem o intercâmbio. De lápis em punho, John aproximou algumas folhas de papel para que a mão, que parecia agir totalmente independente do corpo, pudesse escrever aquilo a que se propunha.

Após alguns poucos minutos, tinham diante de si um pequeno texto, grafado em inglês corretíssimo e com caligrafia distinta, para aqueles que conheciam a caligrafia da senhorita Emma. A mão sinalizou que havia concluído a tarefa recusando as folhas que o senhor Robertson oferecia. Fez sinal para que aguardassem, o que aumentava a expectativa dos novatos.

Dali mais alguns minutos, Emma ergueu sua cabeça mantendo os olhos cerrados e, após alguns sons guturais e incompreensíveis, disse algumas palavras.

— Tentaremos uma experiência, aguardem e mantenham a fé.

O tempo decorrido deixava os participantes ansiosos, ninguém sabia o que aquelas palavras significavam. Difícil controlar os pensamentos em uma hora dessas. Elisabeth tudo observava.

A mesma voz que falara antes concluiu:

— Sejamos imensamente gratos à vontade divina, que oportuniza aos seus filhos conhecerem a realidade existente além da morte, ainda revestidos do traje corporal. Perseverem em seus estudos, pois, sempre que se reunirem com o firme intuito de aprender, receberão ampla assistência daqueles que acompanham seus passos de muito perto. Nunca esqueçam que só os corpos morrem e apodrecem. Aqueles afetos caros, que partiram nos antecedendo na grande viagem, permanecem vivos, e não apenas em seus corações, mas ao seu lado, torcendo por seu progresso e consolando-os nos momentos de amargura. Confiai na benevolência divina.

O ambiente encontrava-se invadido por uma sensação gostosa de aconchego, que fazia aflorar nos presentes a emotividade, e lágrimas muito tímidas escapavam dos olhos atentos de nossos expectadores. Ao pedido do espírito que entoassem um hino religioso, elas se fizeram mais abundantes, e a experiência que o espírito havia anunciado se completou com algumas pétalas de rosa, em tons muito claros, que desciam do teto com suavidade se desfazendo antes de tocar o chão. Belíssimo espetáculo.

Elisabeth indagava-se mentalmente, como conceber o que acabava de ocorrer. Estranho é que ninguém se movimentara, havia luz suficiente para perceber isso. De onde, então, surgiram tais pétalas? Era essa sensação agradável que a todos contagiava, pois podia ser constatada no olhar de cada um dos presentes. Um agradável aroma perfumava o ambiente, sem dúvida deveria ser ocasionado pela presença das pétalas desaparecidas. Fora tudo ilusão de meus sentidos? Será que somos mesmos reféns de uma fértil imaginação que nos atinge coletivamente? Não, improvável, com razão poder-se-ia dizer que desejei crer, mas, com fidelidade, tudo observei sem nada distorcer. Além do mais, o perfume que se espalhara pela sala era a prova de que algo acontecera.

A iluminação foi aumentada, e John foi o primeiro a quebrar o silêncio. Pediu a atenção dos presentes e com polidez agradeceu a presença de todos, estendendo esse agradecimento aos espíritos que participaram da reunião. Feito isso passou à leitura da mensagem psicografada. Como o conteúdo era bastante pessoal, leu só o que poderia ser útil para o aprendizado de todos, interrompendo-se quando o texto passou a tocar em questões da vida pessoal da própria médium. A mensagem psicografada fora assinada pela mãe de Emma, que há alguns meses se fazia assídua frequentadora espiritual dos encontros.

Pelo adiantado da hora as conversações em torno da sessão mediúnica restringiram-se a rápidos apontamentos. Todos se dispunham à retirada, menos Elisabeth, que aguardava a oportunidade para recolher dos anfitriões alguns esclarecimentos e entretecer alguns comentários. Vendo-se a sós com a adolescente, que servira de intérprete dos espíritos, aproveitou para saciar sua curiosidade que não trazia nada da futilidade tão comum e inerente aos curiosos.

— O que achou Liz? — indagou a jovem, antecipando-se aos comentários de Elisabeth.

— Preciso de mais tempo para refletir e formular um parecer mais bem estruturado sobre o que presenciei — respondeu com vigilante sinceridade.

— Entendo o que quer dizer. Eu mesma ainda me pergunto se tudo isso é real.

— Você? — indagou surpresa.

— Pois, sim. Imaginou que, pelo fato de que as manifestações se deram por meu intermédio, eu nelas acreditaria às cegas? Não Liz querida, eu também sofro com minhas dúvidas. Tenho inconsciência do que ocorre durante o transe mediúnico. Pense em minha situação, quando desperto, alguém me diz que escrevi ou falei coisas que se lembro, é apenas vagamente.

— Mas eu pensei...

— Também sofro com as mesmas interrogações. Algumas vezes, como aconteceu hoje, recebemos provas incontestáveis da presença de nossos familiares já falecidos ao nosso lado — disse estendendo a página que recebera do espírito de sua mãe.

Elisabeth pegou o papel com vivo interesse, já agradecida pelo voto de confiança que a menina a ela demonstrava, pois John deixara claro que o assunto era bastante íntimo para ser debatido em público. Correu os olhos rapidamente sobre o conteúdo da página e sua expressão pouco se alterou ao findar a leitura.

— Compreendo que essas palavras tenham pouco significado para aquele a quem elas não foram endereçadas. Por isso, entendo que elas pouco acrescentam aos outros. Para mim, entretanto, são prova contumaz da benevolência divina, que permitiu que minha amada mãezinha pudesse consolar-me em sua despedida. Creia Liz, havia duas semanas que, em prece em meu quarto, isolada de todos e sem comentar com ninguém meus pensamentos, buscava as respostas que essa carta do além me apresenta. Sou inteligente o suficiente para compreender que isso pode ser mais um motivo para desacreditar-me, pois além de só eu saber do que se trata, foi escrito por minha mão. Só que ninguém saberá compreender o bem que me traz e a consolação que me enche a alma. E isso basta para mim. Tenho medo de errar, de não ser um bom instrumento dos espíritos, mas desde que iniciei nessas atividades tudo que tenho recebido só me tem enchido o coração de esperança e me fortalecido para a vida que tenho levado. Avalio tudo pelo bem que tem produzido, não apenas a mim, mas àqueles que por vezes desfrutam conosco desses momentos.

A menina falava inspirada, tocando com precisão nas dúvidas que Elisabeth alimentava. A jovem senhora Smith sorriu por ver, espontaneamente, respondidas as incertezas que trazia consigo e que, com sinceridade, não exporia a Emma. Ficou realmente espantada com a maturidade da jovem e simpatizou mais ainda com seus modos e sagacidade. Logo delas aproximaram-se John e Clara, que haviam despedido os visitantes.

A conversa seguiu animada por mais três quartos de hora, manifestando Elisabeth a necessidade de retornar ao lar. John dispôs-se a acompanhá-la até sua residência, pois também deveria encaminhar sua sobrinha no retorno ao lar. Elisabeth parecia saciada com os resultados obtidos em uma única noite. Cresciam nela a certeza e a dúvida antagonicamente. Cria mais do que outrora na sobrevivência da alma e na comunicabilidade dos espíritos, mas imaginava diferente. Tudo lhe parecera simples demais. Se por um lado, a fé irrompia em seu íntimo, por outro, buscava subsídios para a essa mesma fé se entregar. Eis a fé racional e prudente, que crê sem excessos, mas tem a força moral, que nos sustenta nas adversidades sem nos tornar religiosos endurecidos e intransigentes.

Voltara ao lar com os pensamentos acelerados, diversas reflexões lhe assomavam à mente sem interrupção. Pelo adiantado da hora encaminhara-se sem demora para o dormitório do casal. Edouard não se encontrava, pois estava em atividade no hospital. Gladys percebera a chegada de sua patroa e oferecera seus préstimos, mas Elisabeth a dispensara. A casa permanecia em silêncio, Elisabeth não imaginava a importância que aquela noite teria em sua existência, mas logo perceberia que suas convicções mais íntimas haviam se transformado de maneira assaz profunda, que por agora ela ainda não conseguia compreender. Sua excitação nervosa e os pensamentos intensos a impediam de dormir. Passara a noite entre curtos cochilos e muitas reflexões. Sentia anseios de contar o que estava em seu íntimo, o que vira e o que deduzira. Até numa tentativa de organizar os próprios pensamentos, precisava narrar as ideias que a excitavam; Gladys, porém, apesar da boa vontade, não entenderia suas reflexões, ela ansiava por falar com o marido. Ele, mesmo com seu positivismo, certamente a ouviria e, dotado de bom senso, saberia conduzir-lhe a imaginação, se essa fosse a razão de tanta inquietação.

Elisabeth tanto quanto Edouard traziam na intimidade, de modo instintivo, a crença na sobrevivência da alma. Porém, os pensamentos vigentes moldaram-lhes o modo de pensar, e suas raízes haviam se aprofundado com os costumes da sociedade em que viviam. Principalmente no jovem médico, que achava certa tolice essas ideias, mesmo não as tendo analisado ainda com prudência e sem estigmas. Entretanto, tudo isto estava fadado a mudar. Mesmo que a educação e o ambiente em que se vive moldem o caráter do indivíduo, valores já entranhados na real intimidade da criatura surgem com naturalidade. De tempos em tempos, somos estimulados por eventos fortuitos ou mesmo situações provocadas por companheiros desencarnados aos quais nos filiamos, com nossos acertos e erros, conduzindo-nos a individualidade ao traço que já nos caracteriza como espíritos imortais. Por este motivo explica-se tamanha dificuldade em modificarmos de uma hora para outra nosso real modo de ser, sempre necessitando do emprego da firme vontade com persistência contínua. Tanto Elisabeth quanto Edouard já haviam realizado conquista semelhante em matéria de religiosidade, faltando apenas que essa consciência fosse despertada. O que poderia levar mais ou menos tempo, na mesma proporção em que haviam sido contagiados pela visão religiosa dogmática ou mesmo pelo materialismo, infundido pelo positivismo em voga. Quanto avanço alcançaria a psicologia moderna se aceitasse a reencarnação e a sobrevivência e influência dos espíritos sobre nossas vidas!

O dia raiava e, ao som da porta se fechando, Elisabeth ergueu-se para encontrar Edouard. O jovem senhor Smith surpreendeu-se ao ver

O TESTEMUNHO DOS SÁBIOS

a esposa de pé mal o dia dava seus primeiros sinais. Sequer Gladys havia acordado. Ela, vestida com uma requintada roupa de dormir, poderia assustar a algum desavisado invasor que adentrasse pelo corredor da casa. Iluminada pela bruxuleante luminosidade produzida por um candelabro, que sustinha em suas mãos, parecia provir do Hades[1].

Refeito da primeira impressão, o médico indagou a esposa:

— Que fazes desperta a essa hora?

— Mal consegui fechar os olhos durante a noite — Liz demonstrava grande ansiedade nos olhos, na voz e em especial no movimento das mãos.

— O que aconteceu?

— Ah, querido, desculpe-me, não era minha intenção assustá-lo — respondeu percebendo que sua atitude havia causado grave impressão ao esposo. — Vamos à cozinha, sei que deve estar faminto.

Assim seguiram e após Elisabeth preparar-lhe uma modesta refeição, ambos se puseram a trocar impressões.

— Agora me conte Liz, o que te causou essa intensa agitação?

Apesar da ânsia por tudo contar ao marido, ela não sabia bem como fazê-lo. Foi vacilando que iniciou o relato.

— Como bem sabes, nesta noite fui à casa dos Robertson.

— Sim, recordo-me de haver comentado. Como estão?

— Ah, bem! Ambos parecem bem. Mas, não é isso que quero contar. Lembra-te que faz muito tempo que desejo participar de uma

---

[1] Hades - Na mitologia grega, é o deus do mundo inferior e dos mortos.

reunião de Espiritismo? Pois, bem, Clara e John realizam reuniões espíritas em seu domicílio uma vez por mês.

— Quem diria, John Robertson! — exclamou ele pensando em voz alta.

— A jovem Emma toma parte nas atividades como médium.

— A menina órfã de mãe? — Edouard conjecturava que uma menina, que houvesse perdido a mãe, seria presa fácil para um culto como esse que estimulava frágeis imaginações, porém, guardou silêncio com relação aos seus pensamentos.

— Ela já é uma jovem. E muito sensata, pois imagino o que deva estar pensando — o mecanismo da sintonia entre as criaturas os faz compreender por vezes até mesmo os pensamentos omitidos.

Ele apenas sorriu ao ouvir o comentário certeiro da esposa.

— Acontece que participei da atividade e concordo que não obtive nenhum fantástico resultado, mas admito também que não há nada de misterioso ou excêntrico nesse tipo de prática.

O jovem médico nada comentava, apenas ouvia a esposa falar, sua expressão dificultava conhecer sua opinião sobre o assunto, o que causava certo incômodo à Elisabeth.

— Emma proferiu algumas palavras e mostrou-me uma correspondência atribuída a sua mãe já falecida.

Edouard Smith conteve-se, mas considerou-se exitoso em sua primeira suposição quanto à jovem médium. Havia nele o estabelecimento de íntimo confronto. Nem ele mesmo havia percebido como se esforçava por não crer em nada que dissesse respeito à comunicabilidade dos espíritos. No íntimo trazia, de encarnações anteriores, forte inclinação à aceitação dessa filosofia, mas buscava os mais brilhantes argumentos para refutar tais concepções. Tentava convencer-se a si mesmo. Como poderia ele, sendo médico, aceitar tais filosofias? Só que agora as palavras de seu mentor intelectual não lhe saíam da cabeça. E se houvesse algo mais? Um intenso conflito havia se instalado dentro dele, que só cresceria de agora em diante. Entretanto, estava condicionado a refutar. Não poderia ser verdade, nada existiria após a morte.

— Ao final, enquanto entoávamos um hino religioso, pétalas luminosas caíram do teto e desfizeram-se ao toque sem mesmo depositarem-se ao solo. Eu tudo observei atentamente, mas nada encontrei que denunciasse fraude. A sensação do ambiente era muito agradável.

— Talvez não tivesse percebido nada. Dizem que estes médiuns são hábeis na dissimulação.

— Como pode duvidar de Emma? Nós a conhecemos desde que era um bebê. Acredita mesmo que os Robertson tramariam tais encenações?

Edouard estava impelido pela educação a negar essas colocações, afinal conhecia os Robertson de longa data, e nada no caráter deles atestava que pudessem se prestar ao embuste. Entretanto, não tirava da cabeça as palavras da esposa, quando afirmava que Emma havia recebido mensagem de sua mãe falecida. Muito conveniente para quem quer crer em algo. Preferiu calar ao invés de discutir com a esposa àquela hora. Estava exausto; desejava descansar.

— Passei a noite refletindo e creio que há evidências filosóficas suficientes para afirmar a sobrevivência do espírito. E se sua sobrevivência é possível, passa a ser razoável aceitar que possam se comunicar com os vivos de alguma forma.

— De quais evidências falas?

— Acaso renegas as experiências de William Crookes[2] com a médium Florence Cook e as aparições de Katie King? Sabe que ele é um de nossos mais renomados cientistas.

O esposo não tivera argumentos, pois como contestaria os fatos? Crookes pronunciara publicamente sua convicção com relação a tais fenômenos. Elisabeth continuou, empolgada por uma sagacidade além de sua habitual condição intelectual.

— Também desconhece os trabalhos de Alfred Russel Wallace[3]? Louva a teoria da evolução das espécies, mas renega as demais ideias de um de seus idealizadores. Há sábios no mundo todo investigando esses fenômenos. Tu mesmo lestes as aparições investigadas por Richet e Dellane — Edouard se espantara com a afirmação de Elisabeth. Como sua esposa sabia que ele havia lido a reportagem referida? — As experiências se multiplicam e creio que o ceticismo parte muito mais de um endurecimento de convicções do que de argumentos e teorias levantadas contra tais questões. Clara ficou de conseguir para mim algumas obras de Allan Kardec trazidas da França. Vou lê-las, e se julgar tratarem-se de teorias efêmeras e absurdas, prometo-lhe que as colocarei de lado junto com as ideias espiritualistas. Entretanto, em contrapartida peço-lhe que participe, ao menos uma vez, de uma sessão como a que assisti nessa noite. Assim, ao invés de ficar se valendo da opinião alheia, poderá fazê-lo por teu próprio ponto de vista. O que me dizes? Concorda?

Edouard jamais admitiria, mas no íntimo sentia ânsias de participar de uma atividade dessas, nem que fosse para refutar de vez tais ideias. Surgira-lhe a oportunidade para assim fazer, sem admitir seus conflitos intelectuais com relação ao assunto. Seu acompanhante espiritual, ainda dele desconhecido, valera-se da chance para com isso colocar

---

[2] William Crookes (1832-1919) foi um eminente físico e químico inglês, agraciado pelo Prêmio Nobel de Química no ano de 1907. Foi um dos maiores estudiosos dos fenômenos espíritas, tendo colocado seu prestígio científico em risco para defender suas conclusões a favor do fenômeno espírita.

[3] A biografia de Alfred Russel Wallace encontra-se em anexo ao final do livro.

o jovem médico em situação sem saída. Não teve alternativa senão concordar com a esposa.

— Sendo assim — pronunciou Elisabeth — vou solicitar a Clara, a John e a Emma que a reunião do próximo mês seja em nossa casa.

Ele espantou-se com a proposta da esposa, mas não teve ímpetos para conter-lhe as resoluções.

— Alguma objeção? — questionou com firmeza o marido.

— Nenhuma. Somente a reunião deve ser marcada em noite oportuna, noite em que eu não esteja de serviço no hospital. Caso contrário, não poderei participar.

— Que seja! Algo mais?

— Gostaria que poucas pessoas soubessem e que o número de participantes fosse reduzido. E pretendo convidar meu professor e amigo Rupert Stewart.

— Não há empecilho quanto a isto. Estando de total acordo, ficamos assim combinados — dando-se o diálogo por encerrado.

Ao preconceito sempre se encontra aliada a ignorância. Pois, não passa o mesmo de uma representação do acanhamento intelectual da criatura. Uma vez dilatada sua compreensão, a pessoa torna-se por consequência mais tolerante. Ora, se a vontade divina permitiu que houvesse a diferença em suas mais peculiares formas de manifestação, deve ter entendido que esta é uma maneira de nos enriquecermos. Se não fosse a diferença, o progresso tardaria, uma vez que é pelo fato de não sermos iguais que conseguimos encontrar alternativas variadas para os desafios que encontramos à frente.

Isso se estende às manifestações culturais e de ordem religiosa. A compreensão está em acordo com o entendimento de cada um. Como exigir que alguém seja tolerante, se nunca encontrou a tolerância em seu caminho? Só a pluralidade da existência pode nos fazer compreender a capacidade que algumas criaturas têm de enfrentar os mais pesados martírios com a mansidão dos justos. Na verdade o passado neles já moldou o caráter brando, pois os fez compreender que o preconceito sempre parte da criatura inexperiente e limitada em suas concepções.

Não é difícil constatar que a humanidade tem avançado nesse aspecto, os preconceitos mais rígidos se não se extinguiram, abrandaram grandemente. Sempre teremos resquícios, pois caminhamos em ritmos diferentes em nossa escalada evolutiva. O progresso tem demonstrado que os preconceitos de hoje não são mais os mesmos de outros tempos, assim como podemos ter certeza de que os de hoje não serão os mesmos de amanhã. A sociedade desenvolve-se e com ela surgem novas modalidades de exclusão e impedimentos.

Nossa história, no entanto, situa-se no começo do século XX, onde as manifestações de preconceito religioso ainda se encontravam muito rígidas e agarradas ao passado. Como acontece ainda nos dias atuais, pregadores, preocupados com a fuga de seu rebanho para religiões e filosofias distintas, defendem seu quinhão, não raro, atacando as crenças alheias. Esta constatação parece-nos curiosa, pois se avaliarmos o cristianismo do ponto de vista histórico, seu surgimento e desenvolvimento gradual, constataremos que os mesmos preconceitos que sofreu, vê alguns de seus defensores afligir aos outros hoje. Culpa da religião, de Deus? Não, apenas distorção humana; são seus representantes que, sem compreenderem o real significado da religião, distorcem-na e a utilizam como instrumento de coação e manifestação de poder. Isso também passará, aqueles que perseguem aprenderão com os perseguidos, e a doutrina religiosa perderá importância em detrimento da essência de suas mensagens, que variam, mas que no fundo pregam a mesma coisa.

Clara e Elisabeth continuavam frequentando a mesma igreja dos tempos de infância. Adeptas do protestantismo, não viam como a aceitação dos enunciados espiritualistas poderia ser impeditivo para frequentarem os cultos. Mesmo Londres, sendo uma cidade de grandes proporções, tomava-se conhecimento das notícias populares com facilidade, em particular nas saídas das igrejas. Grande parte dos frequentadores aguardava com ansiedade o fim do sermão do pastor para encontrar os conhecidos e continuar a confabular sobre os episódios da semana anterior. Clara havia caído no falatório.

Inicialmente, Doe Clark frequentou as sessões na casa dos Robertson; era um senhor bastante interessado, desesperado por encontrar um sentido para sua vida, principalmente depois que seu único filho falecera. Já sua esposa, a senhora Clark, não comungava dos mesmos valores. De personalidade fanática, talvez por fraqueza moral, concentrou às cegas suas forças e atenções ao movimento religioso a que se filiava, sendo radicalmente contrária à participação do marido em tais atividades. Tanto o perseguiu que, para evitar problemas para os Robertson, achou por bem se afastar das sessões, com pesar generalizado, pois era muito querido entre todos os frequentadores. Apesar do intento vitorioso, a senhora Clark continuou deflagrando campanha difamatória entre os membros de sua comunidade religiosa. E os incautos ouvidos, dispostos à maledicência, encontraram em suas colocações o fermento necessário para engajarem-se na mesquinha batalha.

O senhor Clark, talvez se sentindo vencido pela vida, desesperançado, quedou-se abatido, afastando-se da religião professada pela esposa. Não compreendia como alguém, que se dizia religioso fervoroso, pudesse ser capaz de tamanha insensatez e malevolência. Eis o legado dos obtusos seguidores das doutrinas religiosas: quando não pesam seus atos e suas vidas com o devido bom senso, tendem a tornaram-se os principais instrumentos de afastamento de fiéis, pois estão completamente cegos e creem-se soldados do cristo.

Jane Clark vinha difamando Clara Robertson e suas reuniões espíritas. Não havia na igreja quem já não houvesse escutado de sua boca os relatos mais distorcidos, que iam desde evocações de seres das trevas, até mesmo sacrifício de animais. Não tenhamos dúvida, o desequilíbrio da senhora Clark se aproveitaria de qualquer crime não resolvido, ocorrido na sociedade londrina, para expor nele culpabilidade aos adeptos das crenças espiritualistas.

De onde poderia vir tamanho ódio? Afinal, perseguia as ideias ou as pessoas? Jane não possuía sensatez para refletir em suas próprias atitudes, agia movida pela paixão e com absoluta espontaneidade. Podemos ver nisso um fator que a colocaria em situação menos grave perante as leis de amor ao próximo. Sua relação com Clara Robertson não ia além de rápidos cumprimentos, que com o passar do tempo foram ficando cada vez mais fingidos, até escassearem por completo. Curioso, mas não parecia haver motivos para tamanha raiva.

Se o presente não nos elucida, volvemos os olhos para o passado. Argos[1] reencarnara e Jane Clark nada mais era do que o mesmo espírito em novo processo encarnatório. O passado tratava de expor a relação entre os envolvidos. Apenas o passado, a teoria das múltiplas existências, poderia tornar compreensível uma perseguição aparentemente gratuita como essa. Apesar de não nos lembrarmos de nossas relações, pelo menos não de maneira consciente e com clareza, somos instintivamente realimentados pelos sentimentos que represamos no passado e não soubemos elaborar com cognição. Como acontece com todos nós, Argos antipatizava com os Robertson sem sequer indagar-se do por que desse sentimento. Deixava-se levar por ele.

Os frequentadores daquele templo cristão pouco valor davam às colocações de Jane, viam nela uma alma enferma, nada, além disso. Aqueles, porém, que só honram os cultos com sua presença física, estando o espírito e o coração bem distantes dos valores cristãos, regozijavam-se com as fofocas e corriam a propagá-las, sem indagar a origem e a realidade dos fatos. Clara vinha sendo difamada publicamente fazia várias semanas, a ponto de não se conseguir mais esconder tais circunstâncias.

As fofocas chegaram ao seu ouvido. Essas informações a princípio a escandalizaram, mas não deixaria de cultuar sua crença em Deus em público só porque algumas pessoas não tinham nada de útil a fazer.

---

[1] Personagem citado no romance "Do século das luzes".

Chegaram mesmo a duvidar de sua fidelidade conjugal, atribuindo a ela uma vulgaridade de todo distante de seu caráter. Apoiada pela amiga e confidente, Elisabeth, compareceu aos cultos como sempre fizera.

Não demorou a que a sanha venenosa também respingasse na senhora Smith. O passado os vinculava em intensa trama. O velho pastor McNill estava acostumado com as falácias de seus fiéis seguidores e pouco valor dava às informações quase diárias que Jane Clark lhe trazia. Experiente em analisar as paixões humanas, tudo ouvia com paciência, solicitava caridade e recomendava silêncio com relação aos erros alheios, indicando sempre muita oração. Entretanto, grave enfermidade afastara o pastor McNill de suas atividades diárias, e um jovem e inexperiente pastor assumira seu lugar.

O pastor Leonard vinha para Londres apesar da curta folha de serviços, pois tinha parentes influentes, relacionados desde longa data aos serviços religiosos na Inglaterra. Ainda jovem, regulando idade com Elisabeth e Clara, não trazia no espírito as mesmas caridosas prevenções que o colocariam a salvo das tramas sociais da movimentada metrópole. Mais por ingenuidade do que por maldade, não estava pronto para enfrentar as dificuldades inerentes ao convívio social "refinado" das grandes metrópoles. Requinte social que beirava a crueldade, em que todos eram julgados conforme sua posição social, valendo mais aqueles que mais posses tivessem; como se a alma tivesse preço e pudesse se aprimorar ao toque de Midas. Jamais o ouro poderá distinguir o Espírito humano, posto que este seja medido por suas qualidades, principalmente morais.

Jane não perdeu a oportunidade e, assim que pôde, marcou uma entrevista com o pastor Leonard.

— Reverendo — falou cheia de pompa — terá em mim uma fiel seguidora, que velará pelos postulados de nossa crença.

— Fico feliz em saber que tão devotada cristã encontra-se entre as fileiras dos fiéis que frequentam nossa igreja.

— Fico lisonjeada, reverendo — falou com orgulho.

Jane acreditava, na realidade, estar cumprindo um importante papel na sociedade, em sua convicção supunha defender a verdade. Era devotada a sua comunidade religiosa, mas de forma cega, o que não lhe permitia refletir sobre suas atitudes. Essa ambiguidade não deve chocar, pois vemos situações como essa todos os dias, mesmo entre as fileiras espíritas. É comum colocarmos a intransigência religiosa acima do direito que as pessoas têm de pensar diferente.

Após perceber o impacto agradável que causava ao jovem reverendo, a senhora Clark adentrou no tema que a fizera solicitar a entrevista.

— Saiba que nosso antigo condutor estava em franca luta contra algumas ideias anárquicas que vêm contaminando agressivamente nossa sociedade.

— Do que falas senhora?

— Já ouviste falar do Espiritualismo que assola nossa Londres?

— Creio que não sei do que se trata.

— Pois aqui é cada vez maior o número de pessoas que se deixa levar por tais absurdas ideias. Começa como mera curiosidade e, pouco a pouco, cresce transformando por completo as pessoas.

Avaliando a impressão que suas palavras produziam no pastor, sentiu-se segura para seguir expondo seu ponto de vista.

— Meu esposo, foi salvo por minha fé. Já se encontrava adepto dessa seita, crendo ser possível se comunicar com os mortos e dispensando sua frequência aos cultos. Já imaginou se essas ideias crescerem, se todas as pessoas desistirem de frequentar a Igreja?

A essas palavras Leonard mostrou-se mais interessado, mesmo preocupado, pois não supunha encontrar quadro tão diverso do que imaginava. Suas ovelhas encontravam-se ameaçadas, necessitavam da enérgica atuação de seu pastor, reagrupando-as e encaminhando-as a Deus.

— E como vinham lidando com esse problema? — indagou ingenuamente à senhora Clark.

— Defendendo nossa fé. Saiba que mesmo entre nós existem adeptos desses conceitos. Clara Robertson realiza reuniões mensais para a prática de prestidigitação em sua casa. Seu esposo, que antes era bem visto na sociedade, sequer frequenta nossos cultos. Elisabeth Stewart, dizem as más línguas, tornou-se adepta também e até já teria participado de reuniões dessa natureza. Como permitir que essas novas ideias afastem nossos profitentes?

O reverendo Leonard não sabia que atitude tomar. Vira-se bruscamente envolvido em complexa trama, que não somente dizia respeito às concepções religiosas de uma de suas seguidoras mais destacadas, mas que também tinham relação com a antipatia que Jane Clark nutria pelas senhoras Robertson e Stewart. A experiência nos aconselha prudência, pois, sempre que ouvimos o veneno ser destilado, precisamos antes ter sido imunizados com o preciso antídoto. A prece, o recolhimento, os bons hábitos despertariam em Leonard a inspiração no sentido de melhor avaliar as coisas, antes de tomar qualquer atitude. Entretanto, nos ímpetos da juventude, sem a devida vocação religiosa, que demanda abnegação ao coletivo em detrimento da evidência pessoal, não se encontrava preparado para enfrentar esse tipo de situação. Jane Clark encontrara um aliado suficientemente despreparado para ser por ela influenciado.

Dali duas semanas, o reverendo Leonard discursava atacando as ideias espiritualistas trazidas do continente e divulgadas. Indagava da plateia, quem era esse Allan Kardec para falar em nome de Deus. Esquecendo-se que a mesma pergunta poderia ser dirigida a ele próprio. Sempre há homens que se creem dignos de falar em nome de Deus, sendo que Ele fala com cada um de diferentes formas, pois habita nossa consciência. A manifestação da vida, sua organização equilibrada, conta com a assinatura do Grande Artista Divino, não precisando de muitas palavras.

A situação se complicava, e Clara e Elisabeth sentiam-se atacadas em público. Apesar dos apontamentos velados dirigidos a elas durante a pregação, o olhar condenatório que a elas fora lançado lhes causara tremendo mal-estar. Todos se julgavam no direito de condenar, apontando as duas senhoras como sendo a própria manifestação diabólica.

Uma rápida digressão se faz oportuna para esclarecer que sempre houve uma certa dificuldade em se compreender o que seria Espiritualismo, bastante difundido nos países de língua inglesa, e o Espiritismo propriamente dito. Todo aquele que professa uma doutrina contrária ao materialismo é, portanto, espiritualista. Crer existir algo além da matéria já nos torna adeptos do espiritualismo.

Todo espírita é, portanto, espiritualista, mas o mesmo não se dá no sentido inverso. Para ser Espírita é necessário crer nos espíritos. O Espiritismo, organizado por Allan Kardec a partir de comunicações mediúnicas, é uma filosofia que tem sua autoria intelectual atribuída aos espíritos. Por isso ser denominada Doutrina dos Espíritos. O Espiritismo é uma filosofia de cunho moral que aborda questões do cotidiano, desenvolvendo-se ao lado dos avanços científicos. E se concebermos religião como bem definiu Agostinho de Hipona, sendo um meio de nos aproximar de Deus, também é uma filosofia de conotação religiosa. Porque, através da compreensão de seus conceitos, somos estimulados a voltar nossas reflexões até Deus, sem a habitual cegueira que caracteriza tradicionalmente as religiões, como os homens as fizeram.

O reverendo Leonard assumira, com ingenuidade, a postura de defensor de sua religião. Abastecido pela sanha peçonhenta da senhora Clark, não soubera distinguir até onde deveria ir. A impressão que Elisabeth Smith nele produzira fora intensa. Um turbilhão de impressões do passado se erguia em seu inconsciente, agindo instintivamente, sem ele dar conta. Tramas de um passado digno de outro romance literário. Sua primeira semana de sermões transcorrera sem incidentes relevantes, porém, a impressão causada por Elisabeth ardia junto ao coração.

Apesar da vontade de estar junto dela, de conhecer a identidade daquela dama, Leonard manteve a conduta que dele era esperada, a troca de palavras entre eles não passava das boas-vindas na entrada e da despedida à porta da igreja. Quando soube que a delação de Jane Clark fazia referência a essa distinta dama, que tanto impressionara seus instintos, sentiu como se a perdesse. Não estava acostumado a refletir sobre esse tipo de ocorrência, ainda muito imaturo. Se assim não o fosse, com certeza, teria percebido o sentimento contraditório que a visão de Elisabeth nele produzia. Um misto de paixão e ódio, afeição doentia que se não pudesse ser concretizada deveria ser humilhada e encarcerada contra sua vontade. Impressões que só poderiam ser bem compreendidas se interpretadas sob a luz da teoria da reencarnação. Como explicar tamanha paixão e tão contraditórios sentimentos por alguém que vira poucas vezes e com quem sequer havia trocado meia dúzia de palavras?

Soube que se tratava de mulher comprometida, o que o entristecera, mas como o contato não passara da superficialidade, sem intimidade alguma, seria fácil de contornar se assim o quisesse. Deixara de lado, não pensava mais nisso, a sociedade não aceitaria tamanho escândalo, ainda mais vindo de alguém que deveria ser verdadeiro guardião moral em função da posição social de que se revestia publicamente. Eram cogitações suas, que em nada encontravam eco no espírito de Elisabeth. Ela, ao contrário, antipatizara de imediato com o novo reverendo. Sua voz lhe soara desagradável e aguda demais, ferindo-lhe a sensibilidade. Seus olhos doentios nela cravados produziam indefinível mal-estar. O passado agia em silêncio em ambos.

Mesmo sem se aperceber qual era o combustível da paixão de um e do desprezo repugnante de outro, sentiam-se instintivamente movidos por força invisível. Leonard, se não pudesse tê-la consigo, ao menos faria dela frequentadora de seus sermões, de suas ideias, dirigiria sua fé em Deus; num misto de orgulho e manifestação de poder sobre as vidas alheias, típica dos representantes religiosos que compreendem mal suas funções. Elisabeth já não sentia a mesma satisfação nos cultos matinais que se acostumara a frequentar desde a infância, quando o fazia acompanhada de sua mãe.

Nas semanas seguintes, Leonard passara a discursar sobre as necessidades de pureza dos cristãos, não devendo os mesmos se misturar com cultos de magia e adoração ao diabo. Suas prédicas tornavam-se cada vez mais inflamadas, como se sua honra houvesse sido atacada e o orgulho lhe aquecesse a fornalha por onde emitia graves condenações. As mesmas respingavam sobre a honra de alguns dos frequentadores da igreja, membros de diferentes classes sociais. De forma velada, os frequentadores passaram a identificar as referências lançadas pelo pastor. Havia um excesso de puritanismo, humanamente impossível de ser alcançado, que se tornava ridículo ou produzia fanáticos como consequência nas pregações de Leonard.

Elisabeth sentia-se ofendida com relação às referências que se tornavam mais diretas. Clara, da mesma forma, sentia-se desestimulada a continuar frequentando a igreja. Entendiam que as referências ali escutadas nada tinham de religiosas, pois demonstravam o afastamento de Deus ao invés de nos fazer aproximar Dele. Deus, que não segrega, tinha Seu nome evocado a cada palavra de condenação, na terra ou no inferno. Essa figura alegórica, criada pelos homens para, por meio da coação, impor-lhes limite e submissão. Deus não precisa do inferno para fazer com que as pessoas Nele creiam, Ele conta com o amor e a misericórdia, que tudo perdoa e estimula ao bem, dando-nos sempre outra oportunidade.

Um mês após a chegada de Leonard, um bom número de frequentadores havia deixado de participar dos cultos, alguns se tornando ateus, outros deixando de frequentar qualquer culto, mas ainda crendo em Deus, e, por fim, muitos passando a interessar-se pelo espiritualismo inglês, visto que Leonard dele falava todos os dias. Na concepção obtusa do pastor, estavam perdendo fieis em função dessas sedutoras crenças que exploravam o maravilhoso e o mistério. Na realidade, ele não se dignou a pesquisar o que falava, pois tudo o que sabia vinha pela boca de Jane Clark, que não contava com as faculdades mentais muito em ordem já havia algum tempo. Não percebiam que seus conceitos antes de aproximá-los de Deus, afastavam-nos, não somente Dele, mas também de seu próximo.

Ansiosa, Jane aguardou o final da pregação. Tinha algo de muito importante para relatar ao companheiro de batalhas no tocante à fé que professava. As notícias sequer esfriavam e já corria ela a relatar os fatos ao seu aliado. Aguardando as despedidas, postou-se próxima de Leonard, este, ao percebê-la, desculpou-se com os presentes argumentando que algo importante surgira e sua presença era esperada.

Sem delongas dirigiu-se à senhora Clark.

— Vejo-a ansiosa. Poderia julgar por sua expressão que algo muito oportuno lhe aconteceu.

— Não só a mim, meu amigo, mas à nossa crença.

— Do que se trata?

— Acabo de receber informes de fonte confiável que o Espiritismo produziu mais uma de suas aberrações.

— Vamos lá para dentro — disse conduzindo Jane aos fundos da paróquia, onde poderiam conversar reservadamente regados por uma xícara de chá. O frio do inverno londrino estava convidativo à ingestão do tradicional chá da tarde.

— Creio que agora temos valiosa oportunidade para erguer nossas armas e enfrentar os infelizes que desafiam Deus — disse ansiosa, já vislumbrando a vitória em êxtase por sentir-se digna de grande missão religiosa.

— Estas me deixando curioso, fale logo do que se trata.

— Chegou-me a informação de que não distante de Londres, em Chelmsford, um senhor de setenta e dois anos de idade cometera suicídio após envolver-se com o Espiritismo, deixando sua esposa em completa penúria. A mesma não resistindo ao choque acabou por adoecer gravemente, vindo a falecer poucos dias depois.

— Não compreendo onde deseja chegar senhora Clark, pode ser mais clara?

— Leonard, não percebe a oportuna ferramenta que chega até nossas mãos para defender aquilo que acreditamos?

— Mas a senhora diz tratar-se de informação transmitida verbalmente por uma amiga. Que veracidade pode atribuir a esse tipo de fato?

— Ambos sabemos que esse tipo de coisa vem acontecendo, que importa se esse fato em si é verdadeiro? Não o criei, veio até meus ouvidos como lhe relatei.

— Será que não estamos indo longe demais? Não sei se posso concordar com a senhora, entendo teu sincero desejo e sob esse aspecto concordamos, mas talvez não com o meio de realizá-lo.

O olhar de decepção que Jane estampou chamou a atenção do pastor, mas essa expressão fisionômica pouco durou. De imediato, seus olhos ganharam maior vivacidade e enchendo-se de lucidez passou a expressar-se com arroubos de fanatismo.

— Que dizes? Então, abandonas a guerra em meio à batalha? Consideras perdida a causa de vosso Deus? Será que todos os nossos sacrifícios deixarão de ser gratificados no dia do juízo final, quando nossas almas forem chamadas a julgamento? Tenho-o visto subir ao púlpito para defender nossa religião e me regozijo de teu empenho, porém vejo que fraquejas logo quando somos presenteados com excelente meio de combater a nova praga que assola a sociedade em que vivemos, dissolvendo lares e produzindo mortes. Acaso aprovas o suicídio? Não crês serviço digno prestado a Deus defender suas frágeis ovelhas da cegueira destes infiéis, que se dizem intermediários dos espíritos? Sabes que onde há ignorância é onde mais imperam essas ideias. Teu intelecto, após tantos anos de estudo deveria ser colocado à disposição de Jesus para que defendesse sua doutrina. Não é hora de esconder-se, precisamos de valorosos soldados.

Jane falava de todo influenciada por ideias que com as delas se combinavam, através do que o Espiritismo classificou de intuição. Sua expressão fisionômica alterada e o furor estampado em suas faces davam a noção da paixão com que ditava tais assertivas. Jane Clark era vítima do assédio daquilo que não cria, fato que não a impedia de estabelecer sintonia com aqueles espíritos que com ela se identificavam. Estava muito engajada em sua missão para perceber até onde pensava por si mesma e até onde agia por estímulo externo. Ao ouvir aquelas palavras, o pastor Leonard sentiu-se agredido em seu orgulho. Talvez por isso, nutrindo sentimento de raiva habilmente contida, por se ver assim afrontado, estabeleceu perfeita sintonia com os companheiros desencarnados que os assediavam. De súbito, seus pensamentos se voltaram para Elisabeth, sua paixão inatingível. Era ela vítima desses feiticeiros modernos que, com suas crendices de fanfarrões, diziam dialogar com o espírito dos mortos que deveriam ser deixados em paz. Não pela causa, não pela fé, mas por Elisabeth, por seu orgulho ferido, pela rejeição que lhe oprimia as vísceras e o coração... Ele deveria erguer este estandarte e marchar contra as ideias que invadiam seu quintal. Sim, precisava dar um basta ao Espiritismo e seus asseclas.

Saindo dessas reflexões, abastecido pela paixão e pelo orgulho, ergueu o rosto e fincando seus olhos nos incendiados olhos de Jane anuiu às exortações da mesma.

— Concordo. E o que pensa que devemos fazer?

— Deixe te contar os detalhes. Esse casal idoso de Chelmsford ainda não recebeu a notoriedade devida nos jornais, mas nós podemos contribuir para isso. Sua influência pessoal pode fazer com que esta manchete venha a estampar os jornais da capital.

— Sim, a publicidade abalaria a simpatia que muitos têm nutrido por essas ideias malsãs.

— Conta-se que, desde que passaram a praticar reuniões de evocação de espíritos em sua casa, as coisas tornaram-se cada vez piores.

O pequeno comércio que mantinham fechou as portas, levando-os à mais completa ruína financeira. Influenciados pelas ideias espiritualistas, receberam dos espíritos a informação de que com a morte tudo se desvaneceria. Não conseguindo suportar as dificuldades, o ingênuo idoso enforcou-se, e sua esposa só não teve o mesmo destino porque foi acudida antes de dar o último suspiro, sendo salva por um familiar que chegara de maneira inesperada. Ao investigar o caso, a polícia local encontrou diversos instrumentos de magia e mesmo algumas obras citadas pelos espíritas de Londres. Entretanto, a senhora não resistiu e também veio a falecer dois dias depois no hospital da localidade.

Terminou o relato com incontido sorriso. Será que percebia sorrir da desgraça alheia? Seria sua cegueira tamanha a ponto de não perceber que não se importava com o sofrimento das pessoas, para através dele tirar vantagem para sua causa, por ela considerada a maior de todas as coisas? Triste constatar a que ponto chega o preconceito e o orgulho humanos. Tolhe-nos por completo o bom senso. Deus distingue seus filhos pela forma de crer? Será que nos favoreceria, por nos dirigirmos a Ele desta ou daquela forma, se em nosso coração houvesse real bondade e manifesta fraternidade?

Leonard concordou em utilizar a história ouvida pela senhora Clark para complementar seu próximo culto. Usaria de sua influência para a mesma ser publicada em algum tabloide inglês, que não exigisse a comprovação dos fatos. Se o interesse fosse apurar a verdade descobririam que as mortes ocorreram realmente, mas não nas circunstâncias narradas. O casal estava há muito tempo carregado de dívidas, acumuladas pelo idoso senhor de Chelmsford através do jogo. O ambiente doméstico era dos mais pesados, pois as brigas e discussões faziam-se diárias. Além de jogador inveterado, possuía o hábito de se embebedar todas as noites. Sua esposa sentia-se amargurada, sem esperança em ver solução para a situação no final da vida. Encontrava-se ela em quadro de profunda depressão, estando ainda de todo abandonada pelos familiares. A ideia de suicídio surgira-lhe antes por diversas vezes. Apenas lhe faltava a coragem para cometer o crime. Uma amiga, preocupada com seu estado de espírito, havia-lhe presenteado com "O Livro dos Espíritos" que, no entanto, sequer fora aberto, e isso deu margem a comentários afirmando terem sido encontrados instrumentos de magia na casa, com certeza, feitos por pessoas detentoras dos mesmos preconceitos que a senhora Jane Clark. Após o regresso ao lar, completamente alcoolizado, o esposo agride a frágil senhora que cai sobre a mesa contundindo sua cabeça com ferimento mortal. Percebendo o que fizera, o velhinho se desespera, e suicida-se junto a cozinha. Aos ingênuos e maldosos dando a ideia de se ter cometido um crime planejado.

A vilania não perdeu tempo e, utilizando dos meios mais escusos, fomentou a intriga e a mentira, atacando as ideias que se desejava combater. Porém, ninguém que já houvesse lido, mesmo que superficialmente, "O Livro dos Espíritos" e outros livros dedicados ao tema, deixaria se iludir pelas falácias de tal gênero. O Espiritismo pinta factualmente as consequências do suicídio para quem o pratica, valendo-se dos testemunhos dos próprios suicidas que retornam para nos legar narrativas, desestimulando ideias nesse sentido. Fortalecendo a fé, ensejando fornecer meios de resignação aos desesperados, demonstrando que o futuro nos reserva algo melhor se soubermos esperar com galhardia e confiantes na bondade divina.

Dali dois dias, a história publicada sem averiguação real dos fatos ocorridos chocava as ingênuas inteligências de Londres, que se sujeitavam à leitura de tabloides sensacionalistas. Como esse, o Espiritismo já recebera outros ataques desesperados, e calejado compreendera que a melhor maneira de agir era seguir trabalhando, demonstrando pelos exemplos que havia formas melhores de atuar sobre os verdadeiros cristãos. Ao invés de enfraquecê-lo mais o fortalecia, pois aqueles que dele conheciam apenas a milésima parte, compreendiam estarrecidos a trama que se fazia para caluniá-lo. E em vez de perder adeptos, suas fileiras mais se engrossavam de indivíduos justos, que se não se interessavam pelas questões religiosas e sentiam-se no dever de velar pela verdade, que era distorcida pelo preconceito.

- 4 -

Apesar de não se dizer adepto das crenças espiritualistas, Edouard sentiu profundo pesar pelo constrangimento que fora imposto a sua companheira. Sabia da importância que Elisabeth atribuía a sua frequência à Igreja, era uma tradição de família. Desconfortável com a situação, ela abrira mão desse costume. Edouard a via entristecida com a forma pela qual as coisas aconteceram, e nem tanto pela crença religiosa, mas pela forma com que a esposa fora tratada, ele também se sentia desagradado.

Elisabeth não deixara de cumprir com seus compromissos, nem sequer mudara seus hábitos. Verdade que frequentara algumas reuniões espíritas, mas não deixara de ser a mesma meiga Liz de sempre. Com que autoridade a julgavam e condenavam daquela forma? Esse puritanismo exacerbado era uma agressão à liberdade individual. Elisabeth não necessitava dar satisfação alguma de seus atos àquelas pessoas. Tudo isso incomodava Edouard em suas reflexões. As notícias que difamavam adeptos do Espiritismo, até aquele momento não lhe interessavam e ele julgava serem fruto da ingenuidade dos adeptos dessa crença. Entretanto, Elisabeth estava agora sendo difamada da mesma forma, sem ter feito nada de errado. O sempre ocupado médico cogitava que as difamações frequentes que ouvia, muito bem poderiam ser embaladas em circunstâncias semelhantes às que colheram sua Liz.

Nascia nele um sentimento de justiça. Na condição de importante membro da sociedade sentia-se no dever de defender o mais fraco das injustiças. Era isso que entendia estar acontecendo. Na realidade, nunca parara para examinar se essas difamações tinham algum fundo de verdade. As pessoas nelas inclusas teriam realmente cometido os disparates que se dizia? Quem dizia tais coisas, parecendo sorrir diante da desgraça alheia, era digno de crédito? Não teriam, talvez, atos piores a serem recriminados por sua vez? De verdade, nunca ligara atenção a tais fatos, mas as circunstâncias haviam se modificado. Tinham-no envolvido na questão. O mesmo ardor apaixonado, com que se envolvia na medicina e no tratamento dos pacientes, agora havia sido despertado para outra causa, a justiça.

O pastor Leonard frequentemente visitava o hospital em que o senhor Smith exercia seu ofício. A figura do pastor lhe fora desagradável à primeira troca de olhares, algo que parecera recíproco. Edouard não fazia questão alguma de conversar com o religioso. Entretanto, naquele dia, um paciente seu, requisitara os préstimos de Leonard, que o aconselharia no instante derradeiro.

Leonard e Edouard cruzaram-se no corredor, um cumprimento seco fora a única exclamação que denotava que ambos haviam percebido um a presença do outro. Cumprimento realizado sem a menor vontade, mera formalidade social. O pastor permanecera largos minutos junto ao doente, ao final solicitando a presença do médico para inteirar-se do estado do paciente.

— Boa-noite. Pastor Leonard — apresentou-se ao médico.

— Já ouvi falar do senhor — disse demonstrando desagrado — sou o doutor Smith.

— Creio que não nos conhecemos — falou Leonard dando tom de indecisão a sua voz. Sabia muito bem diante de quem estava, era o homem de quem invejava a sorte de estar casado com Elisabeth, mas continuou fazendo-se de desinformado.

— Na verdade não havíamos ainda sido apresentados.

Ambos trocaram algumas informações sobre o estado do paciente e o pastor mostrou-se sinceramente sensibilizado. Ainda estranhamos o fato de que sejamos extremos em nossos comportamentos, apresentando sincero interesse pelo bem-estar de uns, enquanto demonstramos alegria com a desdita de outros. Essa ambiguidade não impede que vejamos criaturas tidas como cruéis efetivando gestos de profunda caridade, mesmo para desconhecidos. Somos ainda criaturas a caminho do aperfeiçoamento. Temos dificuldades extremas na relação com determinadas situações ou pessoas, mas não somos apenas bons ou maus. Oscilamos, e a forma com que agimos uns para com os outros pode fomentar uma ou outra atitude em nossas relações. Somos instáveis em nossos comportamentos, não somos totalmente ruins, mas ainda não temos o bem fixado em nós com raízes profundas e, às vezes uma pequena ventania, que nos dificulte a caminhada, pode arrancá-lo com facilidade.

Leonard não era eminentemente mau, assim como Edouard possuía ainda muitos defeitos. A relação entre eles poderia tomar um rumo ameno, se o orgulho e as paixões que ainda não conseguimos dominar não atuassem influenciando a ambos.

— O senhor não seria o esposo de Elisabeth?

— Sim, eu mesmo — respondeu o médico fixando o oponente nos olhos.

Leonard sentiu a raiva contida a ele dirigida, entendeu do que se tratava, mas preferiu fazer-se de desinformado.

— Como vai nossa digna companheira de crença?

O jovem médico mal se continha diante de tamanho fingimento e hipocrisia. Elisabeth não lhe omitira nada, nem mesmo a viva impressão de que o novo pastor por ela havia se apaixonado.

— Bem, contrariando a tua vontade. Ora, não é assim que ages com aqueles que se afastam de tua igreja?

Leonard fizera silêncio, não esperava a afronta direta do médico.

— Sim, não a caluniaram? Ou estou enganado? — continuou Edouard em tom sarcástico.

— Deve ter ocorrido um mal-entendido — respondeu meio sem jeito o jovem pastor, que não esperava tamanha franqueza.

— Mal-entendido? — sorriu Edouard com ironia. Estava bastante transtornado, muito diferente de seu estado habitual, sério, mas sempre educado e cordial.

— Soubemos que sua esposa passara a frequentar reuniões, que entendíamos serem perigosas à fértil imaginação feminina. Apenas a aconselhamos ao afastamento dessas ideias revolucionárias, que tantos loucos têm produzido.

— E fizeram isso exortando-a em público?

— Não. Temos por hábito velar por nossas ovelhas.

— É o primeiro pastor que vejo velar tuas ovelhas sob o peso do açoite, pois escarneces publicamente das convicções alheias, dando margem à difamação e colocando teus adeptos, que deveriam contar com tua proteção e compreensão, sob a mira de comentários inverídicos e maldosos.

— Agora entendo porque Elisabeth se afastou de nós — disse o pastor, fazendo referência à possível interferência do marido, o que não havia acontecido na realidade. Essa insinuação fez Edouard perceber que a discussão poderia acabar mal.

— Creio não valer a pena nossa discussão. Passar bem, senhor pastor — disse dando as costas ao religioso.

Leonard, enfurecido com o tratamento com o qual não estava habituado e percebendo que algumas pessoas os observavam, orgulhosamente imaginou-se no dever de dar ainda uma última palavra. Numa discussão é sempre temerária essa última palavra, mas seria tão melhor se optássemos pelo silêncio.

— Se o senhor cuidasse melhor de sua esposa, talvez ela não tivesse caído em comentários populares.

Edouard sentiu o sangue subir-lhe à cabeça, voltou-se, mas algo freou uma reação mais enérgica. Assumindo estranha tranquilidade, despediu-se elegantemente do pastor, dizendo:

— Talvez o senhor tenha razão. Liz é muito doce e não vê a maldade nas pessoas. Ela não precisaria estar passando por isso, bastava não frequentar teu culto, onde Deus parece ser figura ociosa, lembrada em leituras vazias e pouco vivida em teu coração. Pois jamais seria Ele conivente com a difamação e a calúnia. Não acreditamos que a instituição como um todo esteja corrompida, mas por infelicidade a condução, algumas vezes, é entregue a pessoas despreparadas. Tua atitude me fez perceber que sou espírita, pois não concordo com tua forma de ver Deus. Para mim, Deus é melhor que isso, e sei que Ele não me renegaria pelo fato de professar uma forma diferente de fé. De agora em diante, para que não se tenha dúvida e não parta de comentários duvidosos a informação, confesso-me publicamente adepto do Espiritismo, bem como minha esposa, e semanalmente estaremos realizando reuniões em nossa casa — voltou-se e desapareceu virando à direita no final do corredor.

Atônito, Leonard ficou estático por alguns instantes. Sentiu-se verdadeiramente envergonhado, pois algumas das palavras do Sr. Smith o tocaram fundo. Constatou a verdade de alguns apontamentos. Parecia ter acordado, fora ingênuo ao aceitar a influência da senhora Clark. Ficara tão sensibilizado com as palavras proferidas pelos lábios do médico, que na realidade alterou completamente suas atitudes a partir do dia seguinte. Sua primeira providência foi pedir transferência para uma cidade menor, mais condizente com seu tempo de serviço e pouca experiência. Sentia ter começado mal e queria tentar outra vez, preocupando-se com o bem geral e jamais, outra vez, crer-se chamado a defender Deus e sua fé de lobos como fora estimulado a pensar.

Já Edouard sentiu-se estranho ao dizer aquelas palavras ao pastor, seu desejo era bem outro, mas algo o havia contido de cometer enorme disparate. Confessara-se publicamente espírita? Essa atitude sequer lhe passara pela cabeça, por que fizera isso? Bem verdade que vinha sentindo-se inclinado a isso, mas ainda não decidira tomar tal decisão, ainda mais em público. Talvez o orgulho ferido, com a situação da esposa, o tivesse feito agir assim, uma forma de responder à altura as palavras do religioso. Não sabia explicar o que acontecera. Ele trazia fortes tendências espiritualistas de seu passado, apenas estava constrangido pela conveniência social que isso adviria. Estava feito, já havia concordado com a reunião em sua casa, que diferença faria mais algumas concessões e a profissão de sua nova fé? Sua nova fé? Precisava de tempo para refletir melhor sobre os rumos que as coisas tomaram.

Como não poderia deixar de ser, as mentes ociosas não perderam tempo em levar adiante o embate verbal que alguns funcionários haviam presenciado no corredor hospitalar. Cada um contava sua versão dos fatos, aumentando e distorcendo de acordo com suas inclinações. A profissão de fé e o enfrentamento direto de Edouard e do pastor Leonard fizeram com que nos bastidores esse assunto fosse discutido, e pessoas que os desconheciam por completo tomassem posição, condenando ou aprovando a conduta de um e de outro.

Como é estranha essa conduta tão humana, inerente à nossa imperfeição moral, que nos faz ver em tudo motivo para discórdia e acirramento de ânimos. Eram dois homens discutindo suas posições em assunto pessoal, seus interesses. E o vulgo já tomava como um conflito, que recrudescia em proporções na medida em que desfilava de um ouvido ao outro. Habituadas a não sair da obscuridade, mas sempre prontas a criticar a conduta alheia, as opiniões apoiavam-se no maior acolhimento social que as ideias antiespíritas possuíam para criticar e mesmo se calar perante perseguições injustificadas. Desde que fossem os outros os difamados e perseguidos, nada fariam as imperfeitas criaturas humanas saírem das sombras e exporem suas verdadeiras intenções.

Somos assim, vivemos debaixo da sombra. Apoiando o mais forte, com medo de ser por ele oprimido, mesmo que estejamos de alguma forma colaborando para o massacre e o sofrimento dos justos. Embora o maior defeito destes tenha sido pensar diferente, não errado, mas diferente. A coragem para expor a opinião divergente ao vulgo, ao comum, historicamente leva a criatura humana ao sofrimento. Por outro lado, são esses corajosos os que mais fizeram em benefício da humanidade que os oprime, do que cem existências de seus obscuros perseguidores.

Daquele dia em diante, Edouard sabia que sua vida transformar-se-ia. Sentiria o desprezo injustificável de alguns, o silêncio tímido e medroso de outros, mas por outro lado, sabia que aqueles que restassem ao seu lado seriam credores de sua total confiança. Pois a verdadeira lealdade encontra-se alicerçada na dificuldade que nos invade o coração. Nesses momentos, paladinos travestidos de amigos surgem de onde menos esperamos e ajudam-nos a enfrentar os desafios que imaginamos insuperáveis.

O jovem médico percebeu os burburinhos. Notou que as pesso-as mudavam de assunto quando delas se aproximava. Sabia que co-mentavam o ocorrido. Deveria ter sido mais prudente, refletia consigo mesmo. Entretanto, estava feito, não havia como voltar atrás. Ao menos tinha a certeza de que agira de acordo com sua consciência. Estava na mesma condição de Elisabeth, unira-se a ela em convicção, pelo menos publicamente. Entendia cumprir com seu dever de esposo. Honraria e dividiria com a esposa a rejeição social que ela estava recebendo.

Talvez a vida assim tivesse feito para lhe despertar algo. Mas o quê? Será que precisou ser colocado em uma situação sem alternativas para que tomasse uma posição sem a protelação que vinha preferindo? Talvez estivesse recebendo uma oportunidade de aprender, afinal a vida sempre o intrigara. Vira tantos nascerem e morrerem... Parecia haver tanta injustiça na ordem divina das coisas. Como explicar a morte de um jovem promissor, enquanto criminosos pareciam sobreviver aos maiores desastres? Por que Deus salvaria uns enquanto condenaria outros? Dos representantes de Deus só ouvia, quando falavam aos seus pacientes, que deveriam se resignar perante a vontade divina. Mas como se resignar com algo que não parecia justo? Deveria haver uma explicação para esse tipo de coisa. Como não a encontrara, afastou-se pouco a pouco de qualquer noção religiosa, não se dizia ateu, mas não concordava com o que até então tinha ouvido. Ansiava por mais, algo que lhe falasse diretamente ao intelecto e à alma. E mesmo que suas esperanças fossem superficiais nesse sentido, o Espiritismo surgia como o farol a iluminar-lhe essa expectativa de entendimento.

Ao menos agora saberia quem eram seus verdadeiros amigos. E não demorou a perceber isso. A discussão para os funcionários do hospital que cochichavam qualquer novidade, como se não houvesse trabalho suficiente a ser realizado, tornara-se uma questão de crença, mas o mesmo não alimentava os pensamentos de Edouard e nem mesmo de Leonard. Este estava subjugado pelo ciúme e aquele pelo orgulho, com a situação lançada sobre sua esposa. O mesmo fato, vários pontos de vista, nenhuma certeza, nenhuma verdade.

Entre divagações, o jovem doutor Smith não percebeu que seu amigo e confidente, o doutor Stewart, dele se aproximara.

— Então quer dizer que assumistes a crença espírita e sequer me informara? — disse com ar brejeiro, acompanhado de maroto sorriso nos lábios.

Ao significado daquelas palavras, o Sr. Smith ficou apreensivo, voltando-se sem demora para o lado de onde provinha a voz. Aliviou-se ao perceber a expressão facial de Rupert. Edouard sabia agora que a situação entre eles não se alterara com sua despretensiosa profissão de fé.

— Soube de sua diatribe — disse o médico mais velho em tom repreensivo, mas sem descontentamento algum.

— Não soube me calar quando deveria — respondeu Edouard cabisbaixo.

Rupert percebeu que seu companheiro estava tomado de preocupações.

— O que está feito está feito, não cabe remédio. Porém, não veja pelo lado negativo. Você não apenas estava caminhando para esse entendimento, como creio que ansiava por isso — Rupert percebia em Edouard um sentimento que ele não queria admitir. — Só lamento que o tenha feito de maneira tão arrazoada, em momento de desequilíbrio. Este tipo de sentimento é importante demais para ser lançado assim aos ouvidos maldosos.

— Verdade, creio que quis atingir o pastor. Arrependo-me.

— Todos erramos, está feito.

— Tenho receio, o expediente nem terminou e já vejo as pessoas me olhando de maneira estranha. Param de conversar quando me aproximo, mas não mudou nada em mim.

— Ora Edouard, não conhece a humanidade o suficiente para compreender que ela teme aquilo que não compreende? E, justamente por não compreender, cai em injustificadas idolatrias e enaltecidos ódios.

— Não queria lançar esse peso sobre minha casa.

— Pelo modo que as coisas se conduziam, acabaria chegando nisso de alguma forma. Sempre soube que suas pertinazes indagações levá-lo-iam à posição de vanguarda.

— Acha que isso é bom?

— Não vejo por esse lado. Apenas o conheço o suficiente para saber que não se acomodaria enquanto não conseguisse alcançar uma explicação para as injustiças do mundo.

— E preciso ser eu injustiçado?

— Como lhe disse, lançou-se à vanguarda. Mas não pense no ônus da incompreensão, e sim no reconforto que a consciência tranquila e o entendimento que procura poderão lhe fornecer.

— Ao menos sei que posso contar com você.

— Sempre, meu filho.

Rupert Stewart ouvira as fofocas sobre a discussão entre Edouard e Leonard enquanto estava no refeitório, quando dele se aproximaram funcionários escandalizados, pelo que todos consideravam abrupta conversão ao Espiritismo, para lhe contar as novidades. Não perdeu tempo e, diante da situação desagradável que surgia, interrompeu o assunto e declarou publicamente também ser adepto do Espiritismo. Divertia-se com o horror que isso produzia nas mentes ingênuas, que reagiam como se estivessem diante de um escândalo, sem que sequer soubessem o que era o Espiritismo.

— Além do mais, — disse em tom de brincadeira — quero ser convidado para as tais sessões em sua casa de que me falaram.

Edouard sorrira com o jeito espontâneo de Rupert de levar as coisas sem tanta dramaticidade.

— Não terá receio de frequentar a residência de um perigoso bruxo, que comete disparates sexuais e sacrifica criaturas indefesas às trevas? — indagou o jovem doutor ao amigo em tom de brincadeira.

— Eu não tenho nada melhor para fazer, assim, pelo menos, ocupo meu tempo. Você sabe que a vida de um velho solitário é um pouco entediante.

— E sua posição no hospital? Não teme os comentários? — falou Edouard, preocupado em colocar o amigo numa situação semelhante à dele.

— Há certas coisas que apenas o tempo nos ensina. Não tenho mais idade para ficar me preocupando com o que os outros pensam a meu respeito. Não posso conduzir isso, independente do que eu faça, eles terão sua opinião. Julgar-me-ão, mesmo que não me conheçam; falarão pelas minhas costas, mesmo que não saibam o que penso e sinto. E acha que me importo com isso? Quero estar apoiando aqueles que amo. Já me declarei Espírita. Ou pensa que o deixaria entrar sozinho nessa situação para só você aproveitar toda a diversão? Há muito tempo não provoco tamanha reação nas pessoas, se soubesse que era tão divertido me declarar espírita já o teria feito antes.

Edouard admirava aquele velhinho, seu bom humor e o modo simples como ele levava a vida. Os laços entre os dois mais se estreitaram depois desse episódio. E apesar da situação inesperada que o dia lhe trouxera, após as palavras de Rupert, sentia-se mais confiante no porvir.

- *5* -

O alvorecer do século XX trazia consigo imensa transformação na sociedade mundial, este século seria marcado não só pelos avanços sociais, mas em particular por suas constantes e velozes mudanças. Os primeiros modelos do Ford-T deixavam as linhas de produção de Henry Ford nos Estados Unidos da América, a invenção atribuída a Graham Bell se difundia aproximando pessoas e diminuindo distâncias, bem como o 14-bis do brasileiro Alberto Santos Dummont fazia seus primeiros ensaios em solo francês. Era uma década de frenesi; nunca as pessoas haviam tido tanto conforto em suas vidas. O século XX amanhecia primorosamente, enchendo de expectativa e esperança a população das grandes cidades.

Homens e mulheres desfilavam em seus trajes vistosos pelas ruas das capitais do mundo; o rádio, sonhado por Roberto Landell de Moura[1], encurtava o tempo em que uma notícia chegava à determinada região.

---

[1] Roberto Landell de Moura nasceu em Porto Alegre, e é considerado o precursor mundial da transmissão da voz humana por radiofonia. Recebeu pouca consideração no Brasil, tido pelos ignorantes como um herege ou um feiticeiro. Deixou nos EUA manuscritos que demonstravam toda sua capacidade visionária ao antecipar, em projetos, o surgimento da televisão. Sua história merece ser mais bem contada ao povo brasileiro.

A lâmpada incandescente de Thomas Alva Edison, que passaria boa parte de sua vida buscando construir um aparelho que lhe permitisse se comunicar com o espírito dos mortos, transformara o contexto social das cidades. Maior luminosidade permitia o incremento nos encontros sociais noturnos. A sociedade se agitava, os bens de consumo surgiam, o conforto crescia e com ele a expectativa das pessoas por uma vida melhor.

Como ocorrera antes com o Iluminismo, o século XX nascia sob o embalo da Revolução Industrial, nunca antes se vira tantas criações que beneficiassem as condições de vida da humanidade. Em todos os campos da ciência surgiam inventos e inventores capazes de mudar a compreensão das pessoas com relação ao mundo em que se vivia até então. Tamanho entusiasmo contagiava e fornecia a todos a esperança de que a realidade seria menos dura dali para frente.

Porém, no aspecto comportamental, o ser humano parece arrastar-se lentamente, encontrando imensas dificuldades para vencer preconceitos. O tratamento social que a família Smith recebia havia se modificado, estava distante da receptividade espontânea de outros tempos, algumas almas obtusas ao progresso desviavam seus rostos na presença de Edouard e Elisabeth, na esperança de que, fingindo não tê-los avistado, não necessitassem demonstrar explicitamente que a sociedade não tolerava a coragem daqueles que assumiam ideias diferentes. Rupert, apesar da idade já avançada, também não fora poupado. Amigos de longa data provavam não ser na verdade grandes amigos. A imensa maioria não temia as ideias espíritas, mas a condenação social que isso provocava. Os indivíduos mais simples, tidos até por ignorantes entre as figuras letradas da sociedade londrina, eram aqueles que, pouco preocupados com mimetismos sociais, mantinham o mesmo comportamento de sempre. Estimulado por Rupert, Edouard sempre dedicara algumas horas extras ao tratamento de doentes sem recursos financeiros. Alguns desses ex-pacientes chegavam a argumentar, com mais inteligência do que os preconceitos supunham que possuíssem, que não rejeitariam aqueles que lhes estenderam as mãos ante a doença. Agora eram mais identificados entre si do que nunca; enquanto uns eram discriminados pela pobreza, os outros sofriam com o preconceito contra as ideias novas.

Apesar das dificuldades para conciliar uma data propícia à reunião experimental de Espiritismo, conseguiram marcar esse ansiado encontro para aquela noite. Rupert, previamente convidado, confirmara presença e durante a semana dialogara curioso com seu pupilo, que não demonstrava o mesmo entusiasmo, apesar da curiosidade que o habitava. O casal Robertson também estaria presente, ambos já experimentados nessa espécie de reunião, seria a escora principal da reunião na casa dos Smith. John dirigiria as atividades, oferecendo-se para fornecer os esclarecimentos solicitados para os dois médicos. Emma seria a médium da reunião, a jovem sobrinha de John estava contente com a possibilidade de ser útil.

A noite se aproximava, Edouard saíra um pouco mais cedo com vistas a recepcionar todos os visitantes. Encontrara Elisabeth e Gladys entusiasmadas com a reunião experimental. Gladys nunca havia presenciado esse tipo de experiência e comportava-se qual criança em plena euforia. Ambas a mulheres haviam preparado biscoitos e bebidas para recepcionar seus visitantes. O Sr. Smith adentrando a casa anunciou-se e logo se dirigiu ao quarto para se aprontar.

Não demorou e o casal Robertson, acompanhado de Emma, chegou à residência. Vestidos de maneira elegante, como solicitava o figurino da época, demonstraram toda sua alegria ao reencontrar-se com Elisabeth. John desfez-se da capa e do chapéu, assim como as damas desfizeram-se dos xales. Mal passava das dezenove horas e Edouard, também vestido conforme a ocasião, apareceu para recepcioná-los.

Todos os presentes se dirigiram para a sala de estar, onde as atividades ocorreriam. O anfitrião parecia um pouco incomodado com a situação. Não sabia exatamente como se comportar. Apesar de conhecer os Robertson de longa data, naquele momento se sentia estranho. Não sabia ainda qual deveria ser sua postura, julgava-se ao mesmo tempo curioso e ingênuo. Isso o inquietava. Desejava que seu colega de profissão chegasse logo, pois sua presença dar-lhe-ia o respaldo. Estava se sentindo o único descrente do grupo.

Rupert logo surgiu e com sua chegada a conversação tomou outro rumo, deixando-se de lado os comentários usuais para tratar do tema que trouxera todos os presentes à reunião. Percebendo o cuidado que os dois médicos tinham ao se expressar, pois ambos não desejavam trair suas inclinações naquele instante e buscavam avaliar tudo com o máximo de isenção, John resolveu explicar-lhes como se dava o processo do qual tomariam parte.

— Bem, meus amigos. Todos sabem por que aqui estamos na noite de hoje. E quero que saibam da enorme satisfação que esse encontro me proporciona. Entendo que seja meu dever oferecer as informações que desejarem ouvir, em particular os amigos que estão conosco pela primeira vez.

Gladys tomara parte na reunião a convite de Elisabeth e Clara.

— Senhor Robertson, devo fazer alguma coisa? — Indagou Gladys curiosa.

— Como sabem, Emma colocar-se-á à disposição caso haja algum espírito com a intenção de se comunicar. Quero que compreendam que não estamos diante de uma ciência exata, que responde a nossa vontade e pode ser livremente controlada. Os espíritos têm vontade própria e são eles que organizam aquilo que presenciaremos na noite de hoje. Entretanto, as sessões de Espiritismo dependem de diversos fatores, sobre os quais temos alguma ascendência. Seria interessante que o ambiente em que nos encontramos pudesse estar contagiado de entendimento mútuo e boa vontade. É compreensível que aqueles que nunca presenciaram os fenômenos mediúnicos sintam-se tocados pela curiosidade, porém, isso deve ser controlado, pois quero garantir-lhes que a questão mais importante não é a manifestação em si, mas as lições, a filosofia que essas evidências descortinam para nós. Peço que mantenhamos todos, independentemente das convicções que venhamos a desposar, um ambiente silencioso e acolhedor. Tratemos as manifestações dos espíritos com seriedade e não como um passatempo. Devemos ter o senso crítico de avaliar com coerência aquilo que os espíritos nos trazem, não aceitando dados ou manifestações por uma questão puramente ingênua.

— Temos a liberdade de discutir os eventos presenciados? — indagou Rupert, mais disposto a aproveitar a reunião do que Edouard.

— Não há dúvida que sim. Essa é uma das premissas do Espiritismo. Não aceitar nada que esteja distante da lógica.

— Curiosa essa postura, pois me acostumei com princípios religiosos em que os dogmas eram incontestáveis — comentou Rupert.

— O Espiritismo não é uma fé cega. Autodenomina-se uma fé raciocinada, devendo caminhar lado a lado com a ciência.

— E se, por uma questão de raciocínio, não viermos a aceitar determinados enunciados ou mesmo deles discordar?

— Tem o livre-arbítrio de aceitar aquilo que lhe pareça mais coerente, podendo colocar de lado questões que seu intelecto não compreenda ou discorde.

O TESTEMUNHO DOS SÁBIOS

— Bastante ousada essa crença.

— Não veja como uma crença, mas um campo de observações. Nossa reunião é uma oportunidade de realizarmos observações, que devemos apreciar com sinceridade e sem ideias pré-concebidas, o que dificultaria nossas atividades. Não estamos aqui dispostos a encenações. Também buscamos respostas para algumas perguntas que até agora não nos haviam sido respondidas. Procuramos um significado para a vida, seus percalços e sofrimentos. Devemos aproveitar a oportunidade para refletir e, crendo na sobrevivência da alma, como hoje eu creio, utilizar esse contato para nos instruir. E sim, se a filosofia daí então concluída nos fizer ter mais compreensão da realidade e mais esperança perante as dificuldades, podemos então nos sentir mais próximos de Deus e considerar o Espiritismo uma manifestação religiosa.

— Trazes conceitos novos para mim, por completo diferentes dos que supunha escutar na noite de hoje. Já havia lido e escutado alguns comentários sobre a filosofia espírita, mas ninguém me havia fornecido informações com tanta clareza — Rupert ansiava por respostas, que lhe falassem ao raciocínio com a mesma clareza que falavam ao coração.

— Por infelicidade, as informações que nossos ouvidos colhem por aí não são sempre as mais exatas. Justamente pela liberdade que o Espiritismo dá a seus adeptos, surgem algumas distorções. Quase nunca as questões de fundo, as primordiais, são postas em dúvida. Entretanto, se o Espiritismo deve caminhar com o progresso, devemos estar preparados para nos adaptarmos constantemente. Caso contrário, também se tornara uma fé obsoleta.

— De onde retirou esses enunciados? — indagou Edouard, participando pela primeira vez da conversa.

— Ah, desculpem-me a distração. Trouxe três obras de Allan Kardec para que pudessem dar uma olhada. Tudo começou com

"O Livro dos Espíritos", depois surgiu "O Livro dos Médiuns" e "O Evangelho Segundo o Espiritismo".

— Perdoe, mas do que tratam? — Edouard quis saber.

— "O Livro dos Espíritos" traz respostas a algumas das questões mais essenciais da vida, é todo ele formulado pelas respostas dadas pelos espíritos a partir de diferentes médiuns. "O Livro dos Médiuns" compõe-se de observações, realizadas por Allan Kardec, sobre as manifestações dos espíritos, servindo de importante ferramenta para aqueles que desejam se iniciar nessas reuniões.

— E o Evangelho? Criaram uma nova versão do Evangelho de Jesus? — indagou Elisabeth.

— Não, as passagens de Jesus e seus apóstolos não foram alteradas. O que se fez foi dar-lhe novas interpretações. Onde antes muitas vezes o raciocínio encontrava uma barreira instransponível, devido aos dogmas, com o Espiritismo temos a oportunidade de fazer uma releitura. Muitas das palavras de Jesus e passagens do Evangelho que soavam estranhas ao raciocínio mais insipiente tornam-se compreensíveis, quando as observamos embalados pela ciência Espírita.

— E qual o papel desses livros? Para que servem? — Edouard não havia compreendido a proposta do Espiritismo. Em sua opinião, tudo estava muito simples, deveria haver alguma maneira de doutrinar e conduzir os adeptos, pois todas as religiões as possuíam.

— Os livros servem para nos esclarecer. A Doutrina Espírita estimula-nos ao estudo, pois não tendo um representante legal, sem contar com sacerdotes de qualquer natureza, nem realização de cultos ou adoção de ídolos, sabe que sua força estará na compreensão. Sem o constante exercício de nossa capacidade de reflexão e interpretação, facilmente distorceremos sua filosofia e cairemos em contradição.

O TESTEMUNHO DOS SÁBIOS

— Essa é a primeira filosofia que se apregoa religiosa que vejo estimular a livre interpretação de seus ensinamentos — argumentou o Sr. Smith ainda desconfiado.

— Mas os ensinamentos não são do Espiritismo, são dos espíritos, e há os bons e os ruins como nós mesmos. Sem estarmos preparados intelectual e moralmente para esses encontros, não saberemos discernir o que é bom do que é ruim. Temos total liberdade, mas aprendemos que nossas atitudes sempre têm consequências.

Emma bastante envolvida e já preparada para a atividade interrompeu o tio:

— Tio John, podemos começar?

Os presentes tomaram seus lugares ao redor da mesa de jantar, móvel construído em madeira pesada e de coloração escura. A luz ambiente não era muito boa, mas suficiente para que todos presenciassem os acontecimentos sem maiores dificuldades. Edouard estava bastante perplexo com as informações recebidas, que destoavam muito de suas prévias concepções, mas continha-se, supondo que em algum momento encontraria um desvio qualquer. Já Rupert estava satisfeito com as explicações obtidas, desejava requisitar as três obras para que pudesse lê-las o quanto antes. Para ele a noite já havia valido a pena mesmo se nada mais ocorresse.

John Robertson sentou-se à cabeceira da mesa, solicitou o exemplar de "O Evangelho Segundo o Espiritismo" e aleatoriamente leu o texto em que seus olhos primeiro bateram:

— "Abri, pois, os vossos ouvidos e os vossos corações, meus bem amados! Cultivai essa árvore de vida cujos frutos dão a vida eterna. Aquele que a plantou vos convida a cuidar dela com amor, e a vereis produzir ainda, com abundância, seus frutos divinos. Deixai-a tal como o Cristo vo-la deu: não a mutileis; sua sombra imensa quer se estender sobre o universo; não encurteis seus ramos. Seus frutos benfazejos caem em abundância para sustentar o viajor sedento que quer atingir o objetivo; não os colhereis, esses frutos para guardá-los e deixá-los apodrecer, a fim de que não sirvam a ninguém. 'Há muitos chamados e poucos escolhidos'; há açambarcadores do pão de vida como os há, frequentemente, do pão material. Não vos enfileireis entre eles; a árvore que produz bons frutos deve distribuí-los para todos. Ide, pois, procurar aqueles que estão sedentos; conduzi-os sob os ramos da árvore e dividi com eles o abrigo que ela vos oferece. 'Não se colhem uvas dos espinheiros'. Meus irmãos, distanciai-vos, pois, daqueles que vos chamam para vos apresentar as dificuldades do caminho, e segui aqueles que vos conduzem à sombra da árvore da vida"[2].

Dizendo isso fechou o livro e aguardou em total silêncio.

Edouard olhava desconfiado para Rupert. O mesmo fazia menção para que o pupilo procurasse seguir o exemplo do companheiro que se responsabilizava pelo controle da atividade. Acatando a recomendação, o jovem médico silenciou, mas sentiu-se estranho. Aquelas palavras lidas lhe remetiam uma porção de impressões, que não conseguia frear. Sentia-se convocado por aquelas palavras. Não entendia por que, mas aquela leitura lhe soara como uma admoestação. Sentia como se estivesse desertando das fileiras dos ensinamentos do Mestre e que havia para ele chegado o momento de despertar para a realidade. Seria aquilo feitiçaria? Como conseguiam interferir assim em seus pensamentos? Que sentimentos eram aqueles? Sempre fora tão equilibrado, como agora não conseguia se concentrar? Não podia negar, porém, que havia algo muito nobre naquelas palavras, pois ao contrário das religiões oficiais, ali, naquele texto, estimulava-se a divisão do conhecimento. Não se deveriam produzir frutos sem que o mesmo pudesse ser distribuído àqueles que têm fome.

Em meio aos devaneios, Edouard encontrava-se alheio a tudo que acontecia. Sentiu tudo girar, sem compreender o que ocorria. Força

---

[2] Mensagem de Simeão contida em O Evangelho Segundo o Espiritismo, capítulo XVIII.

invencível lhe chumbava os membros, que pareciam não responder ao controle do desejo[3]. Assustara-se. Entretanto, para seu alívio a voz de Emma chegou-lhe aos ouvidos readquirindo de imediato sua normal concentração.

— Meus queridos amigos. Havia muito tempo que aguardava essa oportunidade. Muito trabalhei para que esse momento chegasse. Os amigos não sabem quem sou, mas posso afirmar-lhes que nossos caminhos se cruzaram muitas vezes através das eras. Infelizmente, nem tudo pode ser dito, apesar dos sentimentos sinceros que trago junto ao coração. O que posso lhes dizer, é que ouçam dentro de si mesmos aquela voz que clama em nossa consciência perante o dever. Não sejam como os ímpios que, adquirindo luzes, fecham-se em suas casas; abram as janelas de suas almas, franqueiem a porta para que nossos irmãos perdidos nas sombras venham até nós. Sejais vós a luz que delineara o caminho traçado pelo Mestre e permitira que os doentes da alma enxerguem mesmo na escuridão. Sei que muitos de vocês não me compreenderão. Eis uma dificuldade na comunicação entre vivos e mortos. Porém, não posso ir além das informações que lhes seriam úteis. Percebo a dúvida em vossos espíritos, demasiadamente contagiados pelo positivismo que tenta inutilmente matar Deus no coração de vossa sociedade. Digo-vos que tenham dúvidas, mas que essas dúvidas não os paralisem, ao contrário, façam-nos buscar explicações. Contrariamente ao que pensam aqueles que não conhecem os ensinos dos espíritos, não desejamos a fé cega. Queremos que busquem por si mesmos, pois a verdade não nos pertence, está nas leis divinas. Saibam que, sempre que estiverem sinceramente imbuídos de aquilatar novos conhecimentos que os auxiliem a compreender a vida, eu estarei presente, ao vosso lado, inspirando-os, num esforço constante de que encontrem Deus através da ciência. Chegará o dia em que as palavras que aqui profiro far-se-ão compreendidas pelos amigos hoje presentes. Creio que por ora já lhes dei bastante conteúdo para reflexões. Deixo-os com os meus

---

[3] Descrição de um fenômeno de desdobramento, essencial para qualquer manifestação mediúnica.

mais sinceros votos de paz, e que a graça do Senhor vos guie os passos.

O espírito de frei Mariano encerrava a comunicação, através de Emma, satisfeito e ansioso por acompanhar os resultados. Tudo corria conforme o planejado. Havia chegado o momento de Jean[4] despertar outra vez para a existência dos espíritos. Agora, de posse de patrimônio intelectual comprovado por diploma, poderia cumprir com a meta a que se propusera havia algum tempo. O mesmo menino, que vivera na França Pós-Iluminismo, despertaria; Edouard havia concluído uma etapa de sua existência. Estava na hora de voltar ao trabalho. Mariano mais uma vez estaria ao seu lado. Não apenas ele, mas outros companheiros do passado encontravam-se ali naquele momento, tanto encarnados como desencarnados.

Os olhos humanos ainda não são capazes de perceber os reais propósitos da vida, nada veem e com facilidade se desviam dos projetos arquitetados antes de cada reencarnação. Se não fossem as situações que consideramos inesperadas ou creditamos ao destino, por certo aproveitaríamos ainda com menor eficácia o roteiro existencial que trazemos. Amigos desvelados acompanham-nos os passos e aproveitam-se de cada oportunidade para mostrar-nos qual o melhor caminho a seguir. O nosso anfitrião chegara a uma dessas encruzilhadas, cabia a sua vontade escolher por onde seguiria dali para frente.

Emma voltou ao seu estado de vigília. John deslizou o olhar sobre todos os presentes, que sentados ao redor da mesa compunham aquela reunião. As mulheres sem exceção estampavam a satisfação pelo que fora presenciado. Rupert, que não se impressionara com o fenômeno, mostrava-se satisfeito com tudo que escutara. Só Edouard parecia perdido em seus próprios pensamentos.

---
[4] Personagem principal do romance "Do Século das Luzes".

Ter confiança em algo tem efeito muito significativo em nossa intimidade. Aquele que crê encontra em si mesmo forças no momento em que sua capacidade individual parece ter encontrado o limite possível. Envoltos pela ignorância, creditamos o impossível a forças mágicas e misteriosas, sem supormos que somos auxiliados por mãos invisíveis que encontraram em nossas demonstrações de coragem e confiança em Deus razão e motivação para vir em nosso socorro.

Em reuniões religiosas, utilizando esse termo não no sentido ritualístico que tomou nos dias atuais, mas em sua capacidade de nos aproximar de Deus, quando estamos envoltos pela confiança, aproveitamos muito melhor as oportunidades de que dispomos nesses momentos. Saímos fortalecidos, somos abastecidos de coragem e resignação diante da tormenta. O cético, por não crer em nada, em tudo vê o fanatismo e o excesso de credulidade, não se deixando contagiar por esse manancial de forças desconhecidas que nos sustentam, em especial, nos momentos de crise. Não entende o que acontece, tudo atribuindo ao efeito da crendice. Sem perceber, ele mesmo, que essa crença tem um efeito muito intenso sobre a vida das pessoas.

A esses, que não conseguem crer sem o auxílio do raciocínio, o Espiritismo veio em socorro. Pois vale-se da lógica, do raciocínio aguçado, para demonstrar a existência de Deus em nossas vidas e do quanto podemos nos beneficiar se soubermos confiar em Sua direção. Entretanto, existem criaturas que, afeitas ao orgulho, não são capazes de admitir algo que sua limitada razão não consiga conceber. Debatem-se contra os convites divinos, que nos são entregues pelos espíritos que conosco têm afinidade. Deus não se cansa jamais de nossa intransigência e sempre estende a mão em nosso socorro, até o dia em que despertamos para a realidade. Não como cegos, loucos ou fanáticos religiosos, mas com a simplicidade de alguém que admite que seu intelecto ainda não alcança as estrelas. Porém, com o que vislumbramos através da filosofia e da ciência já podemos deduzir que a vida é muito maior do que supomos e transcende nossa existência corporal.

RAFAEL DE FIGUEIREDO DITADO POR FREI FELIPE

Edouard não se encaixava nesse perfil, não era um cético obstinado, mas havia sido moldado, na existência atual, por uma filosofia, o Positivismo, que exigia a comprovação dos fatos. Estava acostumado ao olhar indagador. Frei Mariano sabia que necessitaria ter paciência com seu pupilo. O Sr. Smith despertaria aos poucos, fortaleceria suas convicções dia após dia. Confrontaria dados, levantaria teorias que pudessem explicar o que presenciara e, uma a uma, essas suas concepções iriam sendo contornadas. No passado, havia sido dedicado trabalhador da causa cristã, nascera com diversas limitações, sofrera com sua sensibilidade mediúnica bastante apurada. Fora educado por esse mesmo Frei Mariano que, portanto, o conhecia como a um filho. Renascera disposto a seguir o mesmo caminho, trabalhar pelos ideais do Cristo, mas não como um religioso ortodoxo e sim através da cultura que havia adquirido. A educação oferecida pelas instituições humanas estava concluída, eis que chegara o momento de aprimorá-la com as virtudes da fé.

Quem acompanhou a saga desse personagem no romance anterior, deve estar se perguntando, como um espírito, que tanto trabalhou com a mediunidade em auxílio ao próximo, em uma encarnação subsequente pode possuir tanto receio em adotar o Espiritismo? Edouard trazia na intimidade os valores que se consolidaram através dos séculos, desenvolvera o raciocínio, trazia aptidões inatas, por ele conquistadas à custa de muito trabalho; mas, a cada nova etapa, o espírito precisa tudo recomeçar, reforçando sua educação. Essa educação diária, que se obtém não só nos estudos, mas por igual no convívio pessoal, tem a força de nos lapidar, melhorando alguns aspectos e transformando-nos em outros. Edouard aprendera a ter fé, tinha fé em Deus, mas do seu jeito, pois cada um tem o direito de pensar diferente. E, se no passado acreditava por que todos acreditavam, hoje queria acreditar naquele Deus que trazia no coração, mas que sabia poder dialogar com seu intelecto. Sua fé sairia fortalecida se aliasse o sentimento divino à compreensão de Sua obra. Tornar-se-ia um gigante, embalado pelos ideais de fraternidade e disposto aos maiores sacrifícios, desde que encontrasse reais razões para isso. Frei Mariano, que conhecia todo o potencial latente do jovem médico, compreendia que estava preparando, como ele mesmo fora por sua vez, um dedicado servo de Jesus.

Por que Rupert, com a mesma formação, aceitara com muito mais facilidade as ideias que escutara? Somos, cada um de nós, universos completamente distintos, com passado, presente e futuro construídos por nosso próprio esforço e desempenho. Encontrando-se no fim da vida corporal, Rupert trazia no íntimo a disposição sincera de crer, buscava respostas para suas indagações. Não tinha mais familiares, esposa e filho já haviam desencarnado. Ansiava poder reencontrá-los quando morresse. A educação que recebera não pesara tanto, pois a vida o preparara para compreender que os homens não conhecem todas as respostas. Sua relação com Edouard e Mariano era forte pelos laços criados no passado. Tanto antes, assim como agora, ele fora a figura paterna na vida de Edouard (Jean d'Oberville), dedicara-se à religião e trazia no íntimo a crença em Deus. Sua proposta reencarnatória distinguia-se da de seu pupilo atual.

De qualquer forma, sempre somos influenciados pelo nosso passado, pelas simpatias e antipatias que conquistamos, pelos valores íntimos que desenvolvemos e que surgirão em existência posterior, na condição de tendências inatas. Eduquemos essas tendências à luz da razão e estaremos concorrendo para cumprir com a meta de vida de que nos imbuímos.

Estava um pouco tarde e o casal Robertson, acompanhado da sobrinha, despedira-se logo após o encerramento do encontro. John compreendera que Edouard estava pensativo e que precisaria ficar a sós para avaliar tudo que escutara e presenciara durante a noite.

Rupert não tardou a se retirar também. Gladys e Elisabeth foram se preparar para dormir. O Sr. Smith, entretanto, estava com os pensamentos acelerados demais para conseguir pregar os olhos. Permanecera na sala, contemplando o silêncio. Observando sua expressão pensativa e olhar vago, poderíamos dizer que ali estava apenas seu corpo, pois os pensamentos pareciam muito distantes.

Passou boa parte da noite em claro, relembrando o que acontecera e reavaliando suas suposições filosóficas. Lançou mão de alguns livros de psiquiatria, debruçando-se sobre conceitos de histeria. Procurava avaliar a si mesmo e as sensações que o assaltaram, sem que sua vontade a elas se aliasse. Não perdeu o controle por nenhum instante, apesar do crescente medo que sentira por não compreender o que se passava, sendo assim, não poderia se considerar em pânico.

Edouard buscava encontrar alguma lembrança reprimida que, no conceito freudiano de histeria, pudesse ter vindo à tona, carregando grande intensidade emocional. Repassou o falecimento de familiares, as pequenas discussões na intimidade do lar, a situação que vivia devido ao anúncio de sua conversão ao Espiritismo, mas nada encontrava que justificasse o que sentira horas antes.

Crises histriônicas podem ocasionar distúrbios sensoriais da visão, audição, paladar e olfato, podendo variar desde a hipersensibilidade até a anestesia total. Considerava ter encontrado alguns desses sintomas em sua rápida crise histérica — era assim que definia o que havia sentido. Tivera anestesia e dificuldade de controlar os membros, sentira alteração em suas percepções, tanto visuais quanto auditivas. Não reparara se seu olfato também fora influenciado, mas acreditava ter elementos suficientes para se supor vítima de uma crise histérica. Afinal, existiam inúmeros relatos que associavam histeria a episódios de amnésia, como os médiuns diziam ter após os fenômenos espirituais, e, sonambulismo, condição reconhecida como frequente nas sessões de intercâmbio mediúnico.

Durante a Idade Média, a ignorância fazia com que pessoas envolvidas nessa atmosfera mística sofressem retaliações e mesmo fossem assassinadas. Conhecemos os episódios da Inquisição e caça às bruxas que, na imensa maioria das vezes, nada tinham com relação a episódios de contexto espiritual; a grande motivação desses crimes era pessoal, seja por razões políticas ou econômicas. Eles também serviam para lançar medo e dominar a população sob a ideologia que se desejava manter no controle.

Edouard surpreendera-se por ter-se sentido vítima de uma crise de histeria. Logo ele, que se considerava tão seguro de suas convicções, que não se supunha influenciável ao ponto de se deixar contagiar pelas influências do meio. Sabia-se que nas crises havia forte participação do contexto cultural. Pois bem, estava em uma sessão mediúnica, disposto a avaliar os argumentos que essa crença lançava mão. Procurava em vão o fator que o levara a experimentar aquelas desagradáveis sensações[5].

O jovem médico, cansado de suas cogitações, optara por ir deitar-se. Porém, possuía a firme convicção de que sofrera um episódio de histeria. Preferia crer-se vítima de tal episódio mesmo que não se encaixasse no perfil histriônico, a aceitar livremente a argumentação espírita para explicação do fenômeno. Edouard não conhecia em realidade o sério trabalho que alguns abnegados amantes da ciência tentavam executar buscando explicações para as manifestações mediúnicas. Como sempre ocorre, estacionou na narrativa ingênua de companheiros que

---

[5] A neurofisiologia contemporânea atribui manifestações onde exista a alteração evidente da personalidade do indivíduo à epilepsia do lóbulo temporal ou do sistema límbico; não negamos que certas alterações orgânicas e distúrbios diversos possam causar alterações na personalidade. Entretanto, é temerário atribuir à exceção uma generalidade, pois há muitos casos em que essas mudanças de personalidade são mais evidentes em indivíduos tidos por saudáveis do que o contrário. Existem diferentes formas de alteração de personalidade, sendo que algumas delas não permitem margem a dúvidas, quanto à completa diferença entre as características das pessoas que se manifestam, seja pela demonstração de sua cultura e intelectualidade, seja pelo conhecimento e lembranças de um passado que sequer conheceu, ou que pertencia a intimidade de outras pessoas por elas desconhecidas. Tais relatos são fartos nos anais do Espiritismo, mas os olhos demasiadamente céticos não conseguem se desvincular das amarras do preconceito para avaliar essas circunstâncias com imparcialidade, até porque poucos se dispõem a conhecer o Espiritismo como ciência, estacionando em seu aspecto religioso, já muito distorcido na atualidade.

se detinham na superfície dos fenômenos. Fora o próprio compilador da Doutrina dos Espíritos que, sabedor do comportamento humano, antecipou-se e estimulou seus adeptos às pesquisas sérias, aprofundando o conhecimento do Espiritismo como ciência e afastando seus profitentes de excessiva e prejudicial credulidade. Edouard estava contagiado por tamanho receio de crer no Espiritismo que acabava por negar a própria lógica. Mariano, que tudo assistia espiritualmente, apenas sorria em silêncio. Seu pupilo, na realidade, estava levando a sério o compromisso de fazer um Espiritismo que marchasse lado a lado com a ciência. O bondoso guia espiritual sabia que era melhor lidar com alguém que tivesse intenções genuínas e errasse por desconhecimento, do que com alguém que acreditasse em demasia e não estivesse dotado da capacidade de pensar por si próprio. Teria mais trabalho é verdade, mas, uma vez estabelecida a convicção sob bases racionais, terremoto algum poderia abalar suas fundações. E o trabalho a que ele e Edouard se propunham necessitava desses alicerces, não só para essa encarnação, mas também porque o compromisso firmado abrangia o futuro e novas e produtivas existências, em prol do desenvolvimento moral humano aliado ao conhecimento.

– 6 –

Cinco dias haviam se passado, os pensamentos de nossos personagens refletiam diferentes interpretações. Cada um trazia consigo o manancial de informações moldadas ao seu modo de pensar que, por sua vez, estava intimamente relacionado com a formação e inclusive com o passado. Mesmo que não gostasse da ideia, Edouard se julgara vítima de um episódio histérico, descartando assim a realidade da comunicação com os espíritos. Elisabeth, assim como Gladys, possuía firme convicção na realidade dos fenômenos espíritas; a primeira, até por sua instrução bastante apurada, compreendia que o fato de as manifestações mediúnicas serem possíveis não excluía os embustes e os desvios causados pelo excesso de crença. Gladys, por sua vez, via em tudo o mistério e a superstição, algo que a fascinava. Não tinha más intenções, mas não possuía também a devida maturidade para compreender os fatos espíritas.

O professor Stewart conseguiu encontrar um ponto de equilíbrio entre a crença e o raciocínio e, por isso mesmo, passou cinco dias envolvido em leituras e novas descobertas; a cada sentença em que seus olhos discorriam, um mundo novo para ele se descortinava. Agasalhou com alegria e satisfação íntima a nova filosofia, que era capaz de responder suas questões mais complexas e lançar-lhe outras cogitações não menos profundas. Era para ele o combustível que embalaria seus últimos anos de velhice. O estado íntimo de Edouard, se comparado ao de Rupert Stewart, mostrava-se separado por um abismo. O jovem médico não deixou de reparar na transformação do amigo.

— Vejo que se encontra mais bem disposto — comentou, já conhecendo a causa desse estado emocional.

— Sei que não desposa minhas atuais convicções com a mesma facilidade de outros tempos. Na realidade, temo ter sido frio em excesso na condução de sua formação, assim como na de seus demais colegas. Talvez se pudesse encontrar um posicionamento menos intransigente na academia.

— Considera intransigente o rigor científico?

— Dizem que só compreendemos as maiores descobertas da vida quando não temos mais força para modificar o que fizemos, por estarmos velhos demais. Os grandes vultos da humanidade, aqueles que fizeram alguma diferença, encontraram essas respostas enquanto seus corpos ainda lhes sustentavam o ânimo e a disposição ao trabalho de transformação. Creio que temos sido muito arrogantes. A própria ciência nos demonstra que não somos senhor da verdade. Talvez, sendo mais humildes, poderíamos contribuir melhor para a sociedade enquanto médicos.

— Entretanto, não podemos abraçar crendices populares quando temos nas mãos a vida de nossos pacientes. Há pouco espaço para erros.

— Sim, filho. Não discordo de ti nessa questão. Porém, tudo que venho lendo não afronta a ciência. Em realidade, torna-a mais coerente e forte, sem desviá-la do seu objetivo nobre, que é a construção de uma sociedade melhor. Algo tantas vezes colocado de lado por vis interesses.

— Não compreendo. O senhor crê mesmo nisso?

Rupert olhou Edouard nos olhos e apenas sorriu. Compreendia que, assim como ele, Edouard precisaria recolher da vida algumas preciosas lições, para então estar maduro o suficiente para compreender seu ponto de vista. Uma funda expressão de melancolia lhe surgiu nos olhos e em silêncio torceu para que o jovem, a quem tomava por filho, não precisasse trilhar a mesma estrada que havia trilhado.

Rupert havia perdido a mulher e o filho há pouco mais de uma década em trágico acidente, fato que lhe amargara de maneira profunda a vida. Agarrou-se ao trabalho e, sem o apoio do jovem Smith, talvez tivesse desistido de viver. Durante anos, buscou uma explicação para seu sofrimento, algo que aplacasse a dor. Sua religião tornara-se obsoleta diante do drama que carregava intimamente, pois não conseguia aliar seu coração ao raciocínio. Apesar de lutar exteriormente para deixar transparecer simpatia a todos, essa melancolia o tornara introspectivo e fora capaz de lançá-lo em profundas cogitações existenciais. Respostas que agora encontrava através da filosofia espírita, algo que jamais cogitaria desposar antes de viver seu drama particular. Não desejava ver seu pupilo passar por situação semelhante, mas a vida já lhe havia ensinado muitas coisas e compreendia que não existia no mundo melhor professor.

Sempre que dialogava com seu amigo, Edouard ficava confuso. Respeitava-o muito e suas palavras quase sempre testemunhavam grande sabedoria. Entretanto, agora, toda vez que ouvia falar em Espiritismo, um conflito íntimo travava-se dentro dele. Constatava o bem que essas ideias produziam nas pessoas, temia, porém, estar sendo contagiado por uma visão supersticiosa. Como equilibrar racio-cínio e fé, cérebro e coração? Grande dilema da humanidade. Só não se deparou com essa cogitação aquele que ainda não silenciou para ouvir os sussurros da vida. Essas pessoas talvez necessitem dos grandes ventos transformadores que, quando passam, não deixam nada de pé, acabando com todas as nossas mais firmes convicções. Assustando-nos, mas criando espaço para que possamos aprender coisas novas. A vida de Edouard Smith estava prestes a se modificar e com ela muitas de suas convicções.

O Dr. Smith havia trabalhado a noite inteira, o frio que se concentrava nos arredores londrinos levara muitas pessoas ao hospital. O número de pacientes ultrapassara em várias vezes o contingente normal. Extremamente cansado, o jovem médico entregara-se aos domínios de Morfeu[1] e só acordou em meio à tarde do dia seguinte. Como ocorria às quartas-feiras, Elisabeth e Gladys haviam saído para repor os mantimentos da dispensa do solar. Estava sozinho em casa.

Ainda com sono, caminhou a pesados passos dirigindo-se para a cozinha. Estava faminto e procurava algo com que pudesse saciar a fome. Encontrou o que procurava; a dedicada serva sempre antecipava a vontade de seu senhor, a relação entre ambos era deveras amistosa. Com uma xícara de café puxou uma cadeira para sentar-se junto à mesa. Mesmo sonolento e sem a intenção de refletir com maior apuro, sua atenção foi estimulada por uma das manchetes do jornal, que pôde divisar a pequena distância.

Ergueu-se para pegar o folhetim que distava alguns metros. Qual não foi sua surpresa quando leu o nome de William Crookes vinculado a experiências mediúnicas. Há pouco ganhador do prêmio Nobel de Química com a descoberta do Tálio, não podia supor que essa figura ilustre houvesse se colocado em posição tão delicada. Rapidamente

---

[1] Deus grego dos sonhos.

passou por seus pensamentos que o notável cientista pudesse estar sendo muito ingênuo, ou, então, possuía firme convicção no que fazia para permitir ter seu ilustre nome vinculado ao Espiritismo.

Não pôde furtar-se de acompanhar o texto, que narrava as experiências desse físico e químico com a médium Florence Cook. A descrição detalhada e os mecanismos de controle comprovavam o gênio científico e o caráter sério com que Crookes encarara as experiências. O prêmio Nobel de Química buscava demonstrar a realidade dos fenômenos, provando, ao contrário do que todos pensavam, que os fenômenos de materialização não eram bem arquitetados truques de ilusão. Edouard sentia-se mais uma vez confuso; aquelas ideias pareciam persegui-lo, nos momentos mais inesperados via-se induzido a refletir sobre essa filosofia, cada vez com teorias mais bem fundamentadas e testemunhadas por cidadãos de respeito, que colocavam em jogo sua honra e prestígio social. Onde estava o erro? O que essas pessoas percebiam que ele não fora capaz de ver? Seria plausível supor que o vencedor de um prêmio Nobel brincasse com seu prestígio aderindo ao Espiritismo e defendendo-o publicamente?

Seus olhos corriam sobre o jornal que, na verdade, retomava um texto de Crookes de 1874[2], portanto mais de vinte anos antes de ele ter ganhado seu prêmio Nobel. O artigo, assinado pelo próprio cientista, terminava lembrando que o mesmo concluíra não ser capaz de explicar o que presenciara, mas que era inegável a sua existência. Sua conhecida frase assim exarava: "Não digo isso é possível, apenas, isso existe". Lançava um clamor, que não fora ouvido e atendido como seria de se esperar, para que a comunidade científica se dedicasse aos estudos do Espiritismo e suas manifestações com seriedade e sem seus habituais preconceitos.

Ele lia um artigo que precisara percorrer 36 anos para chegar às suas mãos, entretanto, como que por obra do destino, chegou no

[2] Artigo em anexo.

momento oportuno. Uma avalanche de eventos que sequer dava tempo para que o raciocínio positivista, em que fora educado, pudesse se defender e encontrar uma explicação para o que tomava conhecimento. A situação de Elisabeth, as sessões espíritas dos Robertson, sua inesperada profissão pública na crença espírita, sua primeira participação em uma reunião mediúnica e as sensações que essa reunião provocou nele que, apesar de tentar explicar pela histeria, no fundo não se convencera. Tinha também a credulidade de seu amigo e professor, a quem admirava pelo bom senso e inteligência. Agora isso? O que estava acontecendo? Era como se tudo conspirasse para que o Espiritismo o envolvesse. Da espiritualidade, Frei Mariano sorria com os pensamentos de seu pupilo.

Delicadamente aproximou-se de Edouard e, como que sussurrando em seus ouvidos, aduziu:

— Lembre-se Jean, foi assim que planejamos. Está na hora de trabalhar por aquilo que defendemos no passado. Não tenha medo, estarei ao seu lado. O desconhecido sempre nos amedronta, mas só segue a caminhada aquele que tem coragem de seguir em frente. Não estou pedindo que acredite em tudo que ouve sobre o Espiritismo, mas apenas que se desfaça dos preconceitos. Necessitava de uma formação rigorosa, para poder debater no mesmo nível e com bom senso as crenças positivistas. Tudo está correndo como o esperado. Ainda temos algum tempo. Seja forte e não tema o futuro.

O jovem médico sentiu-se estranho. No que pensara? Não sabia dizer, mas sentia como se algo lhe tivesse desviado os pensamentos, e sequer sabia o que havia acontecido. Era como se tivesse dormido por alguns segundos. Preocupou-se, nunca fora dado a esse tipo de coisas. Estaria acontecendo algo consigo?

O campo estava pronto, as sementes lançadas, apenas o tempo diria com que força as raízes, firmadas no passado, conseguiriam se desenvolver na personalidade atual de Edouard.

Alguns meses se passaram. O rigoroso frio dos primeiros meses de 1910 dava lugar à primavera. Os dias secos e ensolarados estimulavam as pessoas ao convívio ao ar livre. O sol aquecendo as faces, sem que as pessoas percebessem como isso acontecia, alterava-lhes positivamente o humor. Havia mais sorrisos, os jardins também sorriam no desabrochar de suas flores, assim como pássaros e pequenos insetos. A vida regurgitava em todo lugar, era tempo de reprodução entre plantas e animais. Tempo de fertilidade.

Elisabeth parecia deslizar sobre os trilhos de um típico jardim londrino. Empunhando sua sombrinha e um chapéu em diferentes tons de amarelo, ornado com fitas também amarelas, protegia-se do sol. Passava pouco das catorze horas, o sol erguia-se forte, e todos lhe diziam não ser apropriado alguém, em seu atual estado, expor-se ao sol por demais. Edouard era todo cuidado com a jovem esposa.

— Elisabeth, você não deve se cansar. Por que não descansamos sob a sombra daquela árvore? — disse indicando uma árvore próxima.

— Ora Edouard, você sabe que estou bem. Não exagere em seus cuidados — repreendeu cortesmente a jovem senhora.

— Sabe que não me preocupo apenas contigo. Afinal, agora nossa família cresceu. Tenho que zelar por nosso filho que você carrega.

— Não se preocupe com isso, tenho certeza de que ele nascerá saudável. Porém, acredito que seja uma menina e não um menino como você imagina.

— E por que isso? Quem é o médico aqui? — disse sorrindo.

— Intuição de mãe não falha.

— Nem bem sabe o que é ser mãe e já se acha expert no assunto.

— E qual seria o problema se fosse menina?

— Se for bela como a mãe trar-me-á muitas dores de cabeça. Se copiar sua personalidade então, será para mim um completo desespero. — disse o jovem médico entre gargalhadas enquanto mexia em seu chapéu.

— Imagino seu ciúme — disse sorrindo ao tapar a boca com a delicada mão enluvada.

— Deixemos disso, ainda não desisti da ideia de que possa ser um filho varão.

Elisabeth fez cara de desdém. O clima entre o casal era dos mais amenos. Edouard se acalmara após as mudanças que ocorreram em sua vida nos últimos tempos. A relação entre ambos se fortalecera muito com a gravidez de sua esposa. Ambos sentaram-se e continuaram conversando sob a generosa sombra que os acolhera.

— Querida, a saúde de Rupert me preocupa.

— Eu sei, ele de fato não me parece bem.

— Temo perdê-lo. Essa ideia me assusta.

— Por acaso não compreendes que nosso poder sobre a vida tem certos limites?

— Sim, não preciso ser lembrado disso. Vejo isso todos os dias em minha rotina. Porém, Rupert é como se fosse meu verdadeiro pai.

— Sei bem disso. E creio nosso dever estar ao seu lado.

— Gostaria tanto que ele pudesse ver nosso filho crescer. Ele se alegrou de tal maneira com a notícia, alguns meses atrás. Entretanto, logo depois voltou àquele seu obscuro estado de apatia. Não sei mais o que fazer para que se alegre.

— Nunca entendi de onde ele buscava força após a morte da esposa e do filho. Penso que seus alunos, seu trabalho e, principalmente, seu idealismo mantiveram-no vivo até aqui. Como deve ser dolorido perder aqueles a quem mais se ama no auge da vida. Eu não sei como reagiria.

— Realmente admiro a força do professor quando me lembro de sua história. Em verdade ele sempre foi um exemplo de tudo o que defendia. Pena existirem poucos homens como ele. Só o vejo sorrir quando comenta as reuniões que toma parte na casa de John Robertson.

— Não queira fazer essa maldosa insinuação. Óbvio que ele sente saudade daqueles que partiram, mas não creias que receber comunicação dos mortos possa acirrar sua melancolia. O senhor Stewart está com idade bastante avançada, é natural sua debilidade orgânica, você, como médico, deveria saber disso melhor do que ninguém.

O TESTEMUNHO DOS SÁBIOS

Edouard silenciou, refletindo sobre seus pensamentos. Não se dava conta, mas procurava esconder a realidade de si mesmo. Aquele a quem tratava como pai estava realmente no fim de suas forças. Não havia o que ser feito, era o ciclo da vida se cumprindo.

— Tens razão. É que não consigo ver o futuro com a mesma calma que ele adquiriu. Sua sobriedade perante seu estado geral enerva-me. Gostaria de vê-lo lutando, enfrentando a morte com mais coragem.

— E crês não haver coragem em enfrentá-la sem desespero?

— Ele parece acolhê-la. Como se a morte lhe fosse velha conhecida, que lhe desejasse a visita.

— Não pode retirar isso dele. Ele foi um homem bom, gentil, dedicou sua vida aos outros, seja através do ensino ou através do tratamento de seus pacientes. Você, melhor do que eu, sabe disso. Não seja egoísta vendo apenas a ausência dele ao seu lado.

— Às vezes penso que ele deseja a morte para reencontrar-se com sua esposa e filho.

— Isso seria natural. No final da vida, creio que poder pensar assim, é uma grande recompensa.

— Ainda não consigo assimilar essas ideias como vocês. Não consigo lidar com a despedida derradeira com a mesma tranquilidade de vocês, isso ainda me causa arrepios. Entretanto, não sou cego ao perceber a paz que isso parece incutir no professor.

— Talvez essa seja a última lição que ele deseja lhe transmitir — concluiu Elisabeth sabiamente.

Edouard já não se surpreendia mais com as palavras pontuais que sua esposa emitia em momentos de inspiração. Nenhum dos dois percebia, mas a presença da criança junto ao útero ampliara a sensibilidade feminina, permitindo que os amigos da espiritualidade deles se acercassem com mais espontaneidade. Mariano se valia disso para trabalhar o íntimo de seu pupilo, fazendo nele despertar as ideias que desejava ver florescer.

Como era de se esperar Rupert Stewart faleceu mal findara uma semana. Não padeceu, seu sofrimento se constituíra da existência sem o filho e a esposa. Simplesmente não acordou. A governanta viera chamá-lo e como não ouvia resposta resolveu espiar dentro do quarto. O gosto sóbrio e requintado do médico ancião decorava todo o quarto. De fato era um local agradável, sem excessos e extremamente aconchegante.

Aproximando-se do patrão, que parecia dormir, inclinou-se sobre o corpo, visto que o mesmo não respondia aos chamados. Surpreendera o velho médico, descorado, olhos cerrados, lábios pouco abertos, que formavam um enigmático sorriso. Ao desavisado, aquele sorriso poderia significar uma ironia da morte, que ceifara a vida de sua vítima, e deixara ainda um sorriso debochado enaltecendo sua vitória perante a vida. Entretanto, aquele sorriso era o alento produzido junto ao último suspiro. O corpo já cansado, a alma carente e saudosa, libertava-se de seu cativeiro. E do outro lado, quando seus olhos fechavam-se para o mundo dos homens, vislumbravam pela primeira vez, depois de muitos anos, a presença da querida esposa, que o esperava pacientemente em sua inevitável travessia. Não era a morte que lhe fazia sorrir, mas a vida que resplandecia e lhe dava novo alento, enchia-o de esperança e convidava-o a novas lutas no porvir.

— Vem querido. Seu tempo está findo. Já é hora de nos reunirmos de novo — disse a amada esposa com uma irresistível voz aveludada.

Ao influxo dessas carinhosas palavras, Rupert deixou-se levar, sem perceber os inúmeros companheiros que estavam ali, reconhecendo o passamento de um valoroso amigo. Estava liquidada sua encarnação.

A governanta, cercada por essas companhias espirituais, não se espantou com a constatação do coração sem pulso. Depositou sentido ósculo sobre as mãos de seu amigo de tantos anos e, após profunda prece, retirou-se para avisar o sucedido.

Deixou o quarto e solicitou a presença de Edouard o mais breve possível. No instante em que recebera a mensagem, o jovem médico entendeu de que se tratava. Queria afastar esse pensamento, mas como uma sombra que se esgueirava driblando a luz solar, não conseguia deixar de supor que encontraria seu "pai" já sem vida. Chegou ao antigo solar em meio a essas divagações. Sua ansiedade impedia-o de tomar exata consciência da realidade. Era como se seus pensamentos houvessem criado vida própria, não dependessem mais dele. O tempo e a realidade pareciam distorcidos.

Maquinalmente se deixou conduzir até a alcova, sem atentar para as palavras da governanta, que lhe narrava o ocorrido em seus mínimos detalhes. Ao abrir a porta, como que voltando à realidade, assumiu o controle de seus próprios pensamentos e, com sangue frio, dirigiu-se à senhora que até ali o acompanhara.

— Ada, por favor, deixe-me a sós com o professor.

A governanta percebeu a emoção duramente controlada que aquelas palavras carregavam e compreendeu que o rapaz gostaria de chorar sozinho a morte de seu pai, pois essa era a relação existente entre ambos. Edouard encontrara em Rupert o amparo paterno, enquanto o jovem recém- vindo da Escócia suprira a lacuna deixada pela tragédia, que se abatera na vida do consagrado médico. Tocada por essa situação, Ada apenas baixou os olhos contendo algumas lágrimas e deixou-os a sós.

Edouard fechou a porta atrás de si e, com passos vacilantes, lançou-se na direção do corpo deitado sobre a cama em meio às colchas. Não pôde deixar de sorrir ao perceber os lábios intrigantes que o amigo parecia difundir como último enigma. O que significavam? Não pôde deixar de fazer essa indagação. Sentou-se ao lado do corpo e durante duas horas manteve-se em silêncio, a sós com seus pensamentos, emoções e lembranças, fazendo um balanço espontâneo da vida que ambos puderam ter um com o outro. O jovem doutor não se sentia preparado para lidar com a morte e talvez aquele sorriso indicasse que aprender a lidar com a morte seria a última lição que seu mestre lhe proporia.

Lágrimas escorriam-lhe pelas faces quando foi despertado por brandas batidas, que soaram na pesada porta de madeira maciça. Perdera a noção do tempo. Concentrado em suas lembranças, esquecera-se de que haviam decisões a serem tomadas.

— Faz muito tempo que ele está aí, Ada? — perguntou Elisabeth, enquanto batia na porta pela segunda vez.

— Sim senhora, ele chegou faz bastante tempo. Eu não consegui ficar vendo o doutorzinho chorando. Partiu-me o coração.

Elisabeth sorriu, um misto de comiseração pelo sofrimento do marido e pela expressão carinhosa revelada por Ada. Sentia-se tão preocupada com o estado em que encontraria seu esposo que nem percebera o quanto estava entristecida pelo passamento do querido amigo, que não deixara de ser para ela um segundo pai.

Edouard encaminhou-se até a porta, pressionou a maçaneta, encontrando os angustiados olhos de Liz a fitar-lhe com candura. Não resistiu e, qual criança que recorre ao aconchego do regaço materno, lançou-se aos braços de Elisabeth dando vazão às lágrimas que surgiam em profusão. Era a dor da saudade antecipada, aquele sentimento que não conseguimos entender, mas que nos comove até as lágrimas quando da partida de um ente que nos foi caro.

Elisabeth com quase cinco meses de gravidez acolhia ao marido carinhosamente, consolando-o com palavras de ternura.

— Ele precisava descansar — dizia enquanto afagava o cabelo revolto do esposo.

— Será mesmo Liz? — Edouard queria poder se agarrar em algo que minimizasse o que estava sentindo.

— Sim, querido. Ele agora está com sua família. Estejamos felizes por ele.

O jovem Sr. Smith pareceu rir de si mesmo, como se houvesse encontrado uma resposta ao último desafio de seu professor.

— O que foi Edouard? — disse Elisabeth, percebendo a reação do esposo que sorria entre lágrimas.

— Então é esse o significado do sorriso — repetiu por duas vezes em voz baixa para si mesmo, antes de calar-se pensativo.

Estava finda a primeira etapa da vida de nossos personagens. A vida humana assemelha-se à de uma flor, que se esforça por desabrochar, brindando de brilho aqueles que têm a possibilidade de cruzarem o jardim onde se encontra enraizada. Seu perfume se espalha e, tocando a sensibilidade alheia, registra-se indelevelmente na alma de quem a sente de verdade. A força desse registro, por vezes, é tão forte que basta imaginarmos a flor que deixou de existir para relembrar e voltar a sentir seu perfume. Cada um tem cores e perfumes completamente distintos, mas todos nós podemos contribuir para perfumar jardins, ainda que por apenas alguns instantes e, mesmo assim, ser lembrados por nossa presença na vida de quem nos sentiu com todo o coração.

O silêncio reinava no ambiente, a sala de jantar do casal Smith servia de local para outra reunião de intercâmbio mediúnico. Clara e John Robertson estavam presentes, assim como a sobrinha deles, Emma. Encerrada a reunião, o silêncio é quebrado pelas primeiras palavras:

— Desculpem-me, mas já está tarde e preciso me deitar. Amanhã terei um dia cheio no hospital — falou Edouard, já se levantando e dirigindo-se ao quarto.

A reação de Edouard não provocou espanto em Elisabeth. Depois da morte de Rupert, ele havia se tornado um pouco mais fechado. Nunca fora dado a arroubos de simpatia, mas andava mais taciturno nesses últimos dois anos. A presença de sua filha alegrava-o, mas bastava que esta se afastasse para que ele voltasse ao estado já habitual de apatia.

— Desculpem meu marido — justificou-se Elisabeth perante todos.

— Não se preocupe querida Liz, nós compreendemos — Clara fez questão de prestar sua solidariedade.

Criando certo constrangimento no ambiente, a saída abrupta de Edouard escancarou também que a relação entre o casal havia se deteriorado muito nesses últimos dois meses. Elisabeth sentia-se envergonhada, pois o marido, antes tão atencioso, sequer fazia questão de disfarçar isso.

Edouard ficara extremamente abatido com o passamento de Rupert Stewart, a quem considerava seu verdadeiro pai. Não conseguia superar essa perda. Tornou-se mais cético do que antes. Sua crença em uma potência maior que dirigia o mundo vacilara. Sua situação social degradara-se bastante nesses últimos dois meses, muito em função de sua profissão de fé. Aqueles que acreditassem na vida espiritual eram olhados pelos demais com desconfiança. Se fosse alguém bem visto pela sociedade, como um médico, por exemplo, a única saída era o mesmo ter sido vítima da loucura.

Nunca fora convicto em sua crença na espiritualidade, sua confissão pública de fé fora motivada por orgulho ferido e em apoio à esposa. Após o nascimento da filha Alene, sentia-se sempre empolgado com o fato de ser pai. Entretanto, a perda do amigo e tutor deixara nele um vazio impreenchível. Desconfiado, aceitou as convicções de sua esposa, que tinha bastante ascendência sobre sua fé. Pensou que, frequentando as reuniões mediúnicas, esse vazio, que tentava esconder e jamais admitia, mas que estava estampado em seu comportamento, pudesse ser aos poucos preenchido pela certeza da vida após a morte.

Porém, fazia dois anos que aguardava uma palavra do amigo desencarnado e, no entanto, nada recebera. Essa espera aos poucos o tornara ainda mais cético e amargurado. E a frustração, essa ele dirigia calado ao espiritualismo e às pessoas que com ele participavam das reuniões. Guardava silêncio em respeito à esposa, mas inconscientemente dirigia a ela a responsabilidade pela frustração que sentia. E isso vinha deteriorando a vida conjugal antes repleta de cumplicidade.

Ele deitou-se, mas não conseguiu dormir. Seus pensamentos não desligavam. Se os espíritos podiam se comunicar, algo que duvidava e ao mesmo tempo queria crer, por que seu amigo não viera tranquilizá-lo com algumas palavras de além-túmulo? Edouard não compreendia como funcionava a comunicação com os espíritos. Não sabia das implicações por detrás de cada manifestação espiritual. Nunca se interessara por aprofundar-se na literatura que tratava do tema. Queria ter as suas respostas, como se os espíritos estivessem ali disponíveis para saciar seus anseios.

Ainda existia nele aquela dubiedade, sentimento de não crer, mas com a esperança de que tudo fosse verdade. Esses conflitos de sentimentos são tão naturais em nós humanos; quase sempre povoam nossa intimidade, caracterizam-nos enquanto humanidade.

Elisabeth despediu-se dos convidados um pouco constrangida com a situação que vinha vivendo, que até então não havia extrapolado os limites domésticos. Sentiu-se envergonhada com a atitude pouco cavalheiresca do marido, que não tivera nenhum pudor em esconder sua decepção e contrariedade. Os convidados não sabiam muito bem como agir e, para Liz, isso era ainda pior. Eles queriam fazer parecer que tudo estava normal, mas ela percebia esse esforço artificial, que a incomodava muito.

Despediu-se do casal amigo e, fechando a porta, escorou-se na mesma pelo lado de dentro e deixou que fundo suspiro saísse de seus lábios. Fechou os olhos, deixou-se escorregar até o solo e ali mesmo, deixou suas faces rosadas banharem-se com as gotas de tristeza que vertiam de seus lindos olhos. Ficou assim por longos minutos que pareciam uma eternidade, devido à intensidade dos pensamentos que desfilavam em seu cérebro.

Como a vida conjugal tornara-se tão difícil? O que acontecera para que tudo ficasse assim diferente? Será que fizera algo errado? Inúmeras indagações fervilhavam em sua intimidade. Queria fazer as coisas voltarem a ser como eram antes. Queria o mesmo marido, a mesma relação conjugal. Ao mesmo tempo em que se culpava, também responsabilizava o esposo, pois ambos eram responsáveis pela transformação ocorrida.

Uma leve brisa, que ela não percebera, veio tocar-lhe a fronte. Dedos luminosos misturaram-se aos seus cabelos cor de mel. Gradualmente seus pensamentos tornam-se mais brandos, conciliadores. Não buscava mais os responsáveis, mas a reconciliação.

Seu lar encontrava-se saturado por inspirações superiores. Acabava de sair de outra reunião de intercâmbio mediúnico, sem grandes resultados, mas que nem por isso deixara de contar com companheiros dedicados na espiritualidade. Companheiros que conheciam a intimidade do lar, as dificuldades por que estavam passando e preocupavam-se com os rumos que as coisas poderiam tomar.

Tocada de inspiração, Elisabeth ergueu-se, enxugou as lágrimas silenciosas que ainda teimavam em rolar e dirigiu-se ao quarto. Edouard rolara na cama sem conseguir fechar os olhos, encontrava-se tomado por uma tempestade íntima. Sentia-se contrariado, em litígio com Deus. Acreditava-se prejudicado pelo destino, perdendo todas as pessoas que lhe eram importantes. Porém, deixava de ver que essa sua atitude fazia-o perder pouco a pouco a própria companheira amorosa e dedicada.

Percebendo que a esposa adentrara no quarto fingiu dormir, pois desejava evitar qualquer diálogo sobre o ocorrido. Elisabeth percebeu sua atitude, mas, inspirada por forças invisíveis, não deu importância ao fato e, de maneira muito sincera, colocou-se carinhosamente ao lado do marido. Aproximou-se dele como nos primeiros tempos de casados, demonstrando ternura. Sem dizer uma única palavra, depositou sua cabeça sobre o peito do marido e assim dormiu.

RAFAEL DE FIGUEIREDO DITADO POR FREI FELIPE

Essa atitude dócil sensibilizou Edouard, que continuava fingir dormir. Sentiu-se envergonhado e analisou mentalmente suas atitudes rudes e injustas para com a esposa nos últimos tempos. Como estava sendo cruel martirizando aquela criatura que, mesmo após passar por situação constrangedora criada por ele, ainda se mostrava dedicada. Esses pensamentos tomavam-no de assalto. A mesma personalidade feminina desconhecida, que inspirara Elisabeth, produzia nele um momento de profunda reflexão.

Ambos adormeceram. Nenhum deles se lembraria, mas enquanto seus corpos descansavam, seus espíritos encontravam-se e, dirigidos por essa criatura amiga, discutiam a relação conjugal e os rumos que suas decisões deveriam tomar. Sem trocar uma única palavra, ambos tiveram uma noite de sono reconciliadora.

Acordaram sentindo uma ternura que há muito tempo não sentiam. Era como se todos os problemas houvessem sido superados. Ambos estavam dispostos a admitir todos os erros e dificuldades que vinham encontrando no relacionamento. Sem que percebessem, um espírito de feições femininas tudo observava e o sorriso discreto no rosto estampava sua satisfação pelo resultado da atividade noturna. Compreendeu que era momento de deixar o casal em sua intimidade doméstica e retirou-se da mesma maneira discreta que chegara, agradecendo a Deus a oportunidade de fazer o bem.

— Liz — disse Edouard, tocando-lhe os cabelos — eu sei que tenho sido uma pessoa difícil nos últimos tempos. Quisera eu ser uma pessoa com sua força e sua fé, talvez isso me reconfortasse. A perda de Rupert me abalou muito e ainda não aprendi a lidar com isso. Não tenho a mesma convicção na vida após a morte que você, e me desespera saber que posso ter visto desaparecer para sempre uma pessoa tão cara ao meu coração. Entretanto, percebi nessa noite que minhas atitudes estão me distanciando de você e fazendo-me perdê-la ainda em vida.

Não quero isso, perdoe-me. — Essas palavras foram ditas com extrema doçura, já contagiadas pelas lágrimas de Edouard.

Elisabeth ansiava por essa reconciliação e sabiamente preferiu permanecer em silêncio, demonstrando com sua atitude que compreendia e perdoava o esposo. Permaneceram mais alguns minutos sem nada dizer.

Elisabeth tomava seu chá, sentada à mesa da cozinha. Lia o jornal e deixava que seus pensamentos divagassem sem destino certo. Estava contente com a reconciliação com o marido. Alene dormia tranquila em um berço ao seu lado, sem que o barulho da cozinha ou a conversa pudessem incomodá-la.

O marido iria para o hospital um pouco mais tarde, por isso não estava apressado como de costume. Adentrou sorridente a cozinha, cumprimentou a todos, com especial carinho para a esposa e a pequena Alene e suas bochechas rosadas.

— Que bom ver o senhor mais animado patrão — comentou ingenuamente Gladys.

Edouard nada respondeu, apenas dirigiu um olhar de confidências a sua esposa, que compreendeu que o esposo se livrara de enorme tormenta durante a noite.

— Onde está o jornal? — perguntou ele não conseguindo encontrá-lo, em meio às páginas abertas e espalhadas sobre a mesa.

— Atrás de você, sobre o balcão — respondeu Elisabeth.

Edouard correu os olhos sobre o balcão e teve sua atenção retida por um jornal diferente, onde leu "Jornal de estudos psicológicos".

— Do que se trata? — indagou pegando o jornal e mostrando-o à esposa.

— Ah, isso? Ontem John me deixou um exemplar da Revista Espírita para que pudesse ler.

— Mas isso data de 1863, tem 50 anos que foi publicado.

— Eu sei, mas, devido à escassez de material de leitura sobre Espiritismo, decidi ler mesmo assim. Afinal, foi escrito pelo próprio Allan Kardec.

— Ah, sim? O mesmo autor dos livros que tem lido?

— Esse mesmo. É uma pena que você não o tenha lido ainda.

— Sabe que não me interesso muito por esse tema.

— Sim, eu sei. Sei também que não devo tentar influenciá-lo sobre esse assunto. Compreendo que participe, algumas vezes, de nossos encontros práticos apenas por consideração a mim. Agradeço sua atenção para comigo, mas saiba que não precisa fazer isso se não deseja. Eu não me sentirei embaraçada por isso.

— No princípio, com a morte de Rupert, eu queria muito crer que tudo isso fosse verdade. Porém, o tempo tem passado e nada ainda me convenceu. Como minha esposa, eu respeito suas convicções, mas não gozo da mesma crença.

Elisabeth nada disse. Edouard, após suas primeiras reuniões espíritas, sentiu-se contrariado. Além de não encontrar elementos estranhos que pudesse criticar ou lançar essas atividades em descrédito, não pôde ter seus anseios atendidos. Portara-se como um jovem orgulhoso; pois, se os espíritos não queriam atender sua vontade, então tudo aquilo não lhe interessava. Não havia sido contagiado pela filosofia racional da doutrina espírita. Preocupara-se unicamente com os fenômenos mediúnicos e, não tendo neles a possibilidade de receber notícias do paradeiro de Rupert, então aquilo não lhe dizia respeito. Continuava em litígio íntimo, contra si próprio e Deus. Sentia-se contrariado, mas não sabia como reagir, culpava Deus e punia a si mesmo. Atitude am- bígua, mas comum da personalidade humana.

Pegou seu café e sentou-se com o jornal. Elisabeth e Gladys já haviam deixado a cozinha com outros afazeres. Ao virar uma página do jornal, encontrou outro exemplar da mesma "Revista Espírita — Jornal de Estudos Psicológicos". Não conseguindo frear a curiosidade, resolveu se inteirar de quais assuntos esse periódico tratava. Um título em especial chamou-lhe atenção, "Um caso de possessão — senhorita Julie". Seu francês não era muito bom, mas ele conseguia ler e com- preendia bem, apesar de falar com sotaque carregado.

Começou a leitura desse artigo que tratava da senhorita Julie, nascida em Savoie. Com vinte e três anos, sem nenhuma instrução escolar, sofria com crises de sonambulismo que perduravam por até uma semana inteira. Os desatentos nada percebiam, pois ela cumpria com suas tarefas de doméstica mesmo nessa condição. Até este ponto, as crises de sonambulismo em nada prejudicavam sua vida cotidiana. Entretanto, há mais ou menos seis meses, o caráter dessas crises mudou radicalmente.

A menina que antes era doce e gentil passou a adotar um compor- tamento no mínimo estranho. Devido à reincidência dessas crises, elas acabaram se tornando seu estado normal. Ela se contorcia, rolava na terra como se estivesse sob a opressão de alguém que a estrangulasse e, com efeito, tinha todos os sintomas de estar sendo estrangulada de verdade. Em meio à luta com esse ser invisível, acabava por desprender-se, fazendo movimentos de quem era agredida e enchia-o de injúrias e imprecações, sempre chamando esse ser invisível de Frédégonde.

Edouard lia aquilo tudo, que para ele tinha ares fantásticos, como que saído de contos infantis produzidos pelo próprio Júlio Verne, seu autor preferido na infância. Entretanto, não conseguia desprender seus olhos da história que o próprio Allan Kardec relatava.

A jovem, tomada de fúria, sapateava como se pisasse sobre os pés com raiva, arrancava suas roupas e adornos. Por vezes, coisa bizarra, tomava-se ela mesma por Frédégonde e começava a socar a si própria. Essas crises se repetiam. Certo dia pegou uma faca e feriu a si própria tentando agredir a criatura que chamava de Frédégonde. Estranho que jamais ela tomara outra pessoa por esse ser, essa dualidade se dava sempre com ela mesma, ora agredindo o ar, ora agredindo a si própria.

As crises eram longas, ocorriam algumas vezes por dia e deixavam-na completamente extenuada. Chegava mesmo a deixar de se alimentar, culpando Frédégonde por tudo. Essa pessoa sem qualquer instrução, jamais ouvira falar em Frédégonde, porém, em estado de crise dizia ter vivido no mesmo período e ligava-se a sua corte. Devemos ressaltar que tudo isso acontece com uma jovem sem instrução, que jamais ouviu falar em Espiritismo.

Essa situação estranha contribui para que a jovem seja considerada refém de crises nervosas e portadora de uma loucura de caráter especial. E havemos de convir que essa segunda opção seja a mais adotada para explicar o caso. Porém, pessoas de pouco conhecimento na Doutrina Espírita tiveram facilidade de detectar nesse caso uma subjugação espiritual das mais graves.

Uma família espírita decidiu tomar a jovem para os serviços domésticos, pensando com isso auxiliá-la perante as crises. Ao cabo de alguns meses, a garota voltou ao seu estado normal, após paciente e persistente trabalho de orientação e convencimento do espírito que a assediava.

Que história fantástica essa, pensou Edouard ao final da leitura. Tratando loucos com o Espiritismo. Bom, deixemos assim. Ele levantou-se e foi se preparar para o trabalho, sem levar a sério aquilo que acabara de ler.

Do ponto de vista humano, a morte tem aspecto lúgubre, amedrontador. Aquele que parte sente medo, pois a influência cultural lhe faz a morte possuir um caráter assustador; o que virá depois, o fim, o nada, a vida eterna? Parte atordoado, insulado em si mesmo, repleto de cogitações, refém de seus próprios pensamentos, culpas e mágoas. Na maior parte das vezes, sequer percebe aqueles que o assistem na derradeira passagem.

Sob o ponto de vista dos espíritos que esperaram anos para o regresso do ser amado, a morte é o reencontro. Amigos, afetos de outras épocas, familiares extremosos, aguardam ansiosos o retorno da individualidade para convívio diário. É o bom filho que a casa torna. Após longa espera, está de volta, tendo cumprido sua experiência reencarnatória, com êxito ou com fracasso, entretanto, repleto de novas lições.

Havia uma recepção calorosa no quarto de Rupert Stewart na noite em que abandonara sua vestimenta corporal. Alguns amigos mais ansiosos esfregavam as mãos, aguardando o momento derradeiro com impaciência. A esposa, auxiliada pelo experiente Mariano, tranquilizava-o para que o último suspiro não estivesse carregado de angústias. Apesar do equilíbrio que reinava no singelo quarto, era impossível não compreender a ansiedade daqueles que esperaram anos para poder abraçar o amigo, companheiro, pai e esposo.

Rupert guardava certa lucidez, entretanto, não conseguia raciocinar com coerência. Perante o quadro que conseguia timidamente visualizar, acreditava-se em um leito de hospital, onde Mariano fazia o papel do médico que o tratava e a esposa encontrava-se ao seu lado, dando-lhe força. Sequer recordava que a esposa já havia falecido. Chegou mesmo a balbuciar que não desejava perdê-la de novo agora que a encontrara. Compreendia estar morrendo e não queria perder a esposa mais uma vez.

Esses pensamentos conturbados, que assediam o espírito no momento da morte, tocavam a sensibilidade dos presentes, que em prece intensificavam o pensamento para que Rupert pudesse se tranquilizar. Após acalmar-se, ele voltava a dormir, para logo ter outros momentos de lucidez confusa.

A respiração cada vez mais fraca sinalizava que o momento tão aguardado aproximava-se. A prestimosa esposa inclinara-se sobre o leito acariciando-lhe a testa. Ao toque, o velho médico se acalmava. Assim permaneceram até que Rupert cessou por completo de existir para nosso mundo e passou a viver a vida em sua plenitude.

A esposa dera espaço para dois outros companheiros que se encontravam no quarto. Estes retiraram o espírito do médico de seu invólucro. Mariano eliminava as últimas amarras, dispersando resíduos ectoplásmicos e procurando dirigir as atividades que deviam se seguir.

O transpassamento ocorrera com formosa tranquilidade. A vida correta e íntegra de Rupert Stewart, somada à qualidade de seus sentimentos, lhe outorgava o direto de receber extenso auxílio, em tudo facilitado pelo próprio progresso daquele espírito. Se não fosse assim, não teríamos a extensa e calorosa recepção que o aguardava.

Semiconsciente e amparado em ambos os lados por amigos já falecidos, Rupert fixava seus olhos na esposa. Tudo parecia um sonho. Compreendendo o que se passava com Rupert, ela fez questão de dizer:

— Vem querido. Seu tempo está findo. Já é hora de nos reunirmos novamente.

Aquelas palavras encheram o velho médico de alegria. Não era um sonho então, sua família, amigos, todos estavam lá. A vida continuava. Com esse pensamento alegre, entregou-se confiante ao cansaço e adormeceu em braços amados.

Ainda em meio à noite, a comitiva deixou o ambiente doméstico para buscar refúgio em um núcleo de assistência, onde Rupert faria sua adaptação à nova situação que vivia. Só Mariano lá continuava, aguardando a chegada de seu pupilo, que em breve teria que viver a sensação da perda e impotência diante da morte. Refletia, enquanto aguardava, para uns a alegria do reencontro, para outros a tristeza da partida. Antagonismo cultural. A morte é o retorno ao lar, enquanto a vida é uma viagem de aprendizado.

Rupert acordou atordoado, sem compreender exatamente o que lhe havia sucedido. Como quem sai de um processo cirúrgico, sentia-se fraco, ainda sob efeito anestésico. Misturava momentos de pouca lucidez, com lembranças confusas de seu próprio passado. Entrevia cenas que não sabia como entender, locais que desconhecia e pessoas que, ao mesmo tempo em que lhe pareciam extremamente íntimas, não conseguia situar de onde as conhecia. O passado misturava-se em flashes e não sabia onde se encontrava.

Após algumas semanas de completo repouso, mesclando laivos de lucidez com momentos de invencível sonolência, despertou de modo mais confortável. A princípio, bastante desconfiado, circunvagou o olhar em derredor e percebeu estar em um leito comum de hospital. Ficou sozinho, perdido em seus pensamentos por alguns instantes. Instantes preciosos para que pudesse colocar as ideias em ordem ou, ao menos, assim tentar.

Será que morri? O que aconteceu? Minha esposa onde estará? Eu a vi e senti sua presença, ela esteve comigo. Será que tudo não passou de uma alucinação em momento de agonia? Rupert não sabia o que pensar. A presença da esposa no momento de seu desencarne marcara-o profundamente. Encontros carregados de emotividade marcam muito mais do que outros.

O velho médico estava perdido em suas conjecturas e quase não percebeu quando alguém em avental branco adentrou no quarto. Se não fosse por um movimento proposital do enfermeiro para chamar-lhe a atenção, sequer teria percebido sua presença.

— Bom-dia — falou o enfermeiro — Eu vejo que está melhor, fico contente.

— Bom-dia — disse Rupert, medindo o jovem de alto a baixo.

— Perdoe minha negligência, chamo-me Ernest.

— Rupert, muito prazer.

— Eu sei, estou tomando conta do senhor nessas últimas duas semanas.

— Desculpe, mas o que aconteceu?

— O senhor teve um mal súbito, mas já está tudo bem.

Isso não diz nada, pensou o médico. Morri ou não morri?

— Não se preocupe, está tudo bem.

Ora essa, ele está respondendo meus pensamentos? E Rupert percebeu um sorriso discreto no rosto de Ernest ao pensar isso. Então, ele lê meus pensamentos? Como isso? O que será que aconteceu? Onde estou?

Sem precisar formular as perguntas, o enfermeiro respondeu:

— Não se preocupe, pois logo alguém virá para conversar com o senhor e poderá perguntar o que deseja saber.

Mais desconfiado do que antes, Rupert despediu-se do enfermeiro, que se retirava e voltou para suas conjecturas. Sentia certa angústia, uma mescla de sensações invadia-o. Ao mesmo tempo em que desejava estar vivo, pelo simples fato de temer a morte, ansiava que o encontro com a esposa pudesse ter sido real e voltasse a ocorrer. Se ele estava em uma situação tranquila, sendo amparado e tratado com carinho, o que temia com relação à morte? Tememos a morte mesmo depois de mortos, quando ainda pensamos que ela seja misteriosa e triste, algo que nos provoca extrema sensação de angústia. Concentramo-nos com tamanha força nessas sensações, que sequer percebemos que já estamos em segurança e em plena recuperação.

Não demorou muito para que outra pessoa entrasse nas instalações que hospedavam Rupert.

O TESTEMUNHO DOS SÁBIOS

— Bom-dia — disse jovialmente um homem desconhecido do médico recém-desencarnado.

— Bom-dia — respondeu desconfiado.

— Vejo que se encontra bem disposto. Avisaram-me que você teria muitas dúvidas. Estou à disposição para fornecer-lhe alguns esclarecimentos.

Até que enfim vou saber o que está acontecendo, pensou Rupert.

— Sim, tenho muitas perguntas — foi logo dizendo.

— Vamos com calma, entretanto.

— Preciso saber onde estou? O que aconteceu? — começou, despejando sua angústia.

— Saber onde está? Ainda tem dúvidas?

Do que ele está falando? Será que não pode ser direto em suas respostas? Rupert desconfiava o que havia acontecido, mas evitava pensar sobre isso. Só que essas palavras o deixaram ainda mais desconfiado.

O desconhecido retomou a conversa:

— Olhe ao seu redor. O que você vê?

— Um hospital.

— Sim, agora você já sabe onde está — disse o homem comicamente, tentando suavizar as impressões do recém-chegado.

— Mas, não era isso que eu queria saber. Eu sei que estou num hospital, mas onde fica esse hospital? Eu não o conheço, nem as pessoas que aqui trabalham. O que aconteceu para que eu aqui esteja?

— Você vai se lembrar aos poucos, tudo ainda é muito recente. Procure relaxar e saiba que está em segurança, entre amigos.

— Você não vai mesmo me responder?

— Claro que sim, mas eu não vou dizer o que você já descobriu e tem medo de perguntar.

Rupert ficou chocado, outro que sabia o que pensava. O que era aquilo? Onde estava? Devo cuidar do que penso. Como ele sabe o que me assusta? Será que morri?

— Olhe ao seu redor, você acha que morreu?

— Não. Estou vivo, disso tenho certeza. Entretanto, não sei o que aconteceu, nem onde estou.

— Sabe, é sempre mais complicado para as pessoas desconfiadas. Elas sabem as respostas, mas demoram a aceitar a realidade. Ficam fazendo perguntas em torno da questão sem serem diretas, buscando subsídios para suas confirmações pessoais. Com isso apenas aumentam sua ansiedade.

Rupert tomou isso como uma contundente resposta a suas indagações íntimas. Estava mesmo morto. Porém, estava vivo. Morrer seria assim? Estava confuso, precisava de tempo para assimilar tudo.

— Há quanto tempo estou nessa situação? — indagou do desconhecido.

— Você foi trazido para cá faz duas semanas. Permaneceu dormindo e só começou a acordar nessa última semana.

— Duas semanas?

— Sim, mas não se preocupe que é extremamente normal. E com isso evitamos que aqueles que ficaram perturbem sua adaptação, complicando a situação com desespero e inconformidade.

Rupert estava pálido. Então, havia morrido mesmo, ou seja lá que situação era essa que vivia no momento. Será que isso tudo não passava de um sonho?

— Não é um sonho, garanto-lhe.

— De novo lendo meus pensamentos?

— Não estou lendo seus pensamentos, é que você expõe suas dúvidas em suas expressões faciais. Como estamos acostumados com esse período de adaptação e recebemos pacientes nessa mesma situação diuturnamente, fica fácil deduzir.

O médico continuava desconfiado, pois é da natureza dos homens dedicados à ciência esse tipo de questionamento. São positivos, precisam de tempo para ter certeza, mesmo que a lógica lhes demonstre a realidade com facilidade.

— E o que aconteceu comigo?

— Nada grave.

Nada grave? Se eu morri, como não é grave? Pensou o médico desencarnado. O atendente se segurou para não dar risadas da situação.

— Você não morreu. Ou acha que está morto?

— Sei lá. Eu não sei mais nada.

RAFAEL DE FIGUEIREDO DITADO POR FREI FELIPE

— Essa é a melhor resposta que poderia dar. Agora estará pronto para aprender. Eu fui médico também, entendo suas dúvidas e questionamentos. Sei que precisa de um certo período para se adaptar. Logo um amigo seu virá buscá-lo, ele poderá lhe fornecer melhores esclarecimentos. No momento, eu preciso atender situações piores que a sua; aqui também temos bastante trabalho. Seja bem-vindo e procure relaxar para que as coisas fiquem mais fáceis nesses primeiros tempos.

Um amigo? Que amigo? Quem será? Na cabeça de Rupert pensamentos fervilhavam e isso não lhe dava tranquilidade.

Alguns minutos transcorreram, Rupert, em seus devaneios, não conseguia organizar suas ideias. Uma multidão de lembranças e sensações se amontoava em sua alma. Nem percebeu quando alguém entrou em silêncio em seu quarto e colocou-se estático junto à porta.

Seus pensamentos, medos e dúvidas eram tão intensos que nem precisaria estar desencarnado para que fosse possível compreender o que o angustiava. Ao se virar, deparou-se com uma figura marcante junto à porta. Olhou o visitante de cima a baixo, medindo-o. Um senhor de cabelos grisalhos, bigodes e barba ao estilo medieval. Trajava uma túnica acinzentada, e destacava-se nele uma autoridade silenciosa difícil de compreender. Rupert percebeu que aquela pessoa seria responsável por lhe fornecer o tão aguardado esclarecimento.

Frei Mariano impunha-se pelo aspecto austero, mas ao mesmo tempo trazia no sorriso a bonomia de outros tempos. Rupert notara com facilidade aquela figura que infundia respeito, poderíamos dizer que havia uma atmosfera de seriedade ao seu redor que inspirava tais sentimentos a todos que dele se aproximassem, mas por outro lado, via no visitante uma simpatia agradável, difícil de explicar. Quem seria?

— Meu sempre curioso Louis — disse o visitante quebrando o silêncio.

O TESTEMUNHO DOS SÁBIOS

Louis? De quem ele está falando? Indagou-se Rupert mentalmente.

— Perdoe, é que não me acostumei com o seu último nome. — Percebendo a estranheza no olhar de Rupert, completou: — Não se preocupe, pois tudo irá se aclarar aos poucos, tenha paciência.

— Desculpe, mas quem é o senhor?

— Pode me chamar de Mariano, se quiser. Então, como tem passado?

— Poderia resumir em uma única palavra: confuso.

— Absolutamente normal. Você acabou de chegar, mal despertou para outra realidade, não poderíamos esperar outra coisa.

— Posso-lhe solicitar um favor?

— Pois, sim. Estou à disposição.

— Até agora, todos com quem encontrei, falam-me por enigmas. Gostaria muito que me falasse com sinceridade.

Mariano sorriu com a colocação de seu pupilo. Era bem Louis quem falava, pensava ele.

— Na verdade, ninguém lhe fala em enigmas. Você deve compreender que os enfermeiros não têm autorização para fornecer-lhe maiores detalhes. Além disso, a única pessoa que manteve o tom enigmático foi você mesmo, evitando admitir suas próprias cogitações. É compreensível, pois tendemos a evitar pensar seriamente sobre a morte.

— Então, de fato eu morri?

— Eu também estou morto, se isso o consola.

Rupert não conseguiu evitar o sorriso, mesmo que estivesse preocupado com sua situação.

— O que eu faço agora?

— O que você quer fazer?

— Eu, bem. Eu desejaria rever esposa e filho. Seria possível?

— Ainda é muito cedo. Precisa se fortalecer um pouco antes de tentar vivenciar emoções mais intensas. Entretanto, afianço-lhe que isso será possível. Sua esposa já veio visitá-lo algumas vezes enquanto você permanecia dormindo. Todavia, ela tem algumas obrigações inadiáveis sob sua responsabilidade e no momento não pode estar conosco. Quanto a seu filho, ele encontra-se reencarnado, mas, por vezes, aqui vem nos momentos em que seu corpo descansa.

Um amplo sorriso de satisfação tomou conta de Rupert, diríamos que sua alma estava plena naquele singelo sorriso.

— Para que você possa aproveitar bem sua estada, aconselho-o a ter muita paciência e persistência. Irão surgir situações inusitadas, aqui você poderá compreender o verdadeiro valor dos pensamentos e de nossas emoções. Aprender a lidar com nosso mundo íntimo é a chave do equilíbrio.

— E o que poderei fazer enquanto espero?

— Algo útil, de preferência.

— Existe trabalho por aqui?

O TESTEMUNHO DOS SÁBIOS

— Mais do que pode imaginar.

— Eu fui médico. Existem doenças a serem tratadas?

— Temos muito trabalho por aqui, há sempre aqueles que precisam de socorro. Médicos do corpo não têm muito a acrescentar entre nós, mas aqueles que se candidatarem a serem médicos de almas serão sempre extremamente úteis.

— Não entendi.

— Nossa realidade é diferente da que estava acostumado. Exercer a medicina não é só se preocupar com corpos doentes. Por isso, é preciso aquilatar alguns valores novos no intuito de servir ao próximo da melhor forma.

— Entendo, não havia pensado nisso. E onde posso aprender essas coisas?

— Já se candidatando ao aprendizado? É de fato meu Louis quem fala.

— Por que me chama de Louis?

— Com o tempo vai compreender tudo.

— Tenho a impressão que o conheço, mas não sei dizer de onde.

— As respostas chegarão com o tempo. Tenhamos paciência.

Mariano tinha vários afazeres e não poderia permanecer indefinivelmente ao lado de Rupert. Forneceu-lhe mais algumas informações e despediu-se anunciando que alguém viria buscá-lo para um passeio de reconhecimento e apresentação de algumas características locais.

Nova reunião espírita ocorreria na residência da família Robertson. Edouard, a princípio decidira não comparecer, estava desiludido com as experiências. Sentia-se decepcionado ao máximo pelo fato de, mesmo após três meses, não haver recebido sequer um aviso de seu amigo e tutor Rupert Stewart. Essa relação com a morte por vezes provoca comportamentos imaturos em nós; temos imensa facilidade de revoltarmo-nos contra Deus ou o destino quando nossas expectativas são contrariadas. Ele não estava em condições de perceber que, as inúmeras manifestações espirituais que já tivera a oportunidade de observar, apontavam para a confirmação da continuidade da existência após a morte do corpo. O que lhe interessava era uma palavra do amigo, que voltasse para afirmar-lhe que estava tudo bem. No entanto, nem ele nem Rupert aproveitariam tal possibilidade. Edouard, na condição em que se encontrava, negaria a mensagem pelo simples fato de ela ser diferente do que ele havia imaginado, mesmo que fosse em um insignificante detalhe e iria querer repeti-la inúmeras vezes, colocando em cheque seu intelecto, mas sempre desejando novas manifestações para conclusões, que não estava maduro para aceitar. Não estava pronto para ter notícias do amigo e isso faria mais mal do que bem ao recém-desencarnado.

    Decidiu, porém, acompanhar a esposa. Na hora marcada chegavam os dois na casa da família Robertson. A própria Emma veio abrir-lhes a porta.

— Boa-noite Senhor e Senhora Smith.

— Boa-noite Emma. Por favor, querida, sem essa formalidade. Sabe que não gostamos disso, deixe isso para os estranhos — falou Elisabeth sorrindo.

— Como vai Alene?

— Ela está ótima. Ficou dormindo sob os cuidados da Gladys.

— Entrem, pois o tio John está esperando.

— Onde está seu tio? — indagou Edouard, que até o momento se mantivera calado. Trazia a alma repleta de questionamentos.

— Está na biblioteca, lendo e preparando-se para nossa noite de atividades.

O Sr. Smith para lá se dirigiu sem esperar mais nenhuma palavra. As mulheres se entreolharam, sem compreender o comportamento taciturno do jovem médico.

— Ele não anda muito bem desde a morte de seu amigo.

— Sim, lembro-me do Senhor Stewart. Ele esteve conosco algumas vezes, observando nossas sessões.

— Desde sua morte, Edouard parece desencantado pela vida. Creio que se Alene não houvesse nascido, a situação seria ainda mais complicada.

— Não se preocupe Liz, isso irá passar. É tudo muito recente, apenas três meses. Não há ferida que o tempo não cicatrize.

— Assim espero.

Edouard parou em frente à porta da biblioteca. John ouvira que passos pesados e bem ritmados aproximavam-se. Largou o livro que lia e aguardou que alguém batesse à porta. Não demorou e três distintas pancadas foram ouvidas.

RAFAEL DE FIGUEIREDO DITADO POR FREI FELIPE

— Entre, por favor.

O jovem médico abriu a porta e ensaiou entrar.

— Vamos logo Edouard, pode entrar, não estou fazendo nada de importante.

— Não o atrapalho?

— Não, estava apenas lendo e fazendo algumas cogitações filosóficas. — Dando outro rumo à conversa, perguntou: — Como tem passado?

— Tudo bem.

O hábito da reflexão tornara John bastante sensível, percebeu que seu companheiro não fora sincero, porém, tinha o direito de não falar o que o incomodava, se assim preferisse.

— Deixe-me fazer uma pergunta. Em sua opinião de homem da ciência, o que tem achado de nossas reuniões?

— Não tenho uma opinião formada — disse Edouard, tentando ser polido.

— Sei que isso não é verdade. Não se sinta acanhado, respeito sua opinião e gostaria de conhecê-la, se você quisesse compartilhá-la.

O jovem doutor pensou um pouco antes de responder.

— Na realidade, eu ainda não creio na manifestação dos espíritos. Existem tantas questões não respondidas. Se fosse verdade, como explicar que Rupert ainda não tenha se manifestado? Se a vida continua após a morte, sua ausência em nossas reuniões significaria que

O TESTEMUNHO DOS SÁBIOS

ele não tem interesse por nós. E para mim, seu desinteresse por meu sofrimento é pior que a própria morte, pois nada existindo com o fim da vida estaria justificada sua ausência com maior facilidade.

— Compreendo sua argumentação, mas já cogitou que ele pode estar em uma situação que o impeça de se comunicar?

— Como assim? Ele não estaria livre de suas dores com a morte?

— A morte, pelo que temos aprendido é a continuação da vida. Tem sua complexidade, suas dificuldades, não é um mero passeio. Segundo os relatos que temos observado, e lendo as obras de Allan Kardec, fica evidente que tudo repercute em decorrência da vida que o espírito levava. Invariavelmente existe um período de adaptação, mais ou menos longo, conforme a condição do próprio espírito.

— Então, em sua opinião, Rupert pode não ter condições de deixar uma mensagem?

— Essa seria uma das alternativas.

— E quais as outras?

— A falta de habilidade para ditar a mensagem ao médium. Estamos falando de um fenômeno que depende das condições ambientes e de todos os envolvidos, existem diversos fatores que podem dificultar a comunicação com os espíritos. Por exemplo, como fazer se o médium estiver num dia ruim? Acredita que isso não dificultaria o processo?

— Quem não tem dias ruins? A vida é feita disso.

— Exatamente. Faz parte de nosso aprendizado lidar com tudo isso, aprendermos a ter paciência. Tudo é muito mais fácil para aquele que tem fé.

Edouard sorriu com reprovação e comentou:

— Não consigo separar minha capacidade de crer de meu intelecto.

— Nem deve fazer isso. O Espiritismo é um conjunto de ideias que nos fornece liberdade de expressão e entendimento, mas deixa-nos claro que somos responsáveis por tudo que acontece em nossa vida. Se não encontramos as razões na vida presente, devemos concluir que se prendem ao passado.

— Mas como cogitar intelectualmente a realidade dos fenômenos espíritas? Em que me apegar, a ciência sugere o contrário?

— Qual o pilar básico dessa ciência que tanto venera? Não é a análise dos fatos?

— Sim, é isso mesmo.

— O Espiritismo não trabalha apoiado em hipóteses. Eis os fatos, disponíveis para serem avaliados. Contudo, o preconceito tem impedido muitas pessoas de o fazerem com sinceridade e despidos de qualquer ideia preconcebida. São inúmeros os exemplos de homens da ciência que se detiveram a esse tipo de pesquisas. Alguns aceitaram as evidências, concluindo pela existência da vida após a morte. Veja isso como um fato, uma hipótese a ser considerada se, em você, a certeza ainda não se encontra com raízes firmes. Saiba que nós, enquanto adeptos do Espiritismo, devemos estimular esse tipo de questionamento. A Doutrina Espírita deve caminhar ao lado da ciência, progredindo e adaptando-se a ela, sem com isso estimular o fanatismo. O adepto do Espiritismo é incentivado a refletir e questionar, mas jamais com leviandade. Os espíritos são simpáticos às dúvidas sinceras e isentas de intransigência.

O Sr. Smith só se manteve em silêncio, refletindo sobre tudo que

John lhe dizia. Precisava de tempo para tudo considerar e tirar suas próprias conclusões.

— Eu tenho algo para você se divertir com suas considerações — disse, alcançando um pequeno volume e entregando-o ao amigo.

Leves batidas soaram na porta. Clara chamava para darem início às atividades da noite. Diálogo interrompido, Edouard permanecera amuado, pensativo, estava avaliando tudo que ouvira de John.

Depois de um dia cansativo de atividades no hospital, Edouard retornou ao lar. Não comentou coisa alguma sobre o livro que John havia lhe emprestado para ler, mas, mesmo pouco disposto a aceitar algo, estava fortemente atraído pela curiosidade. Desejava saber o que tinha em mãos. Ao chegar a casa mais tarde que o habitual, encontrou todos já recolhidos. Advertira Elisabeth que havia regressado, mas que ela poderia continuar dormindo, assim como Gladys, a quem já havia deixado claro que poderia continuar em seus aposentos. Porém, a dedicada governanta deixara o suficiente para que o ativo médico pudesse se alimentar. Ao perceber a dedicação de Gladys, não pôde esconder a satisfação falando para si próprio:

— O que seria de nós sem você?

Após o repasto noturno, sentia-se ainda muito desperto para recolher-se. Movido pela imensa curiosidade, resolveu folhear a obra que tinha recebido na noite anterior. Pegou o livro e procurou um local iluminado na sala. Assentou-se confortavelmente em sua poltrona predileta e passou a saciar a curiosidade.

Ele possuía em mãos vários fascículos, que John havia juntado como se fosse um livro. Havia nele relatos de diversas experiências com médiuns de língua inglesa, realizadas na Inglaterra ou fora dela. Ficou espantado ao perceber que os textos eram assinados por intelectuais. Nomes como William Crookes, recém-premiado com o prêmio Nobel de Química; Professor Oxon, conhecido intelectual; Alexandre Aksakof, filósofo russo; Professor Zöllner, intelectual alemão. Entretanto, o que mais impressionou Edouard era que esses intelectuais não apenas tratavam dos fenômenos espirituais em seus escritos, mas os consideravam uma realidade incontestável. Estavam dispostos a colocar sua credibilidade em afirmações desse porte.

O médico concentrou sua leitura na narrativa de Zöllner, que descrevia algumas de suas experiências obtidas com o médium Slade, na presença de outros intelectuais alemães. Essas experiências ocorreram durante o mês de novembro de 1876, portanto 36 anos já haviam se passado. Em seus relatos, comentava manifestações de efeito físico obtidas na presença do conhecido médium. Por exemplo, houve uma ocasião em que um biombo de madeira bastante sólido fora partido ao meio, sem que pessoa alguma dele estivesse próxima. Ao indagar o médium sobre o que significava aquela manifestação, um lápis escrevera — sem que qualquer pessoa o portasse —, que havia sido um acidente e que os espíritos se desculpavam por tê-los assustado.

Edouard leu sem parar os fascículos, esquecendo-se por completo da necessidade de dormir. Indagava-se: se tantos homens sábios colocam sua honra em afirmações deste teor, por que essa questão ainda é tão obscura para todos nós? Essas experiências vêm acontecendo há décadas, por que não são divulgadas como deveriam? Enquanto se questionava, ele continuava folheando o material que tinha em mãos. Encontrou sua resposta em uma carta que William Crookes havia redigido a um amigo.

"Não posso achar resposta razoável aos fatos que você expõe. E é curioso que eu mesmo, ainda com tendência e desejo de crer no Espiritismo, com fé em seu poder de observação e perfeita sinceridade, experimente a necessidade de ver por mim mesmo e me é penoso pensar que preciso de muitas provas. É uma das faces curiosas do espírito humano, e os homens de ciência a possuem em alto grau, mais que os outros, creio eu. Não devemos, por isso, dizer que um homem é desleal, porque resiste muito tempo à evidência. A velha muralha das crenças deve ser abatida à força dos golpes".

Eis o porquê de o Espiritismo propagar uma fé raciocinada, os fatos embasam suas afirmações. Os espíritas devem estar dispostos ao progresso das ideias e caminhar lado a lado com o desenvolvimento da ciência. Ciência que, antes de lhe ser antagonista, complementa-o e reforça-o. As excentricidades, os olhos febris e as pessoas incapazes de discutir suas ideias abertamente sem exageros, são aquelas que mais fazem mal ao Espiritismo em seu meio. Mil vezes preferível o cético sincero em seus ideais ao crente cego. O primeiro nos auxilia, impondo reflexões ponderadas na construção de novos conceitos, enquanto que o cego ergue dogmas e distorce a realidade.

Edouard via-se cada vez mais abalado em suas convicções. Mas não se sentia ainda disposto a crer. Porém, as palavras de Crookes e os relatos lidos mostravam-lhe conceitos espiritualistas despidos de preconceitos e abertos à avaliação do raciocínio, algo que lhe era profundamente agradável. A busca pela verdade o intrigava, mas sem a crença cega e o fanatismo comuns na sociedade, quando abordamos temas por demais relacionados ao que os homens compreendem como religião.

– 10 –

Na noite seguinte, o médico, ainda curioso com o material ofertado por John, pôs-se a ler. Estava contagiado de imensa curiosidade. Sentou-se na poltrona da sala, onde estava habituado a ler. Lareira acessa, colocou-se confortavelmente e continuou sua leitura, disposto a concluí-la.

Se alguém a ele se dirigisse, perguntando-lhe o que estava lendo, teria vergonha de responder. Se lhe questionassem quanto à crença nos fenômenos espíritas, negaria. Entretanto, sua alma curiosa buscava respostas. Cada parágrafo lido servia-lhe de combustível para prosseguir. Tamanho antagonismo fervia em sua intimidade.

Edouard deslizava seus olhos sobre um texto do juiz Edmonds, publicado no jornal inglês "Spiritual Magazine" de 1871. Nessa carta, Edmonds destacava o caso de Laura, jovem médium que, quando em transe mediúnico, falava quatorze idiomas diferentes. A jovem, até mesmo por sua falta de escolaridade, impressionava, pois ninguém conseguia explicar o fato de ela ser poliglota.

O TESTEMUNHO DOS SÁBIOS

O juiz Edmonds comentava ainda outro fato notável. Um senhor grego conversava fluentemente com Laura em sua língua materna, sem que ninguém conseguisse compreender o que diziam. Sendo questionado, esquivava-se dizendo tratar-se de assuntos de família. Dez dias após essa primeira conversa, o mesmo grego retoma diálogo com Laura em transe mediúnico e, não havendo estranhos entre os assistentes, ele conta a todos o que ocorrera.

No primeiro encontro, ele havia conversado com um amigo de infância, grego, que dava a notícia do falecimento de seu filho. Cético, e numa reação perfeitamente natural, ele negara a princípio essa possibilidade, pois as últimas notícias davam conta de que o filho estava saudável vivendo na Grécia. Entretanto, dez dias após essa primeira conversa, ele recebeu uma carta que informava o passamento do filho.

Edmonds, ao final de sua carta, ainda questiona: como seria possível que uma jovem, com pouco estudo, pudesse falar catorze idiomas diferentes? Como poderia ela saber algo que nem mesmo o próprio interessado tinha conhecimento? Teria ela meios de obter informações mais velozmente que o próprio correio, sendo que conhecera o cidadão grego naquela mesma noite? Todas essas questões remetiam a algo superior ao mero embuste e faculdades especiais. A melhor alternativa para compreender tal situação seria aceitar que o espírito desencarnado viera trazer notícias ao amigo que habitava distante. Apenas um amigo, que conhecesse a família, poderia falar em idioma grego e dar notícias daquilo que conhecia.

Ele empolgava-se com tais narrativas. Vibrava pelo desafio que via colocado a sua frente. Mas, ao mesmo tempo em que percebia seu entusiasmo crescente, aprumava-se e tomava ares de severidade contra si mesmo. Afirmando que não poderia ser ingênuo e crer em textos que sequer conhecia a real procedência. Não duvidava de John, mas, como verdadeiro homem da ciência, suspeitava das observações alheias. Na realidade, não acreditava em suas próprias observações, buscando sempre uma alternativa para negar as respostas mais evidentes.

Em sua mente, a ideia de que um amigo desencarnado de infância pudesse trazer informações ao companheiro encarnado remetia-o à sua situação com Rupert. Quanto tempo havia se passado sem que ele houvesse recebido nenhuma informação sobre o paradeiro do amigo. Não conseguia aceitar a ideia de que Rupert o esqueceria. Rupert não o relegaria ao esquecimento, deixando-o sem amparo em sua saudade e sofrimento.

Acontece que Edouard nada sabia da vida espiritual. Não cogitava da situação do amigo. De quanto seus apelos inconscientes por respostas e manifestações o haviam perturbado. Não sabia ainda que sua inconformação e mesmo sua revolta atingiam direto seu amigo. Mesmo sem querer, ele havia dificultado a recuperação de Rupert Stewart e, também por isso, nunca houvera recebido qualquer notícia do amigo.

Mesmo que espíritos amigos estimulassem-no à resignação com mensagens de carinho, ele seguia infantilmente exigindo a presença do amigo a fim de lhe fornecer as devidas explicações. Se houvesse aberto os olhos, teria percebido que em sua infinita misericórdia, Deus lhe dava subsídios para manter sua fé. Não foram poucas as manifestações que presenciara, mas estava cego para tudo que não dissesse respeito ao médico desencarnado, alvo de suas exigências. Não pôde ver que a vida continuava, e que se Rupert não poderia estar entre eles, haviam outros que não deixavam de trazer mensagens consoladoras, afirmando que a vida continuava e os afetos não se perdiam nas dobras do tempo.

Nossa imaturidade espiritual faz-nos ainda cometer tais equívocos. Somos cegos para a consolação que está diante de nossos olhos. De modo egoísta, exigimos que a vida nos oferte as respostas que desejamos, mas esquecemos que com isso talvez estejamos interferindo no livre-arbítrio alheio. E no caso em questão, prejudicando o amigo a quem desejávamos demonstrar afeto. Rupert sentia os apelos de Edouard, e isso trazia inúmeros problemas. Não conseguia ficar indiferente aos seus apelos, quase infantis, que o chantageavam emocionalmente. "Se a vida continuasse de verdade, Rupert estaria aqui para me dar notícia. Não seria ele egoísta e indiferente à minha dor. Portanto, prefiro crer que o nada nos espera após a morte". Óbvio que Rupert sofria com o sofrimento de seu pupilo, mas não estava em suas mãos a opção de estar junto dele e, se o fizesse, já havia compreendido que lhe faria mais mal do que bem, mesmo que essa não fosse sua intenção. Tentava manter-se forte para não ceder aos apelos infantis de seu filho adotivo.

Rupert Stewart havia passado por grandes dificuldades durante sua adaptação à realidade espiritual. Nos primeiros tempos, havia sido poupado de um contato maior com as requisições de Edouard Smith, porém, chegaria um momento em que teria que caminhar com as próprias pernas. Melhor adaptado, passara pouco a pouco a sentir extrema angústia ao pensar em Edouard. O que teria acontecido? Por que se sentia mal toda vez que pensava em seu pupilo? Eram questões que o deixavam curioso, mas que compreendera facilmente após breve orientação de Mariano.

Rupert sabia que ele tinha uma filhinha de nome Alene e que sua vida familiar estava calma, apesar de que o mesmo não se podia dizer de Edouard. A libertação do espírito de Rupert, por ocasião de seu desencarne, houvera provocado funda revolta no jovem médico. Suas lamentações e lágrimas doloridas dificultaram muito a situação do recém-desencarnado. Como todo pai, Rupert preocupava-se com o filho, mas houvera sido orientado a evitar estabelecer sintonia com as lamentações de Edouard. Isso só dificultaria a situação de ambos.

Ainda em processo de adaptação, caminhava por uma alameda da colônia espiritual onde se encontrava perdido em suas cogitações, pois de novo fora assaltado por forte angústia, que sabia ser proveniente de seu filho encarnado. Ele não percebeu que Mariano se aproximava. Diferentemente da fisionomia que apresentara na encarnação anterior, o ex-frei estava mais jovem, remoçado e com o aspecto que tivera em um passado um pouco distante, quando se dedicara às ciências médicas em reinos do atual território da Itália. Todavia, como os espíritos não se reconhecem propriamente pela imagem, pois eles se sentem, Rupert sabia muito bem quem era Mariano, independente da aparência que este preferisse ostentar.

— Perdido em cogitações, meu caro amigo? — indagou Mariano, aproximando-se de Rupert.

O ex-médico apenas sorriu.

— Edouard novamente?

— Sim.

— Infelizmente nosso jovem está em crise e pouco afeito as nossas inspirações.

— Muito me perturbam suas dúvidas com relação ao meu interesse por ele.

— Eu compreendo, mas deve evitar julgá-lo. Nossa criança está confusa.

— Não entendo. Se ele foi o mesmo Jean que ambos conhecemos, como pôde nesse momento ser tão resistente aos fenômenos espíritas? Essa certeza o aliviaria muito, dar-lhe-ia um objetivo maior na vida.

— A vida não é tão simples, meu caro Louis. Estamos diante de uma fase de afirmação de Edouard. Ele tem liberdade de escolher o caminho a seguir. Em encarnação anterior, a situação era diferente e, após uma existência meritória, nosso amigo decidiu-se por trabalhar atrelado à ciência. Contagiado pelo positivismo do século atual é normal que essas questões entrem em choque em sua intimidade. Você deveria compreender isso muito bem.

— Ainda me é muito estranho essa comparação. O fato de ter-me lembrado de minha encarnação anterior faz-me ver um jovem muito diferente do que Edouard fora no passado.

— Perfeitamente natural esse processo. Temos dificuldade em compreender que as aquisições de uma existência não são uma herança definitiva. Lembremos que as circunstâncias eram diferentes. Antes tínhamos o apoio uns dos outros, isso nos fortaleceu. Hoje a batalha de Edouard é individualizada e foi travada dentro dele. Não há nenhum antagonismo nisso, estamos em constante amadurecimento.

— Mas se ele acreditasse no Espiritismo essa situação seria mais fácil para ele.

— Não tenho dúvidas, mas não somos nós que decidimos por ele. E como você sabe, estamos hoje libertos do cativeiro biológico, vemos as coisas sob outro ponto de vista.

— Saber que ele se tortura dessa forma me entristece muito.

— Saiba que enquanto você já estava em meio à sua encarnação, Edouard e eu estabelecemos um programa de trabalho. Sua proposta era a de fortalecer a crença na vida após a morte, mas não de forma ingênua e sim atrelado às conquistas intelectuais da sociedade contemporânea. Compreende quão longo é esse caminho? Temos muito trabalho pela frente que não se completará com rápidas existências. Não é um trabalho individual, nem tampouco realizado às pressas. Fazemos todos, parte de algo maior, somos apenas peças num grande tabuleiro de xadrez. E sob esse ponto de vista, a situação de Edouard é em absoluto coerente.

Ante o olhar curioso de Rupert, Mariano continuou:

— É normal que não se lembre de que você mesmo empenhou-se nesse planejamento, não somos tão próximos por mero acaso. Nosso passado nos vincula com força e promete ainda muito trabalho para o futuro. Entretanto, você sabe o poder destrutivo que a crença cega tem sobre nós. Sob esse aspecto, a relutância dele é perfeitamente saudável. Tendo em vista um trabalho a longo prazo e de muita responsabilidade, é importante que sua forma de ver as coisas não seja ingênua ou desprovida de senso crítico. Na tarefa em que nos embrenhamos, é preferível dezenas de céticos que nos critiquem construtivamente do que apenas um cego que caia perante o primeiro obstáculo.

— Talvez esteja vendo as coisas sob o aspecto pessoal. Não gosto de ver Edouard sofrendo, também porque isso me faz mal e esqueço que existe um planejamento maior por detrás de tudo que nos acontece.

Mariano sorriu anuindo ao comentário de Rupert, antes de seguir considerando.

— A vida não nos cria sofrimento. Somos nós que não a compreendemos e consideramos as consequências naturais e mesmo as reações do comportamento humano um obstáculo dolorido. É nosso modo de ver que distingue dor e sofrimento em tudo. Com o tempo vamos amadurecendo, não devemos exigir demais de nós mesmos. No entanto quero que você faça algo diferente hoje.

— O que seria esse algo diferente? — perguntou intrigado.

— Ao contrário do que sempre lhe solicitei e você cumpriu com sabedoria, hoje desejaria que se concentrasse em Edouard.

— Isso não me fará mal? — indagou Rupert surpreso com a proposta.

— Durante vários meses você demonstrou que, apesar de ser alvo de angústias inconscientemente dirigidas por Edouard, sua força de vontade preponderou. Resistiu aos apelos desequilibrados daquele que considerava um filho espiritual. Creio estar apto a conviver com ele, sem perder o bom senso. Tem compreensão de que paternalismo nessas situações gera mais transtornos do que na verdade auxilia. Sendo assim, peço que se concentre em Edouard.

Rupert concentrou-se no filho. Não demorou muito e percebeu como que um empuxo, sentiu-se girar em seu próprio eixo e, um pouco atordoado pela nova experiência, viu-se perante Edouard. Tanto ele quanto Mariano estavam na sala da residência do jovem médico.

Ele, sentado em seu lugar habitual, trazia o rosto coberto de lágrimas. Enquanto lia o material que John havia lhe emprestado, deixou que seus pensamentos se desviassem para a ausência de Rupert. Lamentava, quase em voz alta, a ausência do amigo. Sendo verdade que a vida possuía seus desdobramentos após a morte do corpo, não compreendia a ausência do pai. Rupert, sem saber explicar como, conseguia identificar esses pensamentos, que o sensibilizavam dolorosamente.

Como Edouard continuasse seu diálogo interior, Mariano aduziu:

— Você pode tentar falar com ele.

— Como? Nunca fiz isso antes.

— Não é tão complicado assim. Não estou me referindo a um fenômeno mediúnico propriamente dito, não quero que tente nada muito planejado. Apenas que deixe que ele o sinta, saiba que se encontra presente e que não o esqueceu como ele afirma.

— E o que preciso fazer?

— Deixe-se envolver pelos mesmos pensamentos dele e aos poucos tente conduzi-lo a pensar em outras coisas. Procure recordar-se dos momentos felizes que tiveram juntos, para que isso o tranquilize um pouco.

Rupert dispôs-se a fazer um ensaio. Não se recordava, mas possuía também vasto conhecimento de como efetivar o intercâmbio com os encarnados. Aproximou-se um pouco mais do jovem médico que, acomodado em sua poltrona, encontrava-se desligado do mundo, vivendo apenas de suas próprias criações mentais. Com carinho, deixou-se envolver pelos pensamentos de Edouard, o que lhe era bastante incômodo e dolorido. Mas lembrou-se de que deveria manter o bom senso sem paternalismo, como explicara Mariano. Após alguns minutos, essa influência mútua passou a se fortalecer, pois ambos ligavam-se por fortes laços afetivos. Sem mesmo se aperceber, passaram a pensar em conjunto. Assim como Edouard lembrava-se amargurado da partida de Rupert, o mesmo, apesar de sentir-se triste com a partida, sentia-se vivo e recordava-se de fatos e de diálogos que houvera tido com Edouard enquanto ainda andavam lado a lado.

O pensamento de ambos, entrosado pelos próprios laços que os relacionavam desde os tempos da missão religiosa, fortalecia essa conexão, que acontece principalmente ao nível sentimental. Nem um nem outro percebeu, mas aos poucos, mesclavam as lágrimas da separação com sorrisos de recordações de momentos felizes que haviam passado juntos. Ambos se auxiliam de maneira recíproca nesse momento, sem que disso se apercebam. Passado quase dois quartos de hora nessa situação, Rupert fora despertado por Mariano. O recém-desencarnado encontrava-se alheio ao mundo externo, havia mergulhado em sentimentos e recordações. E parecia retornar de um pesado sono.

Mariano pediu que Rupert continuasse atento, pois ainda havia lições a serem observadas.

— Como se sente?

— Sinto-me eivado por certa melancolia, mas ao mesmo tempo, contente. Não sei exatamente explicar.

— Pois bem, veja agora o resultado de nossa experiência — disse Mariano, apontando para Edouard, que também parecia acordar com pesada sonolência.

— O que foi que aconteceu comigo? — perguntou-se mentalmente. Estranho, lembro que comecei a pensar em Rupert, chorei feito uma criança, mas me sinto muito melhor que das outras vezes. O que será que aconteceu? Parecia que tinha alguém comigo, chorando e sorrindo ao meu lado — silenciou os próprios pensamentos para concluir, após alguns rápidos instantes de reflexão: isso que dá ficar lendo essas coisas; agora estou até imaginando que Rupert estava ao meu lado.

Rupert olhara espantado para Mariano, como que buscando explicações.

— Sim, ele o percebeu.

— Mas por que não aceita isso?

— Você conheceu bem nosso Edouard, creio que essa resposta você mesmo sabe — Mariano afirmou com leve sorriso.

— Mas ele não vai aproveitar essa oportunidade. Ele a nega.

— Não se preocupe meu caro Louis. Veja como seu estado íntimo está melhor. E essa experiência servirá de lastro para outras que o futuro reservará. Aos poucos Edouard estará em melhores condições de aceitar algumas coisas que hoje tem receio. Você sabe muito bem como pensam os homens dedicados à ciência. Não podemos esperar que ele desperte para a realidade espiritual da noite para o dia. Vitória conquistada sem trabalho e perseverança não se sustenta por muito tempo.

Edouard retirou-se para dormir. Estava tarde, havia quase concluído a leitura e precisava descansar um pouco, apesar da excitação que o assaltava. Procurava não pensar que Rupert poderia ter estado ali presente, mas essa sensação agradável que o acometia, deixara sem dúvida alguma as suas marcas.

O espírito liberto do corpo físico não se encontra guindado aos paramos de beatitude pelo simples fato de ter desencarnado. Não passa ele a ser conhecedor de todas as verdades, portador de todas as respostas. O espírito sério, consciencioso de suas responsabilidades, torna-se sábio quando passa a conhecer suas próprias limitações. Cremos com ingenuidade que podemos apelar a todo e qualquer familiar já desencarnado para vir em nosso socorro. É um grave erro, pois desconhecemos por completo a situação íntima de cada um de nós.

Estamos tão acostumados a avaliar uns aos outros pelos atos exteriores, que esquecemos que passar para o mundo dos espíritos significa ver-se diante de si mesmo, com todos os dramas que escondíamos ou preferíamos não enfrentar. A hipocrisia, a falsidade, a dissimulação que usávamos para mostrar aos outros uma personalidade isenta de imperfeições não mais funcionam entre os espíritos.

Mal conhecemos a nós mesmos, portanto não estamos aptos a avaliar a condição alheia. Somos incapazes de sondar a intimidade uns dos outros. Deus manifesta-se na consciência de cada uma das criaturas e dessa forma as consequências do que fomos e fizemos assumem proporções que desconhecemos.

Essa era a situação de Rupert, pois ele também apresentava seus dramas íntimos e complexos de culpa. Devemos compreender que não existe um Deus legislador, que aponta onde falhamos. Por isso mesmo, todas as pessoas divergem em seu modo de ser e pensar. Por vezes, vamos encontrar espíritos se remoendo por questões que consideramos simples e sem gravidade, e noutras tantas, insensíveis mesmo aos grandes crimes que possam ter perpetrado. Tudo depende da interpretação e do grau de compreensão de cada um.

Rupert não poderia atender as exigências descabidas e imaturas de Edouard. Tentar socorrer seu afilhado, mesmo que sua intenção fosse sincera, acabaria por ter consequências desagradáveis. Formar-se-ia um complexo intercâmbio de mágoas mal resolvidas, fortalecendo a situação depressiva. Situação que vemos ocorrer todos os dias nos cenários do mundo. Quantas são as famílias que se revoltam e não aceitam a alforria de um familiar que se deitou com a morte? Por vezes, seus apelos tornam-se tão egoístas que chegam a culpar o próprio desencarnado por tê-los abandonado.

É preciso compreensão de ambas as partes. A separação é sempre dolorida. Por isso, o Espiritismo surge como ferramenta de extrema importância, auxiliando a compreender que a vida não termina e que para tudo existe uma razão, mesmo que fuja à nossa compreensão momentânea. Não pensem que aqueles que partem são indiferentes ao sofrimento dos que ficam. Eles sentem, eles sofrem, gostariam de estar ao lado. As lamentações e os apelos desesperados fazem com que os mesmos sintam-se culpados por terem morrido e isso não depende deles, é uma lei natural, a verdadeira vida é a vida do Espírito.

Não poucas vezes, temos visto espíritos recém-libertos, em completo estado de debilidade, abandonarem o tratamento em hospitais e colônias espirituais para efetivar tentativas insanas de socorrer aqueles que ficam. Involuntariamente estabelecem complexos obsessivos que acentuam dores e angústias e, muitas vezes, inspiram pensamentos suicidas.

Mesmo que difícil, devemos aprender a aceitar a forma como as coisas são conduzidas por Deus. A revolta é como o ácido, que corrói de dentro para fora depois de ingerido. Deixemos nossos entes queridos se recuperarem, rogando por seu fortalecimento. Não nos faltará o devido apoio, através de companheiros espirituais melhor preparados, equilibrados e capacitados para nos auxiliar sem paternalismos e excessivo sentimentalismo. Nessas horas o excesso mais atrapalha do que auxilia.

De qualquer maneira, tenhamos confiança em Deus. Nunca estaremos sozinhos. Nos momentos de maior sofrimento, o auxílio ao nosso lado se multiplica e se não o percebemos é que estamos por demais mergulhados na dor. Quem sabe se nos tranquilizando, entregando nossos pensamentos em prece a Deus, não seremos agraciados com encontros repletos de carinho durante nossos sonhos, acordando com a certeza de que a vida continua para todos e que o reencontro é só uma questão de tempo e paciência?

Corria o ano de 1912 e o mundo vivia um contexto de polarização com os grandes Impérios. O cenário em destaque mais uma vez era a Europa. A Inglaterra, com uma imensa força marítima, espalhava sua influência nas muitas colônias que mantinha ao redor do mundo. Sua histórica rival, a França, não deixava por menos e espalhava seus braços na África e na Ásia. A Alemanha se desenvolvia de modo espantoso, desde a sua unificação em 1871, sob a direção do chanceler de ferro, Otto Von Bismarck, e seu avanço era visto com desconfiança pelas demais potências europeias. A França não havia esquecido a derrota na guerra Franco-Prussiana, em 1871. Na ocasião, havia perdido as ricas províncias da Alsácia e Lorena, região que era a principal responsável pelo crescimento de 800% na produção do carvão alemão, impulsionando assim seu franco desenvolvimento.

Interessante que tenhamos uma visão geral do cenário do princípio do século XX, o século mais sangrento da história da humanidade. Desde o século XIII, o Império Austro-Húngaro espalhava sua influência desde os Bálcãs até a Europa central. Em 1879 Alemanha e Áustria-Hungria firmaram um pacto de proteção contra agressões da Rússia. Três anos mais tarde, a Itália, rival francesa no controle do Mar Mediterrâneo, aderia ao pacto, formando a Tríplice Aliança. Em 1904, França e Inglaterra firmam tratado de proteção mútua; três anos depois é a vez de a Rússia ingressar no mesmo acordo, formando a Tríplice Entente, polarizando por completo a distribuição de forças na Europa.

O Império Austro-Húngaro anexara em 1908 a Bósnia e a Herzegovina, duas províncias do Império Turco-Otomano, transformando a região num verdadeiro barril de pólvora. Nunca na história, o desenvolvimento tecnológico fora tão utilizado para desenvolvimento de armas. Trens e navios a vapor aproximavam distâncias; a química desenvolvia armas de extermínio com seus gases tóxicos; a descoberta do diesel transformava os submarinos em armas letais. Sem contar dirigíveis e aviões que poderiam transportar armas de grande poder de destruição. Calcula-se que nesse período, os Impérios citados mantinham de 3 a 6 milhões de soldados em suas forças armadas em constante estado de alerta. Nunca antes os números foram tão impressionantes. A expectativa de um conflito de grandes proporções, como nunca se vira, era eminente; a corrida armamentista estava a pleno vapor.

Edouard mantinha a rotina com seu trabalho no hospital londrino. A morte de Rupert lhe deixara profundas marcas, mas aos poucos retomara sua vida normalmente. Apenas não sorria mais com a mesma espontaneidade de antes. Os fatos graves que vivenciamos quase sempre nos legam como herança certa carga de melancolia. Fazem-nos perder a inocência e a visão ingênua da vida. Entretanto, nessa hora mostramos como anda nosso amadurecimento espiritual. Há aqueles que se deixam esmorecer, perdendo as forças e os que, despertando, compreendem que a vida é curta para perder tempo e tornam-se muito ativos. Estes últimos seguem por dois caminhos distintos: ou deixam-se levar pelo imediatismo, afirmando que a brevidade da vida lhes exige que aproveitem ao máximo os prazeres possíveis de serem alcançados, ou enchem-se de idealismo, o que os motiva a fazer a diferença e deixar sua marca no mundo.

Edouard encontrava-se no número daqueles que tombara em apatia. Mesmo a presença de sua filha não o afastava de sua letargia moral. Elisabeth tudo tentara, passeios, jantares, longas conversas. Seu marido, porém, não havia ainda acordado do pesadelo, que para ele, fora a morte de Rupert.

Por essa mesma época, Rupert já mais bem adaptado a sua situação espiritual apresentou-se para auxiliar seu pupilo ainda encarnado. Desejava inspirá-lo e igualmente estar ao lado de Elisabeth, que se encontrava grávida da segunda filha do casal. O velho amigo sabia que o pupilo passaria por um momento emblemático em sua trajetória evolutiva e gostaria de estar ao seu lado nesse momento. Abdicara do direito de estar com sua esposa, também desencarnada, para entregar-se à tarefa de servir ao próximo numa perfeita compreensão das leis divinas.

Elisabeth estava em meio à sua gravidez. Ao contrário da primeira, a situação com a segunda filha vinha sendo extremamente delicada. Os cuidados médicos eram intensos, e a gravidez era considerada de risco pelos especialistas consultados. O aborto chegou a ser cogitado, mas a gravidez já estava muito avançada para não oferecer riscos à paciente. Elisabeth não compactuaria com o aborto de forma alguma, sua consciência já havia despertado para a situação espiritual do feto que dentro dela se formava. Lembremos que em casos terapêuticos, o aborto não pode ser de todo descartado. É sempre preferível manter a vida já adulta a correr o risco de perder ambos os pacientes com uma gravidez que imponha riscos demasiados. Mas aborto terapêutico não implica em questões de estética. Praticar aborto para manter a aparência física é fato que devemos muito lamentar.

Elisabeth continuava participando de reuniões espíritas com a família Robertson. O marido a acompanhava visto que sua saúde estava muito delicada, pois para ele as sessões espíritas tornaram-se indiferentes. Ambos dirigiam-se aos arredores de Londres, desta vez a reunião dar-se-ia em um acolhedor chalé, numa zona rural da movimentada metrópole europeia.

Nesse chalé um casal já idoso cuidava de sua única neta. Com longos cabelos ruivos e pele alva, Umma era uma jovem de 17 anos. Tinha o rosto marcado por algumas sardas, e o sorriso era a característica que mais lhe destacava a fisionomia. Seus lindos dentes brancos, contrastando com o tom alaranjado dos cabelos, davam a ela um toque peculiar. Umma perdera os pais quando ainda contava poucos anos.

John conhecia Oswald, avô de Umma. Havia algum tempo, a menina era tomada de inusitadas situações. Por vezes, tornava-se irreconhecível, falando e agindo de modo bizarro. Entretanto, sem cometer qualquer atitude que a colocasse em posição perigosa. Iletrada, tendo recebido apenas as primeiras noções escolares, escrevia extensas redações, assim como esboçava desenhos bastante precisos em detalhes. Oswald, que também não houvera tido a oportunidade de concluir seus estudos básicos, viu-se na contingência de solicitar auxílio para explicar o que acontecia com a adorada neta.

Os Robertson tornaram-se a principal alternativa, quando um sobrinho do casal de idosos visitando os tios presenciou positivamente o fenômeno com os próprios olhos. Comentou que só havia visto algo parecido na residência da família Robertson, em uma sessão espírita. O primeiro temor do casal foi desfeito quando o sobrinho narrou os fatos e a idoneidade de seus participantes. Contudo era prudente guardar maiores comentários sobre a situação para que não se caísse nas más línguas.

John, que já travara o primeiro contato com a jovem ruiva, foi muito bem recebido pelo casal. Acompanhado de sua esposa, foram convidados a tomar uma xícara de chá. John aproveitou, enquanto aguardava Elisabeth, que para lá se encaminhava com o marido, para comentar como a reunião processar-se-ia. Sua sobrinha estava impossibilitada de comparecer ao encontro, entretanto, a larga experiência adquirida por John nesses últimos anos o colocava em boa situação para avaliar o fenômeno mediúnico.

Elisabeth e Edouard estacionaram seu Ford modelo T recém-adquirido ao lado do chalé. Sempre preocupado, o jovem doutor correu para o lado da esposa a fim de auxiliá-la a descer do veículo. Edouard já avisara que aquela seria a última reunião de Elisabeth, pois sua situação não mais permitia esses exageros. Igualmente bem recebidos pelos anfitriões, ambos tomaram lugar na sala onde um chá quente aquecê-los-ia.

— Para quando esperam o parto? — indagou contente a esposa de Oswald.

— Já estamos no sexto mês de gravidez. Meu marido até me proibiu de sair de casa nos próximos meses — disse sorrindo Elisabeth.

— Bem, estamos prontos. Vamos nos sentar ao redor da mesa? — interrompeu John, convidando os participantes para que tomassem seus lugares.

Iluminados por fracos lampiões, visto que a energia elétrica não dera sua graça naquele sítio, sentaram-se ao redor de uma modesta mesa. Oswald e sua esposa estavam ansiosos, não sabiam exatamente como proceder e o que aconteceria, apesar de todas as minuciosas e gentis explicações de John. Já a jovem Umma parecia um pouco alheia a tudo aquilo.

Aguardando que todos se colocassem em seus devidos lugares e o silêncio imperasse, John abriu o "Livro dos Médiuns" para uma rápida leitura antes de iniciar a reunião. Feito isso, passou a ler o que Allan Kardec escrevera sobre as reuniões espíritas.

— Allan Kardec dividiu as reuniões espíritas em três gêneros distintos: frívolas, experimentais e instrutivas. As reuniões frívolas compõem-se de pessoas que só veem o lado divertido das manifestações e se distraem com as facécias dos Espíritos levianos, aos quais muito agrada tal espécie de assembleia, a que não faltam por gozarem nelas de toda a liberdade para se exibirem. É nessas reuniões que se perguntam banalidades de toda sorte, que se pede aos Espíritos a predição do futuro, que se lhes põe à prova a perspicácia em adivinhar as idades, ou o que cada um tem no bolso, em revelar segredinhos e mil outras coisas de igual importância. (...) Aquele que só isso tenha visto e julgue o mundo dos Espíritos por essa amostra, ideia tão falsa fará deste, como quem julgasse toda a sociedade de uma grande capital pelos moradores de alguns de seus quarteirões. O simples bom senso diz que os Espíritos elevados não comparecem às reuniões desse gênero, em que os espectadores não são mais sérios do que os atores.

Após alguns instantes, continuou:

— As reuniões experimentais têm particularmente por objeto a produção das manifestações físicas. Para muitas pessoas, são um espetáculo mais curioso que instrutivo. Os incrédulos saem delas mais admirados do que convencidos, quando ainda outra coisa não viram, e se voltam inteiramente para a pesquisa dos artifícios, porquanto, nada percebendo de tudo aquilo, de boa mente imaginam a existência de subterfúgios. Já outro tanto não se dá com os que hão estudado; esses compreendem de antemão a possibilidade dos fenômenos, e a observação dos fatos positivos determina-lhes ou completa a convicção. Se houver subterfúgios, eles achar-se-ão em condições de descobri-los. Nada obstante, as experiências dessa ordem trazem uma utilidade que ninguém ousaria negar, visto terem sido elas que levaram à descoberta das leis que regem o mundo invisível e, para muita gente, constituem poderoso meio de convicção. Sustentamos, porém, que por si só não logram iniciar a quem quer que seja na ciência espírita, do mesmo modo que a simples inspeção de um engenhoso mecanismo não torna conhecida a mecânica de quem não saiba suas leis. Contudo, se fossem dirigidas com método e prudência, dariam resultados muito melhores.

Mesmo que desinteressado, Edouard não pôde deixar de refletir sobre o que seu amigo John acabara de ler. Esse trecho vinha ao encontro de sua visão. É bem verdade que almejava o contato direto de algum familiar, em especial o do espírito de Rupert, mas seus olhos sempre estavam atentos e dispostos a encontrar o mecanismo de embuste utilizado. Edouard mais uma vez se surpreendia com aquele autor que estimulava a pesquisa e a discussão da ciência que ajudara a desenvolver. Essas afirmações constantes e repetitivas o confundiam, pois não esperava uma filosofia aberta a reflexões e críticas como constantemente entendia nas afirmações de Allan Kardec.[1]

John continuara a leitura e acabou cortando as reflexões de Edouard.

— As reuniões instrutivas são as que mais nos interessam e desejamos realizar em nossa atividade desta noite. Pois bem, vejamos sua definição, na opinião de Allan Kardec, em O Livro dos Médiuns: a primeira de todas é que sejam sérias, na integral acepção da palavra. Importa se persuadam todos que os Espíritos cujas manifestações se desejam são de natureza especialíssima; que, não podendo o sublime

---

[1] O período e a região onde a história se passa foi marcado por esse gênero de reuniões espíritas, homens pouco preocupados com o conteúdo da ciência que analisavam, mas que tiveram um papel fundamental nas bases e constatações do fenômeno mediúnico, ajudando a consolidar o aspecto científico do Espiritismo.

aliar-se ao trivial, nem o bem ao mal, quem quiser obter boas coisas precisa dirigir-se a bons Espíritos. Não basta, porém, que se evoquem bons Espíritos; é preciso, como condição expressa, que os assistentes estejam em condições propícias, para que eles assintam em vir. Ora, a assembleia de homens levianos e superficiais, Espíritos superiores não virão, como não viriam quando vivos. Uma reunião só é verdadeiramente séria, quando cogita de coisas úteis, com exclusão de todas as demais. Se os que a formam aspiram a obter fenômenos extraordinários, por mera curiosidade ou passatempo, talvez compareçam Espíritos que os produzam, mas os outros daí se afastarão. Numa palavra, qualquer que seja o caráter de uma reunião, haverá sempre Espíritos dispostos a secundar as tendências dos que a componham. Assim, pois, afasta-se do seu objetivo toda reunião séria em que o ensino é substituído pelo divertimento. As manifestações físicas, como dissemos, têm sua utilidade; vão às sessões experimentais os que as queiram ver; vão às reuniões de estudos os que queiram compreender; é desse modo que uns e outros lograrão completar sua instrução espírita, tal qual fazem os que estudam medicina, os quais vão, uns aos cursos, outros às clínicas. A instrução espírita não abrange apenas o ensinamento moral que os Espíritos dão, mas também o estudo dos fatos. Incumbe-lhe a teoria de todos os fenômenos, a pesquisa das causas, a comprovação do que é possível e do que não o é; em suma, a observação de tudo o que possa contribuir para o avanço da ciência. Ora, fora erro acreditar-se que os fatos se limitam aos fenômenos extraordinários; que só são dignos de atenção os que mais fortemente impressionam os sentidos. A cada passo, eles ressaltam as comunicações inteligentes e de forma que não merecerem ser desprezadas por homens que se reúnem para estudar. Esses fatos, que seria impossível enumerar, surgem de um sem-número de circunstâncias fortuitas. Embora de menor relevo, nem por isso menos dignos, são do mais alto interesse para o observador, que neles vai encontrar ou a confirmação de um princípio conhecido, ou a revelação de um princípio novo, que o faz penetrar um pouco mais nos mistérios do mundo invisível. Isso também é filosofia. As reuniões de estudo são, além disso, de imensa utilidade para os médiuns de manifestações inteligentes, para aqueles, sobretudo, que desejam aperfeiçoar-se com seriedade e que a elas não comparecerem dominados por tola presunção de infalibilidade. Constituem um dos grandes tropeços da mediunidade, como já tivemos ocasião de dizer, a obsessão e a fascinação. Eles, pois, podem iludir-se de muita boa-fé, com relação ao mérito do que alcançam, e facilmente se concebe que os Espíritos enganadores têm o caminho aberto, quando apenas lidam com um cego. Por essa razão é que afastam o seu médium de toda fiscalização; que chegam mesmo, se for preciso, a fazê-lo tomar aversão a quem quer que o possa esclarecer. Graças ao insulamento e à fascinação, conseguem sem dificuldade levá-lo a aceitar tudo o que eles queiram. (...) Uma reunião é um ser coletivo, cujas qualidades e propriedades são a resultante das de seus membros e formam como que um feixe. Ora, este feixe tanto mais força terá, quanto mais homogêneo for.

O último trecho da leitura intrigara mais ainda Edouard. A abordagem de uma lógica irrepreensível sensibilizara-o e desejava continuar a leitura de onde John havia interrompido. Desejava solicitar-lhe o livro emprestado, mas sentia-se constrangido. Ele sempre se mostrara contrário, mesmo que frequentando as reuniões, como de um momento para o outro solicitar o empréstimo de uma obra? Não seria uma admissão pública de que no mínimo a ciência espírita mereceria atenção? Contagiado pelo orgulho, preferiu nada dizer. Deliberou encomendar a mesma obra para que ele mesmo, silenciosamente e sem nada comentar, obtivesse suas próprias conclusões.

Observando tudo da espiritualidade, Mariano sorria ante a atitude de Edouard. Seu infantil orgulho criava empecilhos, mas aos poucos seu modo de pensar era contagiado pela solidez dos argumentos e pela lógica em que se sustentava a Doutrina dos Espíritos. O espírito de Mariano tinha enorme influência sobre seu pupilo e preparava-o com maestria. A pressa não o auxiliaria e, de modo algum, desejava preparar um fanático. Seguia pacientemente os passos de seu filho espiritual, desviando-o quando possível de ciladas cunhadas pela imprevidência.

Para todos aqueles que não estão acostumados com uma reunião mediúnica, o silêncio acaba servindo de combustível para excitar a curiosidade e fornecer à imaginação um ambiente de misticismo e superstição. O casal de idosos sentia-se constrangido com tal ausência de barulho e certo temor místico invadia seus corações.

Um quarto de hora havia passado, quando o singular som de mão tateando a superfície da mesa foi ouvido. A expectativa aumentou por parte daqueles que presenciavam aquilo pela primeira vez. Em seguida, escuta-se que algo movimentava os lápis deixados disponíveis para o exercício da escrita. Mais alguns minutos e passou-se a ouvir o som da escrita. A curiosidade fez com que os presentes se esforçassem por ver o que ocorria, tentando divisar o papel e a escrita sob a iluminação vacilante que se fazia no ambiente.

Não demorou muito e abruptamente o som cessou. John aguardou mais alguns instantes e estendendo o braço pegou o papel onde ele já divisara alguns traços que, no entanto, não conseguira compreender. Bastou retirar o papel que estava diante da médium para que, em completa inconsciência, a mão da mesma se lançasse à procura de outra folha em branco para escrever.

A psicografia automática seguiu e mais alguns minutos se passaram em grande expectativa. John tinha em mãos um desenho, mas, que devido à fraca luminosidade, não conseguira bem divisar. Esperaram todos mais alguns minutos até o momento em que a mão cessou de vez, deixando lápis ao lado e papéis revirados. Umma saía do estado de transe mediúnico e voltava com lentidão ao seu estado normal.

— Tudo bem com você, Umma? — indagou John.

— Sim, estou bem — respondeu a jovem saindo de seu letargo. Aguardou alguns instantes, como que se refazendo: — O que aconteceu? Acho que adormeci.

— Tudo correu perfeitamente bem minha jovem — disse John sorrindo e constatando o espanto e curiosidade no olhar dos demais componentes da reunião.

Encerrada a atividade com uma prece de agradecimento, a curiosidade era geral com vistas a conhecer o conteúdo do que aquela reunião produzira.

— Por favor, Edouard, pode aumentar a potência da lamparina?

Feito isso, John se espantou com o desenho que tinha em mãos. Compreendeu que a qualidade dos traços permitiria que se reconhecesse facilmente quem ali estava desenhado, desde que essa pessoa fosse conhecida de alguém do grupo. O desenho passou de mão em mão, até que as mãos trêmulas de Elisabeth o deixaram cair em leve escorregar.

Todos perceberam nela a fisionomia da emoção e aguardaram em expectativa que ela se pronunciasse. Com lágrimas nos olhos, tomada por intensa emoção, apenas sussurrou:

— É minha mãe — para a surpresa de todos.

John observava ao mesmo tempo o texto que havia obtido através da escrita automática. Seus olhos perceberam que o que ali estava escrito estava relacionado com o desenho que Elisabeth reconhecera. Edouard puxou o desenho para si para averiguar se o estado emocional exaltado da esposa não poderia tê-la feito reconhecer a falecida mãe em traços comuns. Para seu espanto, ela tinha razão. Era de fato a mãe de Elisabeth que estava desenhada naquela página, impossível seria enganar-se com a precisão da fisionomia. John passou o texto espontâneo a Elisabeth, para que ela o lesse e decidisse se deveria compartilhar seu conteúdo com todos ou não.

Os olhos de Liz iam de um lado ao outro com velocidade. Era possível ver através de suas expressões que emoções mil desfilavam nela naquele momento. Na verdade era algo muito pessoal, mas a Senhora Smith generosamente decidiu compartilhar seu conteúdo com todos.

— Eu reconheço até mesmo a caligrafia dela — dizia entre lágrimas de alegria. — Eu quero ler para vocês, mas no momento não consigo — disse emocionada ao estender o papel ao marido ao seu lado.

Edouard compreendeu o desejo da esposa e passou à leitura:

— "Querida Liz. Mesmo que o tempo nos tenha momentaneamente separado, nossas vidas continuam fortemente atreladas uma à outra. Estou e sempre estive ao seu lado. Dividindo todos os momentos de tristeza e me alegrando com tuas alegrias. Não deixes que o medo estabeleça morada em teu coração, quando fores chamada ao testemunho pessoal. Nesses momentos emblemáticos de nossa existência, estamos sempre mais bem amparados por seres invisíveis. Estou ao teu lado, não temas as mudanças que se fazem necessárias. Que essa fé transformadora que hoje abraças, possa servir de arrimo não só a você, mas a toda família. Devo me retirar, mas estou sempre ao seu lado, velando por ti."

Ao final da leitura, os presentes não compreenderam muito bem ao que se referia o texto. Provavelmente um momento pessoal pelo qual estava passando Elisabeth Smith. Talvez algo relacionado à dificuldade que vinha tendo com a segunda gestação. John, que lera antes o texto, não encontrou elementos suficientes para identificar ali as palavras da mãe de Elisabeth. De modo bastante lógico, compreendia que o indivíduo envolvido emocionalmente não consegue refletir muito bem com relação ao texto psicografado endereçado a si próprio. Mas o texto viera precedido de um desenho muito nítido. Onde se percebia claramente a mãe de Liz. Sendo assim, tudo indicava a autenticidade do comunicado.

Edouard indagava-se intimamente. Qual seria o significado daquelas palavras? Que mudanças seriam essas? Temia as respostas a que seus pensamentos o conduziam. Não suportaria perder Liz. Talvez o texto fizesse referência ao bebê, ou então, a ele mesmo. Como todo espírito impressionado, conjecturava ideias desconexas, alimentando receio pelo desconhecido. Já Liz, contrariamente, sentia-se em paz, com a convicção de que sua mãe velava por ela e que estava assegurado um reencontro entre ambas para o futuro. O estado de espírito de cada um sempre influência nas reflexões e interpretações de palavras a nós endereçadas.

– 12 –

Elisabeth não se sentia bem. Sua situação piorara, sentia-se fraca. Era acometida de desmaios e enjoos incessantes. Tanto ela quanto o marido sabiam que a gestação não seria fácil, haveria riscos, mas não esperavam que os sintomas fossem tão intensos. Edouard passou a temer não só pela perda do bebê, mas também pela vida de sua esposa. Ela estava muito enfraquecida e, se não conseguissem conter aquele quadro, Liz poderia vir a falecer no parto.

Ela já não mais saía da cama. Sentia-se fraca para qualquer atividade doméstica. Gladys se desdobrava em cuidados e o companheiro pedira licença de alguns dias para ficar ao lado da esposa. Como a situação não se modificava, o dedicado esposo via-se na obrigação de remover Elisabeth para o hospital.

Liz não gostava da ideia de ir ao hospital, preferia permanecer em sua casa, onde desejava que o parto se realizasse. Tornou-se mais caprichosa que o normal, natural para quem passa por um longo período de debilidade física. Sentia-se cansada o tempo todo e isso provocava-lhe enorme irritação.

— Edouard, eu gostaria de realizar uma reunião espírita em nossa casa.

— Fora de questão Elisabeth. Nós já falamos sobre isso.

— Por favor, eu sinto que preciso de algo que me anime.

— Nós havíamos combinado que você não mais participaria dessas reuniões com sua gravidez adiantada.

— Eu sei, mas eu sinto falta. Tenho permanecido trancada nesse quarto, fraca e sem poder sair desta cama. Acho que isso me ajudaria.

— Você sabe que qualquer emoção mais forte pode precipitar o nascimento do bebê. Você deve se isentar de tais situações.

Ela sentia-se contrariada e expressava isso em suas feições. Ele percebia e sabia exatamente que a esposa passaria o restante do dia sem falar com ele senão o necessário. Estava irredutível, porém, e não voltaria atrás em seu acordo de não participar de reuniões mediúnicas enquanto Elisabeth estivesse convalescente.

Essa irritabilidade natural fica acentuada no período da gravidez. O ventre materno funciona como uma câmara ectoplásmica, onde será estabelecido o primeiro vínculo do espírito reencarnante com a matéria, por intermédio da fecundação. Essa produção acumulada de ectoplasma, que propicia a ligação do perispírito com a matéria, incrementa a sensibilidade feminina. A futura mamãe se torna mais afeita às influências externas, sejam elas oriundas da espiritualidade ou dos companheiros encarnados.

O fenômeno de intercâmbio de sensações torna-se pujante, e a mãe junto com seu bebê, fica bastante suscetível às influências que lhe batem à porta da intimidade. Por isso, temos visto recomendações corretas com relação a um afastamento temporário das grávidas das atividades de intercâmbio mediúnico. Faz-se bem em se resguardar em um período de maior sensibilidade. A gravidez é uma oportunidade sublime, em que se oferta o regaço para a volta ao quadro terrestre de alguém a quem nos vinculamos por intensas relações anteriores.

Apesar de sua irredutibilidade, Edouard solicitou a John que, se fosse possível, entregasse-lhe alguma mensagem espiritual, recebida na última reunião, para ler a Elisabeth. O amigo não só se colocou à disposição, como prometeu visitar seus amigos o mais breve possível, levando a mensagem e estimulando Clara a ler ao pé da cama da amiga. E assim se cumpriu, produzindo momentos de sincera alegria em todos.

O estado de saúde de Liz continuava complicado. Algo não ia bem, a jovem o sabia pelas reações do esposo, que procurava esconder sua preocupação, todavia sua condição extremamente delicada agravava-se a cada dia. O médico temia pela vida da esposa, visto que não sabia como contornar a situação com os recursos de que dispunha. Gladys se entregara fervorosamente às preces, pedindo pela vida e saúde de sua senhora.

Entre um delírio e outro, acometida por intensa febre, Elisabeth divisa alguns companheiros do passado que a visitavam prestando auxílio. Não poucas vezes citara o nome de sua já desencarnada mãe, assim como do padrinho e amigo, Rupert. Junto de outros espíritos, Rupert se esmerava em fornecer as melhores condições a ela.

Estavam sempre ao lado da família, amparando-os moralmente nesse momento delicado. Edouard desejava que tudo isso fosse verdade e chegava mesmo a rezar implorando pela saúde da esposa. Havia duas semanas que se licenciara do trabalho no hospital. Solicitara a opinião de amigos médicos, mas todos eram categóricos em afirmar que a situação era complicada e que não sabiam como agir nesse caso em particular.

A angústia crescia, Elisabeth percebia muito bem, através da fisionomia dos visitantes e a do marido, que seu estado não era simples e que escondiam algo de mais grave. As dores não lhe davam trégua. Dia e noite sentia-se atacada por febres e enjoos e sua fraqueza atingia níveis perto do insuportável.

Compreendendo que a situação se agravara por demais, Liz, num momento de lucidez, decidiu falar em particular com o marido:

— Edouard —, disse com voz rouca.

Ele sentou-se ao lado da esposa, tocando gentilmente seus cabelos louros.

— Edouard, eu preciso que você seja corajoso.

Os olhos de Edouard encheram-se de lágrimas, ele compreendia muito bem que estava perdendo sua esposa.

— Eu não me sinto bem, meu querido. Não sei o que vai nos acontecer, mas quero que seja forte. Sinto-me tomada de angústias sem saber o que o desconhecido nos reserva. Temo partir e deixá-lo só com Alene. Tenho medo de que perca a esperança e deixe-se levar por impulsos de revolta.

— Não Liz, não pense em nada. Tudo vai dar certo — disse o esposo tentando consolá-la ao mesmo tempo em que queria esconder-se da realidade.

— Edouard, meu Edouard! Você sabe melhor do que eu que isso não é verdade. A realidade é bem diferente. Entretanto, o que mais temo não é a morte, mas a sua situação após minha partida. Por favor, querido, não se revolte e dedique sua vida ao nosso pequenino tesouro.

Ele chorava.

— Nosso amigo, Rupert, tem nos visitado. Eu tenho implorado a ele que tome conta de você e de Alene. Eu não estou sozinha. Mamãe tem estado diariamente ao meu lado, sentada no mesmo lugar onde você se encontra nesse momento. Eu não tenho medo, apesar das dores e do desconforto que sinto. No entanto, eles me dizem que tudo isso vai passar logo; que não preciso ter medo, pois estarão ao meu lado.

— Pare com isso, Elisabeth — disse em tom rude, deixando que as lágrimas tombassem mais fortemente.

Liz só estendeu o braço e tocou a face do marido, que desabou em lágrimas, num misto de medo e revolta, compreendendo que se despedia da esposa.

— Não tema, meu querido. A vida continua. Eu sei que mesmo que tema em aceitar isso em público, você também já alimenta ao menos a dúvida com relação à questão. Ou acaso pensa que não o vi lendo uma obra espírita enquanto me faz companhia? Essa crença vai auxiliá-lo, vai-lhe permitir entender que continuamos vivos e que o reencontro é apenas uma questão de tempo.

O TESTEMUNHO DOS SÁBIOS

Edouard aconchegou sua cabeça ao lado da esposa, mergulhado em lágrimas, revoltado e impotente, sem saber o que fazer, apesar de seu desejo nesse sentido. A dor provocada pela impotência é uma das situações mais difíceis da vida. Algo que deflagra nossas limitações e a incapacidade de controlar a vida. Ela iguala a todos nós, ricos e pobres, sem discriminar quem quer que seja.

Ele adormecera ao lado da esposa, extenuado pelo forte abalo emocional que os comovia. Em espírito, foi recolhido por Rupert, com quem ele trabalharia para fortalecer sua intimidade nesse momento delicado.

A noite transcorrera com agradável tranquilidade, apesar da situação dramática que ambos viviam. Edouard, aos poucos, despertava da intensa letargia que o havia assaltado, recobrando consciência do estado complicado da esposa ao seu lado. A pulsação de Elisabeth mantinha-se fraca, sua pele apresentava temperatura abaixo do ideal. O marido despertava de sonhos para entrar, no que para ele, constituía-se em intenso pesadelo.

— Liz — chamou com cuidado. — Liz — repetiu o apelo.

Sentando-se sobre a cama, então, percebeu que havia manchas de sangue marcando os lençóis. Apavorou-se, e de imediato passou a buscar a origem do sangramento. O trabalho de parto estava na iminência e a companheira numa infindável fraqueza para dele sobreviver.

Após alguns instantes, tentando acordar a esposa, conseguiu uma primeira resposta. Ainda lúcida, mas extremamente fraca, Elisabeth foi alertada do acontecido. Já estava preparada para passar pelo momento emblemático de sua existência.

Enchendo-se de coragem, apenas afirmou ao marido, com voz rouca e entrecortada:

— Salve nossa filha e não tema por mim.

Ao som dessas palavras, Edouard sentia-se anestesiar, o choque emocional produzia nele sensação intensa de frio, deixando-o alheio à realidade. Em verdade, tinha medo, como qualquer pessoa, medo do vazio, da perda, da mudança. Foi a própria Elisabeth que admoestou, vendo-o naquela situação.

— Querido, não tema. Faça todo o possível e entregue a decisão final a Deus. Apenas Ele pode decidir o melhor para nós.

Edouard pareceu ter acordado após as últimas palavras de Elisabeth. Ajeitou-se rapidamente, deixou as primeiras orientações a Gladys e seguiu em preparativos para a situação que haveria de ter seu desfecho. Conforme antes apalavrado, outro médico chegou à residência junto com uma auxiliar. Edouard estaria à disposição caso precisassem de auxílio, mas seu estado nervoso não o candidatava a assumir a direção do parto.

O médico, que iria se encarregar de tudo percebeu logo de início que o caso de Elisabeth era muitíssimo grave. Lembrou-se da conversa reservada que tivera com a senhora Smith uma semana antes, quando sua gravidez anunciava uma situação bastante difícil, e que, apesar da tentativa de Edouard de preservar a esposa, ela sabia muito bem sua real condição. Elisabeth, reconhecendo que as possibilidades de sobrevivência eram duvidosas, fez o médico jurar que faria de tudo para salvar sua filha.

Liz se preocupava com a família que permaneceria se ela viesse a desencarnar. Compreendia que o marido havia perdido o entusiasmo pela vida desde a morte de Rupert, e que a sua perda, talvez o fizesse

O TESTEMUNHO DOS SÁBIOS

cair em profundo precipício emocional. Temia que o esposo enlouquecesse ou pensasse em tirar a própria vida. Queria que a presença das filhas fosse motivação suficiente para que Edouard tivesse força e vontade de seguir em frente. Por isso o apelo extremo ao médico.

O doutor Simon assumiu a responsabilidade no parto. Médico experiente, ele tinha total conhecimento da delicada situação que abraçara. As chances de Elisabeth sobreviver eram remotas, tinha, porém, esperanças de conseguir salvar o bebê. A fraqueza da jovem mãe era muito grande e o médico estava com muitas dificuldades para induzir o parto. Apesar do esforço de Elisabeth para secundar as ações do médico, faltavam-lhe forças. A cabeça do bebê não havia aparecido ainda, não existindo a possibilidade do uso do fórceps.

Uma experiente enfermeira monitorava as condições da paciente durante todo o procedimento. E, após um leve sinal com a cabeça, Simon percebeu que perdia a batalha contra a morte e que a vida de Elisabeth se extinguia. Entretanto, não havia conseguido salvar a criança. Tinha que decidir o que fazer imediatamente. Buscou com o olhar Edouard, que se mantinha escorado na parede ao lado, mergulhado em si mesmo, fugindo da realidade e não acreditando que tudo aquilo estava de fato acontecendo com ele.

Elisabeth reuniu suas últimas forças para, num suspiro, confirmar o que já havia dito ao marido:

— Doutor, faça o que for preciso para salvar meu filho.

O médico não esperou o aval de Edouard, que parecia ter-se escondido em si mesmo, diante do medo de confrontar a morte de novo. Optou por uma cesariana que, apesar de uma técnica ainda ousada para a época, vinha sendo utilizada com algum êxito.

Elisabeth recobrou parcamente suas forças. O auxílio espiritual fortalecera-a nesse sentido para que a vida do recém-nascido pudesse ser preservada. Num último desejo, solicitou a presença da pequena Alene, de Gladys e do esposo para as despedidas. A filha não compreendia o que se passava, mas Gladys não pôde conter as lágrimas, que escorriam apesar dos apelos da jovem senhora para que ela fosse forte, pois todos precisariam de seu concurso e ela contava com isso. Edouard, apesar de mergulhado em apatia, sentou-se ao lado da esposa para com carinho confirmar seu profundo amor e, num esforço supremo, tentar tranquilizá-la quanto ao futuro, não permitindo que as lágrimas surgissem em seus olhos.

O médico responsável pela cesariana solicitou que todos deixassem o quarto e que pudesse ficar sozinho com sua assistente. A porta fechou-se e com ela a angústia estabeleceu morada no coração da família Smith. Elisabeth não resistira, desencarnara antes de o médico finalizar a cesariana. A criança, uma menina, foi retirada do ventre mesmo com a morte da mãe. A vida fazia poesia, pois da morte surgia a vida. Elisabeth deixava o teatro da vida, enquanto a pequena Sarah começava a encenar sua peça.

O vagido do bebê fez Edouard despertar de sua apatia. A vida sobrepujava a morte e, por instantes, o novo papai esqueceu por que se sentia angustiado. A informação de que a esposa não havia resistido chegou-lhe ao íntimo com profunda dor. Sentia um frio glacial dentro dele. Aqueles que já perderam alguém querido sabem exatamente como é esta sensação. A incerteza, o medo de continuar sozinho, a saudade, a impotência diante de algo maior do que nós.

Se ele houvesse agasalhado dentro de si a convicção de que a morte não se resume ao nada, que a vida expande-se, que as dores são sanadas e o reencontro não é uma esperança, mas uma certeza, talvez pudesse ter compreendido que para Elisabeth aquele momento era especial. Ela não morrera, voltara para casa, ao reencontro de almas afins, que felizes a aguardavam. A morte não a distanciara, estaria mais próxima do que nunca esteve, mas Edouard ainda não havia despertado para essa realidade e, como todos nós, de fé vacilante, sofria por causa disso.

Ainda no quarto do casal, Elisabeth, não conseguindo mais interagir com seu corpo físico, observava bastante confusa o desdobramento dos fatos. Recolhida por carinhosos braços, reconheceu sua mãe ao primeiro toque. Outros amigos desencarnados estavam lá, demonstrando apreço e colocando-se à disposição para auxiliar. Era reconfortante para a Senhora Smith saber que não estava sozinha nesta viagem desconhecida; que ao seu lado estariam afetos do presente e do passado e que, junto de Edouard e suas filhas, outros tantos amigos se desdobravam em atenção.

A presença da mãe lhe trazia na alma as impressões de proteção da infância, quando o colo materno parecia-lhe o lugar mais seguro do mundo. Os carinhos induziam-na ao sono. Entretanto, ainda teve tempo de rever Rupert, que afirmou que ela poderia partir com tranquilidade, pois ele permaneceria ao lado de Edouard, inspirando-o e zelando por ele, na medida do possível. Era tudo que Elisabeth precisava ouvir para se deixar levar pelo embalo gostoso da sonolência que a assaltava.

-13-

A vida é composta de diversos atos, como uma peça de teatro, em que somos os personagens principais; ela nos conclama a mudanças bruscas de interpretação. Por vezes, estimulando-nos a alterar rumos e recomeçar, fazendo-nos enfrentar nossos próprios medos e lançando ao nosso encontro desafios que, por inúmeras vezes, consideramos intransponíveis. De qualquer maneira não somos capazes de solicitar substituição. Somos o artista principal de nossas próprias vidas e, independentemente do que aconteça, devemos continuar a atuar.

Edouard, com 30 anos, via-se na contingência de alterar os planos que havia concebido para si e para sua companheira. A vida mudara os rumos de seus sonhos. Para sobreviver era preciso adaptar-se. Revoltara-se com essa ideia, sentia-se impotente por não conseguir dirigir seu próprio rumo como gostaria. Não identificava o passado agindo em seu destino, deixando evidente que não somos vítimas dos humores dos deuses; somos sim, herdeiros de nossas próprias conquistas.

O velório e o enterro passaram-se envoltos em profunda tristeza.

O TESTEMUNHO DOS SÁBIOS

A morte de uma jovem em plena flor da idade assusta sempre aqueles que não estão preocupados com a imprevisibilidade da vida. Alene chorava agarrada a Gladys, enquanto Edouard, num misto de apatia e tristeza, migrava do silêncio às lágrimas. Os primeiros dias foram difíceis. Acordar sozinho na cama em que se acostumara a ter a companhia de Elisabeth. Era impossível não sentir o peso das lágrimas da saudade. Liz não estava mais lá.

Entretanto, o antídoto para a apatia e a tristeza estava logo ao lado. Bastava a tristeza se agigantar em seu espírito, para que a pequena Sarah começasse a chorar, como que clamando que ela estava lá e precisava de atenção. A mais nova criança da família Smith exigia muito mais atenção do que Alene. Viera no momento oportuno, pois ocupava completamente o tempo de seu pai. Os primeiros meses assim se passaram, sem que houvesse grandes mudanças no panorama geral.

Chegou a cogitar em abandonar a medicina, tinha medo de presenciar a morte. Perdera a coragem para confrontar diariamente aquela que levara dele sua amada esposa. Contudo, não poderia ficar em casa sem uma fonte de renda. Rupert, ao seu lado, estimulava-o, infundindo-lhe coragem. O descanso no momento do sono era fonte fértil para palavras de estímulo e esclarecimento. Rupert, assim como Mariano, estava sempre junto de Edouard, fortalecendo-o.

Edouard mostrava-se mais sensível, sentia a necessidade de agarrar-se em algo. As ideias espiritualistas de Elisabeth e John lhe pareciam mais agradáveis. Estava sedento de consolo, quisera ele poder descansar e repousar sua cabeça no colo de sua amada, como fazia antes. Precisava ser forte, tinha duas meninas para criar. Elas dependiam de que seu pai estivesse bem. Isso lhe dava forças para seguir em frente.

Se não fossem as meninas, talvez a ideia do suicídio se imiscuísse nele, mas não houvera sequer tempo para nisso pensar. A vida não aguardava seu aval ou sua autorização para prosseguir seu curso natural. Era preciso seguir também. Se as coisas eram como Elisabeth acreditava, então, ela não estaria morta e eles voltariam a se encontrar algum dia.

Ele voltou a clinicar, entretanto, alguns meses após o retorno, um complicado caso fez vir à tona as emoções amortizadas pelo tempo. Perdera um paciente com oito anos de idade. O choque emocional dos familiares muito o sensibilizou. Nada mais era como antes, sentia-se fragilizado. As lágrimas alheias tocavam-no de modo diferente de antes. Estava fraco, perguntava-se? O que havia acontecido? O choque provocado pela morte de Elisabeth havia diminuído as cores com que via o mundo. Despertara para a dor de modo diferente. A constatação do sofrimento alheio inspirava-lhe medo e tristeza.

Mergulhado em profunda melancolia caminhou lento, dispensando condução, até o lar. A cada passo, seus pensamentos se voltavam para momentos do passado, vividos ao lado de Elisabeth ou de Rupert. A vida ativa proporcionava certo alívio, mas não conseguira esquecer a perda dos entes queridos. Parou em frente à porta de entrada, com a mão no bolso do paletó, procurava as chaves para ingressar em seu lar, não mais alegre como antes, apesar de Alene e Sarah.

Enquanto buscava as chaves, pela mesma calçada, em sua direção caminhava John. Ao ver o amigo cabisbaixo, certamente que inspirado por companheiros espirituais, encheu-se de ânimo para abordar o antigo frequentador das sessões espíritas.

— Bom-dia Edouard.

Edouard voltou-se bruscamente, como que voltando de um longo período de sonolência.

— Ah, me assustei. Bom-dia John.

— Desculpe-me, não foi minha intenção assustá-lo.

O jovem médico apenas sorriu.

— Como tem passado? — John já sabia que a resposta a esta pergunta provocaria tristeza em seu interlocutor.

A resposta de Edouard compôs-se de um longo e dolorido suspiro. Sem perceber o porquê, lágrimas começaram a escorrer por suas faces, sem que fosse capaz de estancá-las. Sentia-se envergonhado de tal postura, mas de forma inconsciente pedia socorro, pois sozinho não estava sendo capaz de vencer a tristeza que se instalara em seu coração.

Tocado, John envolveu o amigo em forte abraço, contendo bravamente as lágrimas que encheram seus olhos. John era muito afeiçoado ao casal Smith, respeitava-os com sinceridade, admirando-lhes o caráter e a intelectualidade. Ajudou Edouard a abrir a porta e com ele entrou, não aguardando convite.

Gladys compreendeu o que se passava e automaticamente se dirigiu para a cozinha para preparar um chá. Agradecia em pensamento pela presença equilibrada do antigo amigo de sessões espíritas. Por certo que John poderia infundir novo ânimo ao jovem médico.

— Sente-se.

— Desculpe-me. Não sei o que me acontece — disse enquanto enxugava as lágrimas.

— Não tem do que se desculpar.

— Sinto-me um idiota me comportando desta forma.

— Você não é idiota por chorar a falta daqueles que ama. É perfeitamente normal.

Edouard nada falara, mergulhado em si mesmo.

— Imagino que os últimos tempos tenham sido difíceis ao extremo.

Outro suspiro cortou o silêncio do proprietário da casa.

— Vejo que tem resistido com bravura, mas é absolutamente normal sentir-se solitário e triste. Todos nós passamos por isso.

— Eu queria que tudo isso passasse; que terminasse e que eu não sentisse mais dor.

— Vejo que você foi acostumado a crer que poderia tornar obsoleto seu lado mais humano. Não somos máquinas, não temos a capacidade de controlar todas as nossas emoções. Medo, raiva, frustração e tristeza fazem parte de nossas vidas e são sensações normais em absoluto. Conseguir freá-las não nos faz imunes a elas.

Edouard tudo ouvia em silêncio.

— Acredita que não tenha sofrido a perda de meus pais? Creio que se não fosse o Espiritismo hoje eu não estaria mais por aqui. Na realidade pensei em tirar a própria vida.

— Mas você ao menos tem sua crença.

— Crê você que pelo fato de acreditar que a vida continua não sofra com a despedida? Não meu caro Edouard, eu não sou capaz de tamanha tranquilidade. O que essa certeza me dá é uma consolação, um esclarecimento que aos poucos se torna resignação diante daquilo que não posso mudar, mas sofro como todo mundo. Também chorei a morte de Elisabeth, mesmo sabendo que ela encontra-se bem.

— Ela está bem? — perguntou timidamente.

O TESTEMUNHO DOS SÁBIOS

— Perguntamos por ela e a resposta deu conta de que ela encontra-se em recuperação, mas bem.

— Eu queria conseguir acreditar. Sei que essa certeza aliviar-me-ia.

— A simples dúvida nos causa sofrimento. Eu passei por isso também.

— Não acreditava?

— De início não. Sentia que tudo isso não passava de um mero conto de fadas. No entanto, nesses anos de viagem tenho visto muitas coisas e meu ceticismo foi sendo quebrado aos poucos.

— Gostaria de ter a mesma sorte.

John refletiu um pouco.

— Por que não participa conosco de uma reunião? Temos encontro hoje à noite, podemos realizá-lo em sua casa se você quiser. Começamos a desenvolver uma atividade diferente, em que sua intelectualidade seria muito proveitosa.

Edouard aguardava que John continuasse a explicação.

— O desenvolvimento da sensibilidade de Emma tem permitido que possamos travar diálogos melhor elaborados com os espíritos. Preparamos questões, e os mesmos respondem através da escrita automática. Creio que vai achar isso um interessante desafio. Além do mais, como já esteve em diversas de nossas reuniões, está habituado ao comportamento que devemos adotar. Isso irá ocupá-lo e, quem sabe, não possa fazê-lo mudar de opinião também.

Edouard sorrira. Anuiu ao convite e despediu-se do amigo, indo se deitar com os pensamentos bem distintos de quando chegara ao lar.

A reunião ocorreria à noite, mas antes precisava recuperar-se da noite de trabalho. O dia passou rapidamente, Edouard dormira quase toda a tarde. Levantou-se com fome, acompanhando o restante da família no jantar. Aqueles últimos dias vinham sendo muito úmidos e frios na capital inglesa. O tempo rude facilitava o agravamento de moléstias respiratórias, e o hospital estava recebendo muitas internações. Se não fosse o dedicado auxílio de Gladys, ele teria muitos problemas com as crianças. Gladys era da família, fazia o papel de avó, esmerando-se e tratando todos com carinho.

Edouard, Gladys e Alene estavam sentados à mesa, a pequena Sarah dormia em pequenino berço ao lado.

— Gostaria que você pusesse as meninas para dormir mais cedo. Se houver a possibilidade, queria que participasse conosco da reunião de hoje.

Gladys sorriu satisfeita. Essas reuniões lhe traziam à mente agradáveis recordações de Elisabeth. Quem sabe ela não lhes deixasse uma mensagem? Essa era a esperança de ambos.

— Muito obrigada, quem sabe não somos surpreendidos com alguma notícia? — disse externando sua expectativa.

O Sr. Smith carregou o cenho, contrariado com aquela observação. Afinal, houvera ansiosamente aguardado qualquer contato de Rupert para nada. Não queria criar a mesma expectativa.

Ele brincou com Alene e auxiliou Gladys no banho de Sarah. Com as crianças preparadas, dispôs-se a ler o seu volume de "O Livro dos Médiuns". De tão concentrado, não viu o tempo passar. Estava mergulhado em observações, quando o sino da porta soou anunciando a chegada de John, Clara e Emma Robertson. Além deles, outro casal que se unira aos Robertson em experimentações, também se apresentou.

O TESTEMUNHO DOS SÁBIOS

Gladys a todos recebeu e encaminhou-os para a sala, onde as atividades se desdobrariam. Edouard os recebera com simpatia. Fazia tanto tempo que não tinha uma reunião social de amigos, que a simples visita lhe infundiu novo vigor. Encontrava-se mais animado e disposto. Por pouco mais de um quarto de hora conversaram algumas trivialidades. John estava satisfeito com o resultado da visita: seu amigo sorrira por diversas vezes.

— Vamos às nossas atividades — Emma lembrou os membros do grupo os motivos que os reunia. — Há quem nos aguarde.

Com essas palavras criou-se expectativa mais forte. A quem se referia Emma? Ela sabia de algo? Pressentira alguém? Questões normais na mente curiosa daqueles que acham que médiuns são criaturas mágicas e especiais. Emma apenas lembrou-lhes do compromisso, provavelmente inspirada por algum mentor do grupo.

Sentaram-se ao redor de uma larga e pesada mesa de centro; constituída de madeira, atendia muito bem aos propósitos da reunião. Composta por sete pessoas, a reunião mediúnica começou com a leitura de trechos de "O Livro dos Espíritos". O silêncio imperava, o som da respiração aumentava as expectativas, dando ao momento ares de grande suspense. À meia luz podia-se distinguir muito bem a silhueta de todos os componentes do grupo. Edouard não conseguia manter-se calmo, tamanha a expectativa que o assaltava. Entretanto esforçava-se por não perturbar a reunião.

John solicita silêncio e concentração de todos os participantes, com o intuito de secundar a médium. Os presentes deveriam evitar colocar em destaque seus pensamentos particulares, priorizando a reunião como um ser coletivo. Essa questão não parece fácil de executar, mas naturalmente determina os rumos da sessão mediúnica, ditando o conteúdo que se obterá em função dos princípios básicos da afinidade. "Diga-me com quem andas que te direis que és".

A fraca luminosidade teve influência pouco positiva na concentração de Edouard, inspirando-lhe o misticismo, e ele deixou-se desviar a atenção para questões secundárias. Enquanto aguardava que a mão de Emma começasse a deslizar sobre o papel, não conseguia parar de pensar em Elisabeth, Rupert e suas respectivas ausências. Todavia, nenhum dos dois estava presente naquela noite.

Ao primeiro som do lápis riscando o papel, ele pareceu retornar a si, deixando de lado suas reflexões improdutivas para o momento. Mantinha em si, porém, a expectativa de que receberia uma comunicação da esposa, não percebendo que toda e qualquer manifestação pautada pelo bom senso poderia fortalecer-lhe a convicção na continuidade da vida após a morte. Por consequência lógica, se a vida continua após a morte, também Rupert e sua Elisabeth continuariam vivos, e o reencontro seria uma questão de tempo. Contudo não se apercebera desta lógica e aguardava Elisabeth.

Aos primeiros rabiscos, John puxou para si a primeira página escrita. Leu e dispôs-se a preparar algumas questões. Edouard não sabia, pois não havia prestado atenção, preocupado consigo mesmo, nem havia se interessado em perguntar quais eram as disposições diferentes adotadas nas atuais reuniões do grupo. Redigidas as questões, John passou a lê-las, para surpresa e decepção do jovem médico.

— Você poderia se identificar?

A mão voltou a traçar. E John, ao lado da médium, conseguiu ler:

— Gordon, a sua disposição.

— Agradecemos o comparecimento espontâneo. Você tem algum parentesco ou relação com os presentes participantes dessa reunião?

— Não.

O TESTEMUNHO DOS SÁBIOS

— Desejou se manifestar por interesse particular. Tem alguma questão particular para nos apresentar?

— Fui trazido aqui para participar da reunião.

— Trazido, por quem?

— Por aqueles que vos presidem as atividades e têm vontade superior à minha.

— Pois bem, quem foi você em vida?

— Um pobre infeliz, que se desviou do caminho correto e hoje sofre as consequências de seus desatinos.

— Habitava em Londres?

— Sim.

— Faz muito tempo?

— Essa questão é irrelevante. Basta que saiba que fui um criminoso e que hoje me vejo limitado por causa dos erros que cometi.

— Como assim limitado?

— Não sei explicar.

— Qual o interesse em sua manifestação junto a nós?

— Disseram-me que deveria fazer isso, pois estou em processo de aprendizado.

— No que se constitui esse aprendizado?

— Logo voltarei a viver entre os vivos.

Edouard, apesar do primeiro impacto negativo, interessara-se sinceramente pelo resultado da experiência. Atento, concentrava-se no desenvolvimento do diálogo que, apesar de um pouco lento em função da escrita, era bastante claro e objetivo.

— Quer dizer que irá reencarnar?

— Não. Vou voltar a viver.

— Voltar a viver como?

— Como vocês, entre os vivos.

— Portanto, irá reencarnar.

— Não sei. Não é possível voltar à vida.

— Se não é possível voltar à vida, como vai viver mais uma vez entre nós?

— Não sei.

O espírito se contradizia. Natural para espíritos de pouco conhecimento e atraso moral.

— Essa questão nos parece confusa. Como pode voltar a viver sem reencarnar?

— Não acredito em reencarnação. Só me disseram que vou voltar a viver.

— Você se lembra de algo anterior a sua última existência? — John habilmente tentava tirar algumas conclusões, conduzindo o diálogo.

— Você me confunde. Eu só vivi uma vez.

— Você não tem notícias de outras pessoas que tenham reencarnado?

— Eu não acredito em reencarnação. Só vivemos uma vida e pronto.

— Se é assim, por que vai voltar a viver?

— Ah, essa conversa está ficando entediante.

— Desculpe-nos a insistência. Gostaríamos de aprender.

— Então, aprendam. Eu tive uma vida, morri e desde então continuo em aflição.

— Entretanto, mesmo sem a possibilidade de reencarnar, você aceita que é possível a comunicação com os mortos?

— Claro que sim, apesar de eu não me sentir morto. Preferia o nada ao sofrimento que venho passando nesses últimos anos.

— Nós agradecemos a sua participação. Ficamos felizes e vamos incluí-lo em nossas orações, para que seu sofrimento possa ser minimizado.

— Oh, sim. Façam isso e serei imensamente reconhecido a vocês.

— Que Deus o acompanhe! — disse John, despedindo-se do interlocutor desencarnado.

O lápis parara, a mão de Emma seguia inerte. Bastante entendido em experiências mediúnicas, John não exagerara no valor da comunicação. Já Edouard ouvira tudo e cada assertiva provocara-lhe novas reflexões.

A mão de Emma voltara a se movimentar, dessa vez com escrita mais regular e harmônica. O lápis deslizava sem os mesmos movimentos impulsivos de antes. John logo percebeu que se tratava de outro comunicante, provavelmente portando algumas explicações quanto à manifestação anterior.

Ele passa a acompanhar as palavras escritas no papel.

"Não devemos crer que os espíritos são infalíveis. Somos criaturas que avançamos conforme nosso próprio esforço. O abandono das vestes corporais não nos coloca na condição de seres de infinita sabedoria. O mesmo patrimônio cultural com que nos apresentávamos entre os vivos continua caracterizando-nos após a morte. Nosso amigo que vem se apresentar sofre com sua própria ignorância. Está passando por um processo de reeducação, que culminará em uma próxima experiência reencarnatória".

Lido isso, como responsável pelo andamento das atividades da reunião, John passou a interagir com o espírito comunicante:

— Portanto, podemos disso concluir que a reencarnação é uma realidade, e que o espírito que se comunicou anteriormente só a desconhecia?

— Sem sombra de dúvidas. A própria lógica argumenta em favor da experiência reencarnatória. Senão como explicar as mais variadas condições de nascimento, sem cair em questões que apontam uma fatalidade. A sabedoria divina colocou-nos como herdeiros de nós mesmos. Aquilo que fazemos sempre refletirá em nós mesmos.

— Por que, então, o espírito que se manifestou antes nega a existência da reencarnação?

— Somos livres para crer no que quisermos. Cada um tem suas crenças e sua forma de compreender a vida. Ele apenas desconhece outra realidade. Mas desconhecer não impede que essa realidade exista.

— Portanto, ele de fato teve apenas uma única vida?

— Não. Ele não conseguiria chegar à condição de espírito, sem que já tivesse reencarnado diversas vezes. Sua situação está relacionada ao seu grau de adiantamento evolutivo. Preso às aflições de seu próprio passado, não se encontra capacitado para ver nada além do próprio sofrimento. E sofre justamente em função desse comportamento, que chamam de egoísmo.

— Diversas vezes deparamo-nos com espíritos que dizem que a reencarnação não existe.

— A explicação disso está nas palavras que já lhe transmiti.

— Por que isso?

— É notório que, desde o princípio da Doutrina Espírita, o espiritualismo praticado nos países de língua inglesa tem levantado esse tipo de questões. É preciso que se faça essa diferenciação.

— Essa diferença não é prejudicial ao Espiritismo?

— De forma alguma. Como disse antes, o Espírito ao desencarnar não abandona suas convicções e crenças, nem se torna mais inteligente através de uma transformação mágica, como alguns gostam de crer. É preciso trabalho e esforço para se evoluir. As tradições e a cultura desses povos sempre favoreceram a crença de que a reencarnação não existiria. Portanto, trata-se aqui de uma influência cultural.

— E não prejudica o desenvolvimento das ideias espíritas em relação à crença na reencarnação?

— Não vemos desse modo. Quando uma ideia confronta nossas convicções, precisamos refletir com bom senso e raciocínio lógico. Essa é em si a proposta do Espiritismo. Aceitar aquilo que a lógica nos demonstra e adaptar-se ao desenvolvimento científico. Uma ideia oposta à nossa faz-nos, por consequência, fortalecer nossos argumentos, além de incitar-nos a um aprofundamento das observações, o que é valioso e está na base do Espiritismo. Para nós, que vemos a vida do outro lado, a reencarnação é uma obviedade, pois nos deparamos com ela o tempo todo. Como nesse momento em que alguns companheiros preparam esse espírito que recém se manifestou para uma nova reencarnação. Apenas que suas limitações não o fazem ter a exata noção do que acontece à sua volta. O mesmo se dá com os encarnados, não conseguimos ter a exata noção de tudo que acontece à nossa volta, pois temos a atenção sempre voltada a um ponto mais do que a outro.

— Entendo.

John silenciou refletindo no que deveria dizer a seguir.

— Você não nos visita com muita frequência.

— Minhas atividades estão relacionadas a outras questões mais urgentes.

— Se não for indiscreto de minha parte perguntar, que tipo de atividades desenvolve entre os espíritos?

A mão de Emma estacionou alguns segundos antes de continuar.

— As atividades entre os espíritos que desejam ser úteis e seguir progredindo são inumeráveis. Não falta trabalho. Particularmente me dedico a acompanhar a trajetória de alguém que se vincula a mim desde muito tempo. Estamos caminhando juntos e, sempre que possível, nós nos auxiliamos, ao menos é disso que tento incumbir-me nesse momento.

O TESTEMUNHO DOS SÁBIOS

— Portanto, podemos deduzir que se trata do espírito que vem de se manifestar — John disse isso, mas em seguida lembrou-se de Edouard. — Ou, então, trata-se de nosso amigo Edouard. Uma vez que é a primeira vez que ele frequenta essa atividade e que coincide com a sua presença.

Mariano sorrira. Sorriso que John não percebeu.

— Digamos que seu raciocínio é bastante perspicaz. Deve utilizar essa mesma sagacidade para estudar a Doutrina que abraça.

— É o que tentamos fazer — disse John sorrindo.

A reunião entrara em um clima de extrema descontração. A comunicação se tornara agradável. Era como se um amigo muito próximo estivesse ali de visita depois de muito tempo.

— Posso-lhe afirmar que existem laços afetivos que nos unem uns aos outros. Perfeitamente natural sob esse ponto de vista que venhamos a nos preocupar com a trajetória evolutiva daqueles a quem nos afeiçoamos. Precisamos uns dos outros para avançar. Meu compromisso moral é auxiliar nosso irmão nesse sentido.

Edouard estava espantado com o rumo que a reunião havia tomado. Portanto, havia alguém interessado nele. O jovem médico desejava participar, mas o olhar de John lhe desaconselhara nesse sentido.

— Eu lamento que não tenha a possibilidade nem condições de dar maiores informações no momento. A comunicação desta noite é por si só uma bênção. No entanto quero que saibam que a morte não ceifa a relação que temos com nosso passado e nem nos afasta de nossos afetos. Ninguém se encontra abandonado. Todos temos alguém ao nosso lado, em especial nos momentos de desespero. Espero poder retornar em outra ocasião. Tenham uma boa noite com a graça de Deus.

John encerrou as atividades com sentida prece. Emma pareceu acordar de pesado sono. Todos os participantes começavam a se movimentar após alguns minutos de completa inatividade.

— Todos estão bem? — indagou o tio de Emma.

A resposta geral informava que sim.

— Você está bem Emma? — questionou dirigindo-se à sobrinha.

— Sim, titio. O que obtivemos essa noite?

— Creio que tenha sido produtiva. Você lembra-se de alguma coisa?

— Eu me lembro de ter visto duas pessoas e algumas outras imagens sem nexo.

— E o que você viu?

— Um homem rude, pouco limpo, parecia ter saído de um presídio ou de uma ilha-prisão. Porém o outro eu não vi muito bem. Eu estava mais distante, mas ele me pareceu um padre, um religioso ou algo do gênero.

— Um padre? — indagou curioso Edouard.

— Sim, é sem dúvida normal — respondeu John.

— É engraçado imaginar um padre numa sessão espírita.

— Sob o ponto de vista da espiritualidade não há nenhum

problema. Os espíritos são enfáticos em afirmar que o apego excessivo a uma ou outra religião é também um sinal de atraso evolutivo.

— Como assim?

— A religião entre os espíritos consiste em amar e fazer o bem, as questões de casta ou delimitação de crença não entram ou não deveriam entrar em cogitação. Tivemos o exemplo de um espírito que dizia ter sido um padre católico italiano, que visitou nossa reunião faz algum tempo. Tive a mesma reação que você. Achei no mínimo estranho sua participação em uma reunião mediúnica de uma filosofia que a insti- tuição à qual ele pertencia ataca. Ele nos respondeu com a seguinte questão: não somos todos filhos de Deus e, portanto, irmãos?

— Faz sentido.

As pessoas começavam a se levantar, saindo das posições que haviam adotado para a atividade de intercâmbio com os espíritos. Gladys dirigira-se para a cozinha a fim de preparar o chá, que serviria a todos antes de partirem. Edouard aproveitou a oportunidade para conversar de modo mais reservado com seu amigo.

— O que aconteceu hoje? Imaginei que teríamos outro estilo de reunião.

— As coisas mudaram um pouco desde a última vez que você e Elisabeth haviam participado.

— Refiro-me às referências a minha pessoa — complementou pontualmente Edouard.

— Ninguém planejou isso. Foi espontâneo. Sem dúvida em função de seus questionamentos e de seus anseios. — Edouard era bastante fechado em relação a sua intimidade e não conseguia acreditar que os espíritos pudessem deter-se em questões de natureza tão íntima. — Ao avaliar, por sua fisionomia reflexiva, creio que nosso amigo espiritual tocou alguns pontos importantes.

O jovem médico sorria sem graça. Na realidade não era do seu feitio falar sobre questões pessoais.

— No meu modo de entender, você recebeu a visita de algum amigo, que se interessa por sua situação particular e que se manifestou para demonstrar que está ao seu lado dando apoio.

— Não estou acostumado a esse tipo de coisa.

— Sempre cético meu caro amigo?

— Não é uma questão de ceticismo, mas sempre que estou mais aberto a aceitar certas coisas surgem elementos novos que entram em choque com meus pensamentos ou me provocam profundas reflexões. O resultado é sempre o mesmo, eu acabo tendo que romper com alguns preconceitos e fico um pouco perdido em relação às minhas convicções.

— Isso é saudável, pois estamos vivendo justamente para amadurecermos. Desculpe a sinceridade, mas convicções muito fortes quase sempre estão associadas ao orgulho.

— Pode ter razão.

— Claro que é mais confortável viver com nossas antigas convicções, que vão ao encontro do que desejamos de modo bastante egoísta e particular, porém o desafio da vida é a necessidade constante de adaptação. Sem a mudança não existiria nenhuma possibilidade para crescimento pessoal. Quando estamos muito acomodados, a vida nos prega peças e parece colocar em funcionamento mecanismos que provoquem mudanças em nós. É assim que precisamos nos adaptar, mesmo em momentos difíceis, como no caso em que perdemos pessoas queridas.

Edouard a tudo escutava. Por traz dos pensamentos de John, Mariano sustentava-o com benéfica inspiração.

Após o chá, todos se despediram recolhendo-se a seus lares. O jovem médico mal conseguiu pregar os olhos, tinha muito que pensar. Suas convicções, como ele mesmo afirmara, estavam todas ruindo e precisava encontrar em que se agarrar para ter forças de seguir em frente. Sozinho não estava, pois com ele, Rupert e Mariano se revezavam em constante acompanhamento.

– 14 –

O Espiritismo, que sempre existira, mas que foi organizado durante o século XIX, enraizava-se no imaginário popular. Os ataques e a publicidade supersticiosa acabavam incrementando sua notoriedade. As correntes espiritualistas ganhavam força nesse mesmo panorama e seria fácil confundir Espiritismo com elas. As religiões tradicionais, numa atitude orgulhosa e repleta de preconceito, levantavam a voz para condenar, quase sempre marcadas por interesses escusos. Nesse quadro complexo, o Espiritismo se adaptava em cada região à cultura e à característica dos adeptos, mantendo sua essência.

Na Inglaterra, era o espiritualismo que assumia posição de destaque, pois possuía uma visão mais ampla dos fenômenos espirituais, porém, muitas vezes, permeada com excessivo misticismo. Por sua proposta ideológica, a Doutrina dos Espíritos inclinava-se à ciência e à filosofia, o que a fortalecia, permitindo que fosse um centro de convergência para entendimento coletivo de todos aqueles que aceitassem a sobrevivência do Espírito e sua comunicabilidade após a morte.

Todas essas luzes lançadas sobre os fenômenos espirituais deviam-se ao enfraquecimento das religiões vigentes na época, seja por causa da visão preconceituosa, seja devido à rigidez conceitual. As pessoas buscavam respostas, ideologias que lhes pudessem saciar as aspirações mais íntimas. Não foi difícil, nesse panorama europeu, que os fenômenos espirituais chamassem a atenção da comunidade científica.

Do último quarto do século XIX ao início do século XX, podemos afirmar sem medo de cair em equívoco que a espiritualidade lutou para se fazer visível e constatável. A filosofia e as primeiras evidências de sua existência já haviam sido estabelecidas com Allan Kardec e seus predecessores, entretanto, o momento era especial. Surgira a possibilidade de alavancar os conceitos revelados com o advento do Espiritismo no campo das ciências naturais.

Num esforço hercúleo, a espiritualidade se articulava para fazer-se reconhecer no campo científico, ultrapassando as barreiras do misticismo religioso, como era encarado pela sociedade acadêmica até então. Sábios de diferentes países se dispunham a analisar os fenômenos, elaborando metodologia específica para a questão em análise. Nomes consagrados, vencedores de Prêmio Nobel expunham sua reputação ao afirmar que o fenômeno era real e que deveria ser estudado com mais atenção.

William Crookes, Alfred Russel Wallace, Henry Sidgwick, William James, Frederic Myers, Oliver Lodge, Charles Richet, Camille Flammarion, só para ficar com alguns, testemunhavam a existência do fenômeno espiritual. Eram senhores da ciência, laureados com as mais altas condecorações, que foram silenciados pelo autoritarismo e preconceito acadêmico. Os interesses econômicos, quase sempre por detrás de questões filosóficas, científicas e religiosas, eram demasiadamente fortes para permitir que uma nova compreensão do mundo em que vivemos viesse a alterar o *status quo* vigente.

As experiências se repetiam, os testemunhos se multiplicavam, vários sábios deixavam de lado as convenções acadêmicas para expressar a opinião de que havia algo real por detrás do Espiritismo. Fenômenos de materialização, moldes em parafina, movimento de objetos, davam a conotação do período de afirmação pelo qual passava o Espiritismo.

Olhando para o passado podemos nos perguntar: onde tudo isso foi parar? Onde estão estes trabalhos científicos? Os mesmos homens que foram merecedores de medalhas e Prêmio Nobel os elaboraram. Quem seleciona aquilo que serve daquilo que não serve para a sociedade? Aos interesses de quem são feitas tais escolhas? Respostas que conhecemos, mas que não temos força nem interesse em contrariar.

A individualidade humana e as instituições criadas pela sociedade assimilam nossas características comportamentais. De modo geral, uma vez tendo adquirido determinado conhecimento, a humanidade encontra enormes dificuldades de reciclar, alterar ou transformar esse conhecimento. Aqueles que atingem um determinado ponto de supremacia intelectual, e em nossa sociedade essa questão está fortemente relacionada com poder econômico, têm receio de mudanças que possam alterar a posição de comando junto com o status já alcançado. Quase sempre o egoísmo, infiltrado no medo de mudar o modo de pensar, paralisa ou dificulta muito a adoção de novos ou diferentes conceitos, gerando preconceitos, perseguições e intransigências. E, se lançarmos um olhar crítico sobre a própria Doutrina Espírita, vamos perceber esse mesmo comportamento entre seus adeptos. Uma vez tendo exarado Allan Kardec, que a filosofia espírita deveria caminhar lado a lado com a ciência e o desenvolvimento intelectual, modernizando-se ininterruptamente, ainda encontramos aqueles que temem e se apegam ao rigorismo intelectual para afirmar questões ultrapassadas.

As renovações e alterações de ponto de vista são um fenômeno perfeitamente natural e que inevitavelmente faz parte do progresso de nossa sociedade. Realizadas com bom senso são sempre bem-vindas. Exagerar em interpretações rigorosas e permeadas de preconceito é manter-se muito distante do ideal espírita, assim como abraçar questões irracionais e pouco coerentes sem uma investigação criteriosa pautada pela ética. O Espiritismo está de maneira invariável entrelaçado ao progresso; caso contrário perde sua coerência, acabando por perpetuar os mesmos erros das religiões do passado.

Portanto, não podemos estranhar o fato de que um modo de pensar que divergisse da filosofia materialista — contrário ao consenso intelectual da época, afirmando a supremacia de algo além das células nervosas —, pudesse ser ampla e facilmente aceito no final do século XIX e início do século XX. Camille Flammarion afirmava: "Confirmando o que nós sabemos de outra forma: que a explicação puramente mecânica da natureza é insuficiente; e que existe nesse universo algo além disso. Não é a matéria que dirige o mundo: e sim um elemento dinâmico e psíquico".

Gustave Geley vai mais além ao afirmar: "As manifestações ideoplásticas demonstram que o ser vivo não pode mais ser considerado como um simples complexo celular. O ser vivo parece-nos um dínamo--psíquico, e sendo assim, o complexo celular que constitui seu corpo, não é mais que um produto ideoplástico desse mesmo dínamo-psíquico. Podemos concluir que os fenômenos de materialização presenciados são o mesmo milagre ideoplástico que forma, na dependência do corpo materno, as mãos, o rosto, as vísceras, os tecidos, da mesma forma que as materializações dependem do corpo do médium".

Refletindo sobre as anotações de Geley, podemos ir mais além, pois a forma materializada mantém-se ligada ao médium por um tênue filamento, que se assemelha ao cordão umbilical. "Sobre os joelhos da médium aparece uma substância branca, que rapidamente se transforma numa massa, arredondada, irregular, parecendo uma bola de neve ou um novelo de lã. Aos nossos olhos, essa massa se divide em duas partes ligadas por certa quantidade de substância. Na primeira parte, podemos distinguir um rosto feminino modelado com perfeição. Os olhos, em particular, apresentam uma expressão de vida surpreendente. Ao cabo de alguns instantes, o fenômeno se apaga, diminui pouco a pouco e desaparece por completo. Algumas vezes, presenciei o surgimento de uma mão, envolvida por uma membrana que recordava a membrana placentária. Era como se o fenômeno em si lembrasse-nos um parto difícil".

Talvez seja interessante darmos um panorama geral de uma sessão espírita típica do final do século XIX e início do século XX. É uma obviedade afirmar que excessos e excentricidades sempre existiram e continuam a existir nos dias atuais. Contudo, o grau de conscientização e conhecimento dos fenômenos de ordem espiritual deixava muito a desejar no contexto da população em geral na época a que nos referimos.

Esse misticismo, aliado à falta de compreensão, fazia das sessões espíritas, de modo geral, uma verdadeira sessão de esquisitices. A ausência de luz começava por dar um tom misterioso ao evento; sem contar que não raras vezes algumas exigências descabidas eram solicitadas como condição de participação, por exemplo, uso de vestimentas especiais. Sentado ao redor de uma mesa, o médium dava verdadeiro espetáculo, algumas vezes com a narração de um contagiante dirigente da reunião; adentrava-se num mundo de fantasia. Se no passado as mesas girantes eram a sensação do século XIX, a possibilidade da escrita mediúnica e da psicofonia estavam na moda. Era fácil forjar uma caligrafia ou imitar uma voz rouca. Se já era difícil para um cético crer nos fenômenos mediúnicos, imaginemos com o panorama encontrado no começo do século XX.

Dali alguns segundos ou minutos de expectativa, o médium passava a se movimentar, movimentar os braços como se fosse escrever, numa verdadeira ginástica. Se fosse se valer da fala, passava a fazer caretas, trejeitos, grunhidos. Não poucas vezes os médiuns caíam de suas cadeiras ou jogavam-se no chão, rolando e proferindo palavras desconexas. Nesse momento, era normal aqueles participantes sem convicção muito firme aproveitarem para ir embora. Havia médiuns que vomitavam, babavam, tremiam, sacudiam a mesa. Era na realidade um quadro desagradável de se observar. Tudo isso contribuía para que aquilo que fosse associado ao Espiritismo levasse uma aura de misticismo e charlatanismo.

Sob esse quadro geral, é admirável que notáveis cientistas da época tenham-se aventurado a estudar esses fenômenos publicamente. Decerto eles conheciam a opinião popular das sessões mediúnicas, portanto, fizeram-no sob risco de colocar em xeque suas carreiras. Ato de verdadeira coragem e compreensão do espírito científico. Se observarmos suas experiências criteriosas e repletas de mecanismos de controle, vamos perceber com facilidade que, o que faziam, era uma tentativa de evitar o charlatanismo. Não por acaso que os médiuns dessas experiências se repetiam constantemente. Uma vez desmascarado um impostor, o mesmo era descartado para observações.

Esses sábios viajavam pela Europa procurando um médium disposto a servir aos experimentos exigentes que gostariam de colocar em prática. Meses de experiências, às vezes anos, terminavam e já existia outro pesquisador em contato com o médium para realizar, por sua vez, suas próprias observações. Alguns sensitivos se sujeitavam às mais estranhas experiências, deixando-se prender em jaulas ou serem ensacados; tudo isso na esperança de descartar o embuste. Era uma resposta que os cientistas tentavam dar à comunidade científica, um esforço de rejeitar a farsa. Quase a unanimidade desses pesquisadores afirmava, após suas observações, que o fenômeno mediúnico era digno de ser objeto de experiências mais detalhadas. Estavam diante de fatos e estes mereciam a atenção da ciência.

Podemos dizer que essa segunda etapa do Espiritismo foi prejudicada pela intransigência acadêmica, pela imagem negativa deixada por embusteiros, pelos interesses científicos e econômicos de instituições e crenças. Seus registros, porém, são palpáveis, encontram-se pouco estudados e ainda hoje esses mesmos fatores dificultam uma análise mais séria, mas estão disponíveis para apreciação. Se numa primeira etapa de preparação e descoberta, o Espiritismo se mostrou engajado em desenvolver uma filosofia; numa segunda etapa, voltou-se sob o aspecto científico, seu reconhecimento e constatação. Se não soubermos aproveitar essas evidências, isso não diminui o seu valor, pois os registros de tais observações existem ainda hoje e esperam que outros destemidos pesquisadores sobre eles se debrucem seriamente.

– 15 –

O tempo, capaz de aliviar sofrimento e amenizar dores, havia passado e com ele levado a intensidade dos sentimentos que afligiam Edouard. Entretanto, as marcas deixadas pela perda de Rupert e Elisabeth continuavam vivas. Ele nunca fora de sorrir muito, porém, desde o ocorrido sorria menos ainda. As meninas, ainda muito pequenas para compreender o que se passava, viviam a vida com naturalidade, assim como Gladys, concentrada em suprir a ausência de Elisabeth.

Por mais que ele quisesse fazer da morte da esposa uma página do passado, não conseguia. A relação afetiva baseada em sentimentos elevados e sinceros faltava-lhe, provocando um desconforto interior que não conseguia explicar. Apesar de se dedicar com mais frequência à participação de sessões espíritas, a única coisa que soubera sobre o paradeiro de sua esposa era que estava bem, o que para ele não era suficiente. Mas sua relação com a espiritualidade estava marcada para sofrer uma grande alteração.

No verão de 1913, Londres se via envolta em dias de calor pouco comuns. As pessoas aproveitam os finais de tarde para passear nos parques e refrescar-se às margens do Tamisa. Alene e Sarah passeavam com Gladys, enquanto Edouard trabalhava.

— Eu vi a mamãe — disse Alene com seus três anos e cheia de convicção.

Gladys ficou surpresa, mas não deu importância ao comentário.

— Ela estava muito bonita, com um vestido branco num lugar cheio de flores — continuou a pequenina, que lembrava muito sua falecida mãe.

Gladys creditou mais uma vez a tagarelice infantil; Alene perdera a mãe ainda muito pequena, não deveria lembrar-se de nada.

— Ela falou para me comportar bem.

Como a conversa continuava, Gladys passou a participar em tom de brincadeira.

— E sua mamãezinha estava bem?

— Muito bonita.

— E o que mais ela lhe disse?

— Que eu amasse muito meu paizinho para que ele não ficasse mais triste.

A governanta se surpreendera com a resposta da menina. Gladys conhecia a possibilidade de os espíritos se comunicarem com os vivos. Abraçara as mesmas convicções de sua patroa, quando esta ainda vivia.

RAFAEL DE FIGUEIREDO DITADO POR FREI FELIPE

— Ela falou mais alguma coisa? — indagou ainda mais curiosa.

— Ela me abraçou muito forte e disse-me que precisava partir, mas que iria voltar para nos visitar quando estivéssemos dormindo.

— E como você sabe que era sua mãe e não outra pessoa?

— Eu sei que era a mamãe — respondeu num tom todo infantil, como a dizer que essa pergunta era tola.

— Sim, mas você quase nem conheceu sua mãe.

— Todo mundo diz que ela é muito parecida comigo, além disso, eu já vi as fotos.

— Mas você tem certeza que não se enganou?

— Ela me disse que se não acreditassem, eu deveria falar do outro doutor que está lá com ela. Aquele amigo do papai.

Gladys empalideceu, para ela, apesar de simples, as colocações infantis eram suficientes para demonstrar que a pequena Alene realmente havia visto sua mãe.

O restante do passeio Gladys passou refletindo sobre o fato. O que deveria fazer? Contava ao patrão ou manter-se-ia em silêncio? Como ele reagiria? Apesar de parecer mais acessível ao espiritualismo, não gostava de se ver confrontado. Suas convicções eram só suas e o que pensava realmente sobre o tema permanecia com ele, em constante processo de elaboração.

Edouard voltou mais cedo para casa naquele dia. Cedo o suficiente para jantar com as meninas, divertindo-se com elas. Sarah, ainda muito pequena, não interagia muito com os outros. Já Alene, esperta e ativa com seus cabelos louros, a todos encantava pela desenvoltura com que se pronunciava. Era muito comunicativa para uma menina de apenas três anos.

Pai e filha brincavam, quando a menina de cabelos cor de ouro tocou no assunto que Gladys preferira omitir.

— Você deve comer direitinho, papai.

— Eu estou comendo direitinho — brincavam de fazer comida.

— A mamãe me pediu para cuidar bem do senhor — falou Alene com extrema ingenuidade, típica da infância. Se tivesse observado seu pai, teria visto em seus olhos a reação que essa colocação lhe provocou.

— Como assim? Sua mãe quer que você cuide de mim? — indagou sondando Gladys com os olhos, como se perguntasse em silêncio: do que se trata?

— Sim, a mamãe falou comigo ontem e disse que eu deveria cuidar bem de você, para que você não ficasse mais triste.

Edouard chegou a se emocionar, no entanto conteve esse primeiro ímpeto.

— Ela me contou sobre esse sonho também — afirmou Gladys cortando o diálogo.

— Ela sonhou com Elisabeth? — ele indagou a sua governanta.

— Sim — respondeu a dedicada empregada.

RAFAEL DE FIGUEIREDO DITADO POR FREI FELIPE

— Como, se ela sequer conheceu sua mãe o suficiente para se lembrar de seu rosto? — as palavras saíram de sua boca, enquanto o médico indagava a si mesmo.

— Aquele outro doutor, que vinha nos visitar, continua nos visitando. Ele também quer que você fique bem papai — disse Alene já influenciada por acompanhantes espirituais.

Edouard empalideceu. Rupert falecera antes mesmo que Alene nascesse. Como ela podia fazer referência a ele? As dúvidas se assomaram em sua mente e, por instantes, ele se esqueceu de tudo, onde estava e com quem falava. Voltando a si, passou a duras reflexões. Será que sua filha possuía também sensibilidade mediúnica? Será que ela havia mesmo tido contato com Elisabeth e Rupert? Porém era apenas uma criança, como dar crédito absoluto às suas palavras, repletas de ingenuidade infantil? Teria o direito de ir mais além nos questionamentos, onde estaria a tênue linha de demarcação entre a realidade e a imaginação? Tratava-se de uma criança de três anos, sua filha.

Assim como começara a conversa, Alene a encerrou, mudando de assunto de repente, e o pai permaneceu mergulhado intimamente em muitas cogitações. Gostaria de crer, saber que ambos, Elisabeth e Rupert não só estavam vivos, mas também os visitavam e se preocupavam com ele e as crianças. Era um alento, contudo, não o convencera de todo. Entretanto, ela mencionara Rupert, que sequer conhecera. Como explicar isso?

Sentir, ouvir ou ver os espíritos, ter ao seu redor manifestações de natureza espiritual não é particularidade inerente àquelas pessoas que se dizem adeptas do Espiritismo ou de outras doutrinas espiritualistas.

Partamos do princípio que todos nós somos espíritos, esse pensamento é uma base de raciocínio praticamente unânime em todas as formas de crença espalhadas pelo mundo. Se todos somos espíritos e controlamos um corpo, o nosso corpo, formado por nós durante a gestação, isso demonstra que podemos influenciar corpos biológicos na condição de espíritos. Portanto, se nós fazemos isso outros também o podem. A essa sensibilidade deu-se o nome de mediunidade, ou seja, a capacidade de sentir e interagir com os espíritos em maior ou menor grau. Aquelas pessoas que possuem maior sensibilidade nesse intercâmbio de sensações são denominadas médiuns, desde que sirvam de intermediários na comunicação entre "vivos" e "mortos". Caso contrário, elas são apenas dotadas de uma sensibilidade mediúnica latente, mas que não é colocada em prática.

Essa sensibilidade é uma condição biológica, e, por ser condição biológica, vamos encontrar relatos e evidências de tais fenômenos em outras pessoas de nossa família, pois a hereditariedade atua nesse processo. Sendo biológica, a sensibilidade mediúnica, não faz opções por raça, credo, condição social e intelectual, ela simplesmente acontece. Tais sinais e evidências podem surgir desde a mais tenra idade ou na velhice, em muitos casos despertando após choques emocionais muito fortes ou a partir de mudanças de estilo de vida.

A sensibilidade mediúnica em si, estando ligada a uma condição biológica, tem seu aprimoramento muito mais relacionado a uma transformação íntima do que a um desenvolvimento cerebral. Não devemos, portanto, crer que desenvolvemos a sensibilidade mediúnica em si mesma, todavia o indivíduo se aprimora, passando a perceber melhor aquilo que recebe como sensações e influências. Como a letra mata e o espírito vivifica, espero que a leitura sempre seja tomada em sua essência e não em sua forma de redação.

RAFAEL DE FIGUEIREDO DITADO POR FREI FELIPE

Edouard permaneceu intrigado com o que acontecera. Era tarde e deveria dormir, pois a situação no hospital estava muito complicada. Havia sobrecarga de trabalho e falta de médicos e enfermeiros. Só tarde da noite conseguiu pegar no sono. Os comentários de Alene, por mais ingênuos que fossem, haviam gerado imensa expectativa em seu pai.

O dia raiou e, como de costume, o doutor Smith tomou seu rápido café da manhã e atrasado saiu para o trabalho. Mesmo lá, não conseguia deixar de pensar naquilo que a filha mais velha havia-lhe dito. Será mesmo que ela tinha visto e falado com Elisabeth? Mas por que ela e não eu? Eu teria compreendido melhor suas palavras. Atormentava-se com tais cogitações.

O dia transcorreu sem eventos de grande importância, e a noite Edouard retornava para casa. Durante todo o dia, ele procurara explicações para o que ocorrera. Dentro dele digladiavam-se dois mundos: de um lado o ponto de vista positivista que exigia algo palpável para acreditar e do outro, a esperança e a vontade de crer que a esposa pudesse se comunicar com aqueles que continuavam a vida sem ela.

Como chegara tarde, encontrou a casa no mais completo silêncio. Gladys, como de hábito, havia deixado a mesa posta com o jantar sobre o fogão. Edouard lia com atenção as informações do jornal daquela manhã, que davam conta da situação complicada que vivia a Europa, dividida por Impérios que pareciam dispostos a medir suas forças no campo de batalha.

Continuava sem sono após o repasto. Ainda intrigado com tudo que ouvira e sobre o que refletira, decidiu-se por ler um pouco em sua poltrona favorita. Acendeu a pequena luminária e relaxando passou a ler um dos livros que John havia-lhe emprestado. Durante a leitura, os dilemas que habitavam constantemente os pensamentos de Edouard, agigantaram-se. Ele repassou sua trajetória, suas observações e suas dúvidas no concernente ao Espiritismo. Apesar de ter observado diversos fenômenos mediúnicos, muitos que sua lógica não conseguia explicar, ainda se mesclavam nele a dúvida e o receio. A luta íntima, que se instalara desde o primeiro contato com o Espiritismo, ganhava força e os fatos observados enfrentavam em pé de igualdade os argumentos do positivismo. Contudo Edouard não se sentia à vontade para admitir a realidade desses fenômenos. Era como se estivesse traindo suas mais profundas convicções.

Mergulhado em reflexões, deixou o livro sobre o colo e fugiu da realidade. Passou a viver em seus pensamentos. Sem se dar conta, no primeiro momento, sentiu um grande incomodo no braço esquerdo, como se duas mãos o segurassem. Tentou erguer o braço, pois imaginou tratar-se de algum problema de circulação, mas não conseguiu movê-lo. Quanto mais esforço fazia para movimentar o braço menos resultado obtinha. Observava impressionado que sua mão apertava o braço da poltrona. Aos poucos, leve tremor passou a se manifestar e movimentos involuntários começaram a ser executados, sem que sua vontade nisso tomasse parte.

Atônito, sem saber o que fazer, Edouard sentiu certo receio. O que acontecia? Lembrou-se que já sentira impressões estranhas em sua primeira participação em uma sessão mediúnica. Estaria sendo vítima de um fenômeno mediúnico? Sentia-se chumbado à poltrona, todo seu corpo parecia dormir, entretanto, seus pensamentos se manifestavam em todo seu vigor. Sua lucidez parecia aclarada. De súbito, ouviu pancadas surdas, que estalavam e produziam ruídos em todos os lados da sala. Parecia que alguém oculto batia nos móveis e paredes.

Ele estava bastante impressionado, parecia que os Espíritos estavam decididos a convencer o jovem médico de uma vez por todas. Após as batidas, passou a lutar contra a sensação que o dominava. Desejava que isso parasse. Sentia-se constrangido e com medo. As batidas se fizeram ouvir mais uma vez, dessa vez na parede atrás de sua poltrona. Lembrando-se de algumas leituras, decidiu interagir.

— Quem está aí? São os espíritos? — disse conseguindo mover os lábios.

Três batidas foram produzidas.

— O que desejam de mim?

Não obteve resposta.

— Desejam-me fazer mal? Devo temê-los?

Apenas uma batida se fez ouvir.

— O que desejam de mim? O que devo fazer?

Não obteve respostas. Os espíritos não conseguiriam fornecer respostas complexas apenas com a produção de estalos e batidas nas paredes. Ele compreendeu isso e questionou:

— Existe outra forma de conversarmos?

As três batidas se repetiram.

No mesmo instante, um tremor percorreu o corpo de Edouard, este sentia que seu corpo estava diferente. A alteração de percepção produzida pelo fenômeno mediúnico fazia-o crer-se inchado, como se começasse a flutuar. Os movimentos da mão se acentuaram. Tomado por uma força estranha ergueu-se, caminhou alguns passos e sentou-se junto à mesa, onde papéis e lápis haviam sido deixados por Alene que desenhava.

Um sábio inglês, que passara por experiência semelhante à que Edouard passava nesse momento, escrevera certa vez:

"Devo confessar que aquela ação, inteiramente particular e exercida sobre o meu organismo, me inquietava um pouco. Até então eu acreditava que os fenômenos chamados espíritas eram efeito de uma força qualquer que emanava do corpo material ou do espírito dos assistentes, e que exercia uma ação física sobre o médium; mas não podia deixar de reconhecer que, para as impressões que eu acabava de experimentar em minha própria pessoa, meu espírito não tinha exercido ação alguma, e, como não havia nenhuma outra pessoa no quarto, naturalmente eu não podia atribuir as manifestações à influência moral de uma terceira pessoa. Convencido como eu estava, de ter combatido essas influências e de ter-me armado com toda minha vontade contra as sensações que experimentava no braço, não podia atribuí-las a qualquer outra causa a não ser a intervenção de uma força inteligente provindo de uma fonte invisível cujo objetivo era submeter-me à sua interferência e que tinha conseguido isso perfeitamente".

Essas considerações poderiam muito bem servir ao nosso personagem. Sem controle de seus movimentos, Edouard assistiu seu braço executar exercícios por longos dez minutos. Movimentos bruscos, que culminaram no instante em que, de posse de um lápis, passou a rabiscar sobre o papel. Nada fora produzido, no entanto, tudo aquilo impressionou muito o Sr. Smith. O movimento cessara, e, aos poucos, a sensação de torpor se dissipava. Voltou a si como que acordando de pesado sono; o braço doía como se houvesse praticado longos e pesados exercícios. Um pouco assustado, Edouard refletiu muito tentando se acalmar antes de ir dormir. Havia decidido que, no dia imediato, procuraria John para pedir sua opinião sobre o ocorrido.

Como era de se esperar, o jovem médico não conseguia dormir. Ainda extremamente cético com tudo que dissesse respeito ao Espiritismo, acreditava que fosse preciso um espírito frágil, disposto e imaginativo para se ver alvo de comunicações com o além. Jamais imaginara que alguém dotado de forte espírito crítico pudesse ser manipulado de tal forma. De modo absoluto, todas as suas convicções, já abaladas pelo convívio com fenômenos mediúnicos, ruíam de uma só vez. Não estava diante de um médium que não conhecia as origens. Que poderia ter intenções duvidosas ou mesmo ser um hábil prestidigitador. Não. Diferente de tudo isso, o próprio Edouard fora o intermediário. Aquele pelo qual um espírito se utilizara para se comunicar. Seu espírito crítico não era frágil, ao contrário, o mesmo martirizava-o diuturnamente.

Então o que ocorrera? Fora alvo de sua própria imaginação? Estava invariavelmente fragilizado em função dos últimos meses? Estava enlouquecendo? Onde encontrar a resposta para todas essas reflexões? O que fazer? Pois, se tal fato ocorrera uma primeira vez, nada o impediria de se repetir. Um temor ingênuo ganhou força e ele assustou-se com a situação em que se encontrava.

Já era dia quando o desconfiado médico conseguiu pregar os olhos. Gladys tomara cuidado de não importunar o patrão. Sabia que o mesmo estivera acordado até tarde na última noite. Edouard, mesmo em seus sonhos, via-se cercado pelas emoções e sensações da noite precedente. Pairava nele uma atmosfera de dúvidas crescente. Talvez John pudesse auxiliá-lo, talvez os livros de Allan Kardec o ajudassem ou, como dizia sua intuição, esta viagem era uma viagem que necessitaria fazer sozinho, uma viagem de autodescoberta.

Acordou próximo ao meio-dia, tomou rápido uma refeição, brincou com as crianças e saiu em busca de John. Sua inquietação chamou a atenção da governanta, que preferiu permanecer em silêncio, apesar de ter percebido o estado de seu patrão. Diferentemente do seu comportamento habitual, Edouard saiu sem tocar no jornal e sem sentar-se em sua poltrona de estimação.

Foi um alívio encontrar John em casa; Edouard sabia que logo o amigo marinheiro estaria embarcando para passar um ou mais meses em viagem. Clara abriu a porta e assustara-se com o estado nervoso do médico. Este sempre elegante, aprumado e de expressão séria estava diferente. Não tivera o mesmo esmero ao se vestir e o ar de preocupação deixou a senhora Robertson inquieta.

— O que acontecera Edouard?

— Preciso falar com seu marido. É de extrema importância.

— Claro, vou chamá-lo. Espero que não seja nada grave.

Percebendo que seu estado deveria ter assustado Clara, tratou de tranquilizá-la:

— Acalme-se, é importante, entretanto, não se trata de uma desgraça.

— Melhor assim. Entre e sente-se enquanto busco meu marido.

Pela primeira vez após o ocorrido, Edouard conseguira relaxar. A atmosfera ambiente era agradável, impregnada por influências positivas que tranquilizavam e facilitavam o raciocínio. John não demorou a chegar. Bastante desconfiado e já influenciado pelas observações da esposa, olhava atentamente para seu amigo.

— Boa-tarde. Ao que se deve esta agradável visita?

— Podemos conversar a sós?

— Claro — disse John convidando Edouard a passar para outra sala. Os poucos passos dados até o outro cômodo foram suficientes para encher a cabeça do anfitrião de inúmeras cogitações. Algo grave estava acontecendo para que o amigo solicitasse conversa com tamanha discrição.

— Sente-se, aqui poderemos conversar à vontade.

Edouard sentou-se e olhou John. Não sabia como começar. Naquele momento sentiu-se um tolo. O que estava fazendo ali? E se tudo não houvesse passado de um sonho? Poderia muito bem estar dormindo sem ter percebido. Pressentindo a hesitação do amigo e bastante inspirado pela presença espiritual ao seu lado, John quebrou o silêncio.

— A julgar por seu estado, diria que viu uma assombração — comentou em tom de brincadeira.

A lividez no rosto do jovem médico impressionou o marinheiro. Será que acertara em cheio? Edouard vira sua adorada Elisabeth? Rupert? Sabia que o amigo era dotado de sensibilidade mediúnica, porém, não esperava que algo ocorresse enquanto o mesmo seguisse negando tudo.

Um sorriso sem jeito foi a resposta de Edouard.

— Conte-me. Não tenha receio, além de seu amigo, estou habituado a esse tipo de coisa.

Edouard ainda hesitava.

— Não posso considerá-lo um louco, pois estaria condenando a mim mesmo. Portanto, você está livre de tal julgamento. Vejo que algo de extrema seriedade aconteceu para fazê-lo vir até aqui nesse estado de excitação, colocando de lado até mesmo suas convicções. Sabe do afeto que tenho por sua família, portanto, fale sem receio.

O TESTEMUNHO DOS SÁBIOS

As palavras de John conseguiram acalmar o médico. Refletindo quanto ao que ouvira da boca do amigo, resolveu correr o risco de se expor.

— Algo aconteceu na noite passada.

John aguardava ansioso que ele continuasse.

— Eu estava inquieto por causa dos comentários de Alene, que diz ter visto a mãe dela em seus sonhos. Atribuí o fato à imaginação infantil.

— Alene não chegou a conviver por muito tempo com Elisabeth — comentou John.

— Foi exatamente isso que pensei. Porém, ela citava em seus relatos elementos que me lançaram em profundas reflexões.

— Quais elementos ela citou?

— Ela descrevia a mãe, citava expressões que Elisabeth utilizava e, o mais difícil de compreender, ela citava Rupert, a quem sequer conhecera.

John permanecia em silêncio, mas sua expressão mostrava a satisfação íntima que sentia.

— Cheguei a casa à noite e, não conseguindo deixar de pensar nesses fatos, busquei um livro e tentei encontrar algumas respostas através da leitura. Era tarde da noite e, bastante relaxado, não percebi com exatidão o que aconteceu. Tenho certeza de que não peguei no sono, todavia seria mais fácil de explicar essa situação caso eu tivesse sonhado — um suspiro entrecortou a narrativa, mostrando o dilema existencial que torturava Edouard. — Não sei quanto tempo passou, mas comecei a sentir um estranho formigamento nas mãos, logo após meu corpo pareceu dormir, sentia os membros pesados, por mais que tentasse fugir àquela letargia. Estalos e barulhos surdos pareciam partir das paredes e dos móveis, como se fossem produzidos no interior da madeira e das paredes. Lembrando das sessões que já tive a oportunidade de assistir, assim como de algumas leituras, tentei interagir com os barulhos. Qual não foi minha surpresa quando os sons se organizaram para me responder. Não consegui respostas muito convincentes. Eu continuava lutando para não me deixar envolver por aquela sensação estranha que me assaltou. Ergui-me, mas de imediato senti imensa vontade de escrever. Essa vontade que me dirigia me colocou-me à mesa, diante do material que Alene usara para desenhar, e minha mão, sem que eu a pudesse controlar, ensaiou escrever alguma coisa ilegível.

John estava espantado com a intensidade da experiência mediúnica que Edouard havia passado e compreendia o estado de excitação do amigo após o relato desse quadro. Sentir medo, angústia e insegurança perante o desconhecido é uma condição normal da natureza humana. John não era um médium ostensivo, na verdade, pelo conteúdo moral de suas reflexões, recebia constantemente a inspiração de amigos desencarnados, entretanto, não os sentia de modo direto. Tentou imaginar como reagiria se de súbito se visse na mesma situação. Decerto sentiria medo, sua reação natural seria lutar contra essas sensações que não conseguiria bem compreender. Só com o exercício constante e disciplinado, o candidato a médium consegue melhorar seu rendimento enquanto instrumento de comunicação dos espíritos.

Edouard observava o amigo que, mergulhado em cogitações íntimas, parecia alheio à realidade. Voltando a si, John procurou serenar o médico.

— Sua experiência não deve assustá-lo.

— Como não? Uma força estranha assumiu o controle de meu corpo sem que eu conseguisse me opor.

O TESTEMUNHO DOS SÁBIOS

— Não imaginava que você fosse tão sensível à influência dos espíritos.

— Isso me torna refém da vontade deles?

— Não. Jamais somos reféns. As relações que travamos com o mundo dos espíritos dependem das companhias espirituais que atraímos para perto de nós. Espíritos de moral elevada vão respeitar sua intimidade e adaptar-se a sua vontade. Entretanto, se, através de seus hábitos e pensamentos, atrair para perto de si companhias desencarnadas de moral duvidosa estará sujeito a situações constrangedoras.

— Então, acredita que fui vítima de espíritos de moral duvidosa?

— Não exatamente, pois devido ao seu excessivo ceticismo creio que se utilizaram desses espíritos para produzir manifestações de efeito físico, ou seja, de caráter ostensivo, para lhe chamar a atenção e alcançar o objetivo desejado — John falava inspirado sob a orientação de Mariano.

— E se o mesmo fenômeno voltar a acontecer?

— Há uma tendência muito forte que volte a se produzir.

— Eu vou passar pela mesma experiência? — indagou o Sr. Smith bastante impressionado.

— Ficou claro que, mesmo que você não acredite, tem em latência bastante sensibilidade mediúnica. Sendo assim, mesmo que fortui-tamente, ver-se-á cercado por fenômenos espirituais.

— Mesmo que eu não concorde com isso?

— Essa sensibilidade é uma condição orgânica. Não depende da sua vontade. O que sua vontade pode fazer é selecionar os frequentadores de seu ambiente familiar, como lhe afirmei antes. Se você, através dos estudos, da conduta e dos pensamentos atrair para junto de si espíritos sérios, responsáveis e bem intencionados, eles se farão discretos e respeitarão sua vontade. Talvez nem os perceba. Porém, se apenas se disser contrário e nada fizer do ponto de vista íntimo, os fenômenos acontecerão segundo a vontade daqueles que os controlam.

— Talvez eu nunca devesse ter-me envolvido com isso — comentou Edouard em desabafo abanando a cabeça em sinal de desagrado.

— Na verdade, a situação é exatamente oposta a essa que lhe acorre à mente. Não é pelo fato de você ter tido contato com o Espiritismo que você está se vendo alvo de fenômenos mediúnicos.

— Não? Então... — exclamou sem terminar a frase.

— Se é uma condição biológica, ela tende a se manifestar, quer você queira ou não. Não depende de sua opinião ou vontade nesse sentido. O fato de ter tomado conhecimento da Doutrina dos Espíritos, ao contrário do que imagina, vem-lhe em socorro, pois lhe oferece os instrumentos para conhecer e lidar com os fenômenos sem se tornar um mero fantoche.

O argumento de John fazia sentido e preferiu não interromper seu raciocínio.

— Com certeza as intensas emoções de que você foi alvo nesses últimos anos devem ter despertado essa sua sensibilidade. Já ouvi relatos no mesmo sentido. Assim como há pessoas que podemos chamar de sensitivas, desde o nascimento, há aquelas que despertam tal faculdade quando das transformações hormonais, ou ainda em grandes abalos emocionais, quando as prioridades mudam e a forma de encarar a vida se transforma.

O TESTEMUNHO DOS SÁBIOS

— Então acredita que a perda de Elisabeth pode ter acelerado o processo?

— Não enxergue nisso uma consequência ruim. Imagine ser dotado de uma faculdade que lhe daria a oportunidade de continuar em contato com o ente querido que partisse, sem que isso significasse uma verdadeira separação. Poderíamos considerar isso uma punição? Na realidade a morte seria um evento brando e tranquilo em nossas vidas.

— E o que eu devo fazer?

— Isso depende de você. Como um amigo, aconselho que assuma a responsabilidade de se vigiar mais, disciplinar sua intimidade e tomar conhecimento da situação que acontece com você. Temos bons livros, boas orientações. Não deve preocupar-se quanto ao ocorrido.

— Acha que eu devo fazer alguns ensaios para ver o que acontece?

— Se sua intenção for motivada pela seriedade, por que não? Entretanto, desaconselho se for mera curiosidade.

John sorriu e brincou com o amigo:

— Para um cético, até que você acredita bastante no fenômeno.

Edouard ruborizou. Percebia agora que era refém de uma imagem intransigente que havia criado de si mesmo. Seu ceticismo o sufocara e sua curiosidade pelo fenômeno mediúnico exigiria humildade para rever conceitos. Ao menos para poder afirmar que os fenômenos do Espiritismo mereciam a atenção de estudos mais detalhados e não dignos da leviandade que supunha antes.

— Como devo proceder? — indagou humildemente ao amigo.

— Pois bem, vejamos. Segundo o que me narrou, a iniciativa dos espíritos de se comunicar manteve-se focada nos fenômenos de efeito físico, através das batidas, no entanto, migrou para a escrita mediúnica, através de uma interação que era independente de sua vontade. Acho que já temos uma boa ideia de onde encontraremos menos dificuldades para o exercício. Creio que devemos tentar a psicografia.

— E o que eu faço? — indagou ansioso. Ele estava em verdade motivado por seu espírito científico. O fato de ter sido ele mesmo alvo do fenômeno, que independia de sua vontade, colocou em ruína suas primeiras convicções. Sentia-se pressionado a desvendar o que havia por detrás daquele mistério. Seria possível que os espíritos se manifestassem?

— Você tem algum dia, ou melhor, noite disponível? A noite é mais calma; os barulhos cessam e conseguimos nos concentrar melhor. Podemos combinar de fazer isso juntos, se você quiser.

— Claro que sim. O que sugere?

— Vamos nos reunir, nos moldes das sessões que já observou. Mas seremos apenas eu e você. Portando lápis e papel, vamos nos sentar e convidar alguns amigos espirituais para a experiência.

Tudo combinado, Edouard voltou para casa, de onde deveria sair para o trabalho. Devido à ansiedade do jovem médico, a reunião fora combinada para dali dois dias.

Ansioso, Edouard olhava o relógio o tempo todo, aguardando a chegada de John. A reunião estava programada para as vinte horas. As crianças já haviam sido colocadas na cama e Gladys, apesar de curiosa, também se recolhera para não perturbar o patrão. Ele tentava matar o tempo lendo um livro, não conseguia, contudo, concentrar-se, o que em regra prejudicaria a interação com os espíritos.

John chegara e sem perda de tempo se sentaram na sala onde fariam seu ensaio. Percebendo a ansiedade do amigo, o marinheiro com habilidade preferiu introduzir um momento de reflexão antes de passar ao intercâmbio mediúnico.

— É oportuno que façamos alguma leitura ou venhamos a debater algum assunto interessante antes de começarmos a nossa atividade.

— Isso é mesmo necessário? — indagou o médico um pouco decepcionado.

— É necessário sim. Vou-lhe explicar as razões. Em primeiro lugar, uma leitura sadia nos predispõe a concentração, fixa-nos a atenção em algo produtivo, facilitando o processo posterior. Na realidade, durante estes momentos de reflexões, os espíritos que pretendem se comunicar costumam estar presentes e já começam a nos preparar para o intercâmbio com eles. Outro aspecto sempre oportuno é a questão de que estamos nos instruindo. Sem contar que diminuímos o nível de ansiedade e os empecilhos que os espíritos encontraram na tentativa de se comunicar conosco.

— Eu gostaria de saber o que vai acontecer comigo, o que devo fazer?

— Isso eu também quero saber, mas só vamos ter alguma resposta através de nossa tentativa. Pode ser que nada aconteça. Pode ser que leve várias reuniões para que o mesmo fenômeno de antes se repita.

— Eu sei que você vai dizer que não depende de nossa vontade.

John sorriu.

— Eu preciso fazer algo? Pensar em alguma coisa em especial? Concentrar-me?

— O que você fazia quando aconteceu o fenômeno da outra vez?

— Nada de especial. Eu estava lendo e pensando na possibilidade de minha falecida esposa ter-se comunicado através de Alene.

— Nossa preparação já está em curso. Nosso diálogo diminui o nível de ansiedade e auxilia os espíritos no trabalho de encontrarmos sintonia para o intercâmbio. Além disso, estamos ao mesmo tempo selecionando o público espiritual que participará da atividade. No momento em que os espíritos percebem que nossa reunião prima pela seriedade, os amigos que nos acompanham dotados de intenção seme-lhante fazem-se presentes.

— Essa parte eu entendi.

— Quanto ao seu papel no fenômeno, quanto menor melhor. Entretanto, não existe fenômeno mediúnico sem a participação do médium, mesmo que mínima. Eu já tentei esse tipo de experiência, mas, ao contrário do que ocorre com minha sobrinha, não tenho as habili-dades necessárias para o intercâmbio mais direto. Identifico-me melhor com a instrução, por isso leio bastante e procuro auxiliar o médium e os espíritos através do diálogo. Todavia, tenho lido que o melhor a fazer é relaxar e procurar não pensar em nada. Na medida em que você deve ser um instrumento para os espíritos, quanto menos participar melhor. Eu sei que é impossível, mas se puder se isentar de pensar nesse momento, a possibilidade de conseguir fidelidade na comunicação é maior.

— Tudo isso é muito estranho. É difícil conceber que alguém possa assumir tamanho controle sobre meu corpo, ao ponto de falar ou escrever através de mim, sem que para isso eu deva tomar parte.

— Em função do seu relato, você deve ficar inconsciente e tomar conhecimento do que escreveram usando suas mãos apenas ao final da atividade ou, então, vai perceber que sua mão vai escrever sozinha e você será mero espectador.

— E se não for assim?

— Só vamos descobrir tentando.

— Espero não ver nada desagradável.

— Não me diga que todo seu ceticismo não passava de medo de fantasma — John comentou brincando.

Edouard ruborizou.

— Creio que não, contudo não sei bem como me comportar.

— Pronto para experimentar e ver o que conseguimos?

— Sim, vamos em frente.

— Vou ficar ao seu lado, caso precise de ajuda com as folhas para escrever. Não se preocupe, procure relaxar. Estaremos amparados por amigos que compreendem muito melhor do que nós a dinâmica desse tipo de intercâmbio, sejamos humildes, pois aqui nada mais somos do que aprendizes.

John habilmente conduzia o amigo.

— Feche seus olhos, relaxe e não se inquiete com sensações ou barulhos. Após a oração de abertura da reunião, vou fazer silêncio para não perturbar o ambiente.

John proferiu singela prece e o silêncio reinou no ambiente.

Edouard sentiu bastante dificuldade para silenciar seus pensamentos. Imaginava mil coisas diferentes, despertava com qualquer ruído. Achou tudo aquilo má ideia, pois estava claro que não obteria nada naquele estado íntimo. Não via a hora que a reunião terminasse, nem dez minutos haviam passado e seu desejo era concluir a atividade.

Mais algum tempo se passou, sem que conseguisse precisar e John o chamou. Pediu que despertasse e que voltasse ao se estado normal.

— Como assim voltar ao meu estado normal? Estou aqui sentado sem acontecer nada. Às vezes John usa termos muito estranhos ou tem um entendimento muito diferente do meu — o médico pensava e falava consigo mesmo.

— Então, como você se sente? — perguntou o marinheiro ansioso.

Edouard percebeu que o semblante do amigo estava radiante demais, ficou confuso. Por que John sorria tanto se nada acontecera?

— Então, como está se sentindo? — insistiu John.

— Bem, eu acho — respondeu o médico desconfiado.

O que está acontecendo? O que foi que eu perdi? Edouard estava confuso com a reação do amigo. Havia acontecido algo que ele não percebera, mas o quê?

— Sessão produtiva, não? — indagou o marinheiro indicando dezenas de páginas escritas diante dele.

— O que é isso? — perguntou pegando as folhas e examinando. — Você as colocou aqui? — indagou a John com certa agressividade — Isso é uma brincadeira?

O TESTEMUNHO DOS SÁBIOS

— Não. Você não se lembra de nada?

Edouard não sabia o que pensar. O amigo não forjaria o material, sabia disso. Entretanto, como explicar aquelas folhas escritas. Quem as teria produzido? Ele mesmo? Como, se não percebera nada?

— Assim que você fechou os olhos, eu fiz a oração de abertura.

— Disso eu ainda me lembro. O que aconteceu depois?

— Não demorou muito e sua mão começou a tatear a procura de um lápis. Eu lhe alcancei esse lápis e em seguida passou a escrever. Fez isso como se já estivesse habituado, sem dificuldade alguma, ao menos aparentemente.

— Não sei o que dizer.

— Não se lembra de nada? De nada em absoluto? — indagou John investigando o que havia acontecido.

— Não. Eu me lembro de ter ficado esperando algo acontecer. Estava com os olhos fechados e angustiado, ansioso por terminar nossa experiência. Apesar de poucos minutos, pareceu-me estar assim uma eternidade.

— Não foram tão poucos minutos.

— Que horas são agora?

— Vinte e duas horas e vinte minutos.

— Incrível — exclamou chocado.

— De início você escreveu essas páginas, depois fez alguns exercícios com os dois braços. Passou o lápis de uma mão à outra e escreveu tanto com a mão direita quanto com a esquerda. Depois parou. Eu acompanhei tudo com a máxima atenção. Sua mão parou no início de uma folha e ficou repetidamente produzindo pequenas batidas com a ponta do lápis no papel. Como se houvesse esquecido alguma palavra ou esperasse que alguém ditasse algo. Como o movimento insistia em se repetir eu resolvi questionar se queria algo de mim. O padrão de batidas mudou e me dei conta de que se tratava de código Morse.

— Eu não sei código Morse.

— Como eu conheço, passei a interagir com quem se comunicava.

— Por que usar código Morse e não a escrita comum?

— Creio que assim como nós fazíamos uma experiência, do outro lado faziam a mesma coisa conosco. Sem contar que a variedade de manifestações aniquila nosso ceticismo.

— E o que disse a mensagem?

— Ah, leia — passou John a Edouard o papel em que fizera as anotações.

"Diga a Edouard que estamos bem. Existe um vasto campo de pesquisas que se descortina para nós nesse momento. Aproveite bem. Estaremos ao seu lado. Rupert".

— Isso é tudo? Como vou saber se era ele de verdade? Por que ele usaria código Morse? Nem sei se ele sabia código Morse.

— Espere, tem mais uma frase.

"Sempre teimoso meu Edouard. Liz".

Edouard se calou e lágrimas grossas fizeram-se visíveis em seus olhos.

John, num gesto de companheirismo, tocou o ombro do amigo.

— Você já tem o bastante para refletir. Vou voltar para casa que minha esposa me espera. Boa-noite Edouard. Se quiser passe lá em casa amanhã, que conversaremos sobre nossa experiência de hoje.

– *16* –

Edouard repassava mentalmente o resultado da sessão experimental. Como seria possível que ele não se lembrasse de nada? Como uma força estranha poderia controlá-lo com tamanha ordem? Não era louco, mantinha o total controle de suas faculdades mentais, tinha certeza disso, mas, então, como acontecia? Como era possível? Será que todas essas pobres criaturas acusadas de embuste e charlatanismo, passariam pela mesma situação? A sociedade era injustiça com condenações? "Eu que sou médico, que estudei, não consigo compreender o que acontece comigo, o que dizer das humildes criaturas de quem os espíritos se servem?".

O jovem médico refletia profundamente quanto às questões morais, os desafios e as injustiças que rodeavam os mal falados médiuns. Era evidente que havia algo inexplicável, alguma coisa fugia à compreensão positiva da ciência. Era preciso estudar, deter-se em tais questões. Agora compreendia porque renomados homens da ciência colocaram seu prestígio em risco para estudar a fenomenologia espírita.

Havia vasto campo a ser desbravado. Era preciso afrontar os preconceitos. A grande virtude dos principais personagens que marcaram a história humana está justamente assentada na capacidade de ver o mundo com outros olhos. Encontrar alternativas para compreender o antes incompreensível. E como sempre acontece, a vanguarda sofre o preconceito de abrir as portas de uma nova realidade.

— Então Liz e Rupert estão vivos — Edouard pensava em voz alta.

Tempo e espaço haviam sido relativizados, pois concentrado em si mesmo, nada mais importava ao seu redor.

— Como explicar mensagens em código Morse? Eu não conheço Código Morse e John jamais teria me enganado.

Edouard se recordou que restava ler algumas páginas que foram escritas por sua própria mão. Ansioso pegou a folha de papel. Não sabia o que iria encontrar e não escondia no semblante a curiosidade em sua plenitude.

"A noite é propícia para que tenhamos nosso primeiro contato de modo a esclarecer algumas questões. Já o conheço o suficiente para compreender o tamanho da tempestade que essas manifestações mediúnicas vão provocar em suas mais profundas convicções. Nunca foi fácil para o ser humano vencer a sua presunção em se crer conhecedor de todas as ciências. Chegará o momento em que verá a própria ignorância como um fator de estímulo para que se lance em busca do desconhecido.

Não tenho a pretensão de ensinar-lhe ou conduzi-lo em seu roteiro de descobertas. Não me cabe impor ideias e crenças que ainda não encontram eco em seu coração. No entanto, pelos laços que nos unem desde longos séculos, impossível seria deixá-lo sem respaldo nesse momento emblemático. Você sabe quem eu sou, já me viu e me sentiu ao seu lado. Pouco maduro, não conseguiu compreender que, antes de ser uma ameaça, sou seu irmão e amigo.

Se você estiver disposto a mergulhar no desconhecido em busca de respostas ter-me-á ao seu lado, auxiliando e vigiando. Temos um longo caminho pela frente, uma jornada fatigante e difícil nos aguarda. Não se resumirá ela em apenas alguns anos desta existência. Da mesma forma que nosso trajeto não começou há apenas alguns meses. Com o tempo nós conseguiremos nos comunicar melhor, sem tanta interferência.

Quanto a seus amigos, fique tranquilo, pois estão bem. Apenas não conseguem comunicar-se com a facilidade que gostariam. Porém, jamais o abandonaram. Cada vez que pensava neles com ingratidão, eles sofriam e lamentavam-se por não poder se mostrar visíveis aos seus olhos. Não foram poucas vezes em que realizaram imenso esforço para lhe mostrar que estavam com você, mas você tomou por ingenuidades infantis e mera obra do acaso.

As coisas mudaram não é verdade? Quando passar esse momento de euforia e reavaliação, e você estiver mais amadurecido para estudar e compreender o que acontece, eu retornarei para darmos prosseguimento à tarefa a que nos incumbimos.

Mariano".

Edouard não compreendia mais nada. Quem era esse agora? Seria o mesmo espírito que houvera se manifestado uma vez na casa de John? O que ele queria dizer com suas referências ao passado e a uma longa jornada? A curiosidade humana sempre se fixa em pontos obscuros e de pouca importância. Qual a importância de meros detalhes quando um novo mundo havia-se descortinado para ele? A vida não se extinguia com a morte do corpo. O homem da ciência, orgulhoso e convicto de sua visão de mundo estava em ruínas. Era preciso se refazer. Refletir e encontrar um porto firme para atracar. Edouard precisava mais do que nunca do auxílio do tempo. Este senhor inexorável que nos leva a juventude legando-nos os cabelos brancos, como se fora o preço pelo amadurecimento e sabedoria.

Algumas semanas passaram, o jovem médico mergulhara em considerações e leituras. O cientista preparado durante anos se via diante de seu maior desafio. Apesar de o fenômeno ter ocorrido com ele mesmo, sentia a necessidade de obter provas. Era difícil aceitar aquilo que os olhos haviam presenciado. Todo positivista teme ser alvo de alucinação. Não se trata de desconsideração ao testemunho próprio das pessoas, duvidam de si mesmo, temem ter sido alvo de trapaça ou de um subterfúgio provocado pelo cérebro. Edouard sabia que se comentasse o que com ele se passara a qualquer colega médico seria tomado, na melhor das hipóteses, por ingênuo. Logo comentariam que ele vira o que seu inconsciente ansiava em segredo, encontrando refúgio na ideia de que seus familiares e amigos estavam lá para consolá-lo.

A busca pela comprovação dos fatos, a reflexão intelectual que nos desvia dos equívocos e faz-nos adotar a lógica de um raciocínio rigoroso é sempre prezada e estimulada pelos espíritos, é uma consequência natural de nosso amadurecimento. Todavia, a intransigência intelectual é um sinal de fraqueza, consagração do medo ao novo. O papel da ciência é justamente fornecer explicações aos fatos desconhecidos, estudando-os. Fechar os olhos é imitar a criança que, no auge de sua imaturidade, acredita que isso seja suficiente para afastar seus temores noturnos. Porém, enfrentar o preconceito exige muita coragem. A atitude normal é mesmo retrair-se, fingir que não é conosco. E, se o desejo for abrir os olhos e sondar o desconhecido, é preciso apropriar--se do senso crítico, da razão e dos fatos para criar dentro de si uma certeza deveras grande, que servirá de sustentáculo mesmo perante a ironia alheia.

A única solução do Sr. Smith era estudar o fenômeno de que se via alvo. O fato era muito instigante para que o deixasse passar. Afinal, acontecia com ele próprio. Como negar? Tinha que observar o fenômeno. Descartar uma por uma as argumentações correntes no meio científico, usadas para explicar o fato. Era evidente que havia algo que escapara das explicações tradicionais. O quê?

Sem nenhuma consciência do fenômeno que se passava com ele, necessitaria encontrar outra maneira de fazer suas observações. Não poderia se valer apenas dos relatos alheios sobre o que acontecia consigo. Precisava encontrar pessoas com disposição para o estudo, que passassem por situação semelhante e que estivessem dispostas a servir de referência.

Junto com John, escrevera cartas para a redação de alguns periódicos espiritualistas. Apresentava-se como sendo um médico simpático ao espiritualismo e disposto a empreender algumas observações com sensitivos. Suas cartas não recebiam muita atenção, pois o momento na Europa era de grande dramaticidade. Temia-se uma guerra de proporções jamais vistas. Entretanto, John recebera uma carta redigida por mão feminina. Uma letra muito delicada e bem coordenada respondia de modo gentil ao apelo do senhor Smith.

"Caro Senhor Smith,

Recebi a sua carta através de um amigo que trabalha na redação do jornal ao qual o senhor a endereçou. Não sei se posso ajudá-lo, porém, também tenho o desejo de compreender o que se passa comigo. Desde minha adolescência sofro com crises desconhecidas, que jamais puderam obter uma resposta positiva dos médicos. Em função dessas crises indeterminadas, as dificuldades em minha vida isolaram-me socialmente, acostumei-me a ser olhada como uma criatura estranha, que sequer compaixão merecia.

Não sei se os fenômenos que deseja observar são os mesmos que acontecem comigo. Mas o mais próximo que obtive de uma explicação foi através de pessoas ligadas ao Espiritismo. Estou disposta a auxiliá-lo em seus estudos, se o senhor me considerar apta para o intento.

Aguardo vossa resposta fixando o local onde possamos conversar pessoalmente.

Atenciosamente,

Sarah S".

— Foi a única resposta que obtivemos? — indagou Edouard a John.

— Sim.

— Então teremos que nos sujeitar, é nossa única opção.

— Concordo plenamente.

— Mas ela sequer escreveu o que são essas crises que a assaltam, como saber se falamos da mesma coisa?

— Você não tem alternativa a não ser investigá-las. Na pior das hipóteses, vai exercer seu juramento médico auxiliando um doente.

Ele sorriu. John era muito objetivo em suas respostas.

Convencido de que necessitava aprofundar seus estudos, Edouard decidiu marcar um encontro com Sarah. Sequer sabia quais fenômenos acometiam aquela mulher, poderia muito bem ser alguém com problemas mentais, porém não havia outras opções. John o convencera de que mal não faria, e disposto a ouvi-la combinou um passeio em um parque londrino. Não seria aceitável expor a moça aos comentários jocosos, encontrando-se com ela de modo íntimo; ele não conhecia sua situação matrimonial, poderia ser casada. Era preciso resguardar sua honra antes de tudo.

Bem alinhado, vestindo um terno marrom e clássico para o início do século XX, Edouard parou diante do espelho e aprumou-se. Estendendo a mão pegou seu chapéu e comunicou a Gladys que sairia. Sarah, por sua vez, era bastante jovem e não contava com mais de vinte e dois anos. Vestia um belo vestido, muito sóbrio, e tinha a tez pálida, pois passava os dias em casa sem ter contato com o sol. Com cabelos em tom castanho avermelhado, bastante longos, a moça tinha lábios finos e olhos de um castanho muito vivo. Era uma jovem bastante bela, não apresentava as características típicas mais comuns ao povo do Reino Unido. Apesar de bastante discreta, não deixava de chamar a atenção, mesmo porque era raro vê-la sair de casa.

Ambos se encaminhavam para o local combinado, a Praça Trafalgar Square com seu chafariz central. Edouard escrevera à redação do periódico espiritualista, já que Sarah havia mantido certo anonimato, não informando o endereço de retorno da correspondência. Ele divertira-se com a ideia, parecia-lhe um encontro às escuras, e quando John brincou sobre isso, o jovem viúvo desconversou.

Edouard chegara ao local marcado com quinze minutos de antecedência, sequer sabia se Sarah compareceria, pois ela não respondera sua carta. Talvez devesse ter fixado o encontro após mais algumas semanas, para que houvesse tempo de responder, pensava enquanto aguardava. E Sarah, bastante nervosa, dirigia-se para a praça.

— Como será que ele irá reagir às minhas esquisitices? — indagava-se mentalmente, inquieta com a reação que encontraria.

A jovem estava acostumada aos rótulos. Adotada e criada por tios após a morte dos pais, vira-se preterida na educação em comparação ao casal de filhos sanguíneo do casal. Salvo sua prima, que de fato considerava-a como sua irmã, os demais membros da família tinham por ela uma estima orgulhosa; por toda a eternidade, Sarah deveria ser grata por ter um lugar para morar e por conta disso também deveria ser extremamente dócil para com as exigências do casal e do primo. A menina cresceu e acostumou-se a esse comportamento, era a jovem estranha, que jamais iria constituir família, pois ninguém se interessaria por alguém como ela. Sentia-se uma mulher sem atrativos, inculta e aceitara que seu destino era servir ao casal de tios. Estava acostumada com seu destino e dava graças a Deus por ter ainda os tios que a acolhiam.

Mergulhada em seus pensamentos, não percebeu que já se encontrava a poucos passos da praça. Nervosa, parou em uma esquina antes de atravessar a rua, e procurou sondar se o cavalheiro que a esperava estava lá. Sentia-se insegura. Não sabia se havia feito bem respondendo à carta que tomara conhecimento. O que iriam pensar dela? Contudo, a situação a incomodava, precisava ao menos compreender o que se passava com ela. Porque os sonhos, as vozes, as visões? Queria respostas e talvez estivesse diante de uma oportunidade de compreender tudo isso.

Seus olhos encontraram um senhor de chapéu e terno marrom,

como fora informado por carta. Edouard olhava para todos os lados, ansioso e curioso ao mesmo tempo, tentando divisar aquela que deveria ali com ele se encontrar. Divertia-se tentando adivinhar como seria Sarah. Não entendia porque tamanha curiosidade. Chegou a imaginar que se tratasse do fato de que, depois de Elisabeth, nunca mais estivera em companhia de outra mulher. E, como John brincara com ele que aquilo parecia um encontro de amantes envolvidos por um amor proibido, talvez estivesse reagindo de modo estranho.

Sarah ruborizou ao reparar nas feições jovens de Edouard. Havia idealizado um senhor de mais idade, gordo e com longo bigode. Ela mesma ria da caricatura que havia imaginado de seu correspondente. Dependia só dela o encontro. Ainda um pouco em dúvida, encheu-se de forças e deu os primeiros passos. O médico percebeu que uma bela jovem atravessava a rua em direção à praça. Não sabia por que, mas a jovem despertou sua atenção e, no mesmo instante, ele imaginou que ela era a pessoa com quem havia marcado encontro.

Seu coração bateu mais acelerado, mas procurou acalmar-se. Tirou o chapéu e aprumou-se enquanto a jovem continuava caminhando em sua direção.

— Senhor Smith? — disse ela parando à frente de Edouard e estendendo a mãozinha pálida.

— Sim. Senhorita Hudson?

— Encantado — respondeu Edouard estendendo a mão, após o sinal de anuência de Sarah.

— Confesso que havia idealizado alguém de mais idade.

Ele apenas sorriu.

— Creio que possamos caminhar um pouco? — convidou galante o médico.

Sarah conseguia dominar-se bem e mesmo sua timidez habitual fora bem disfarçada.

Edouard comparava aquela pessoa presente ao seu lado com a carta que havia lido. Sarah parecia alguém tão segura de si que seria difícil supor que ela vivia reclusa e discretamente. O que haveria nela de tão sério para que preferisse isolar-se?

Ambos conversaram algumas trivialidades antes de partir para o tema que os reunira, entretanto, quanto mais ela se pronunciava, mais Edouard se mostrava intrigado.

— Perdoe-me a indiscrição, mas não consigo perceber em seu comportamento a imensa dificuldade que relatou.

Sarah olhou-o curiosa. A carência afetiva de alguém que se sente estranha em seu próprio lar fazia da jovem uma presa fácil, se a intenção de Edouard fosse arrebatar-lhe o coração. A toda palavra de incentivo e deferência, a jovem se mostrava encantada. Se as intenções dele não fossem boas, a jovem por certo ficaria em situação bastante complicada.

Como ela nada comentara, Edouard continuou:

— Alguém que se sente constrangida diante dos outros, acostumada a ser rotulada, chamada de estranha, louca, não conseguiria se mostrar tão segura de si.

— Eu não sei explicar, mas em geral sou muito tímida — respondeu ruborizando as faces. — Não estou acostumada a deixar minha casa, onde meus tios me criaram. Também estou surpresa com meu comportamento.

— Ao menos posso supor que confia em mim.

— O senhor é a primeira pessoa com quem posso falar às claras sobre minha situação.

— Em sua carta você não especificou qual seria essa situação.

— Tive receio de que você não aceitaria me ajudar, se eu contasse.

Ele não conseguia compreender se Sarah supervalorizava sua dificuldade ou se de fato existia algo surpreendente, que ele ainda não havia conseguido supor.

— Talvez o senhor queira conhecer minha história.

— Seria interessante e bastante oportuno também.

Ambos dirigiram-se para um banco. A essa altura, já haviam conversado e caminhado bastante, e o parque ficara para trás. Sentando-se, Sarah passou a relatar:

— Eu venho de família simples. Meus pais morreram muito cedo, ambos faleceram doentes e com apenas um ano de diferença entre um e outro. Eu era filha única e, de um momento para o outro, vi-me sozinha no mundo. Tia Alice, a irmã mais velha de meu pai, sentiu-se obrigada a me adotar. Eu cresci em sua casa, e desde essa época coisas estranhas começaram a acontecer comigo. Comecei a sonhar com meus pais quase todas as noites; acordava todo mundo na casa aos gritos e encharcada de suor. Porém essa era a parte mais fácil... Passei a ver vultos e pessoas circulando pela casa, caminhando pelo corredor. Isso me causava imensa dificuldade para dormir. Assustada, tia Alice chamou o reverendo para que resolvesse a situação. Entretanto, nada que ele sugerisse resolvia o problema. Algumas vezes eu ficava durante meses sem ver nada de anormal, chegava mesmo a pensar que tudo havia acabado e que as visões não passavam de minha fértil imaginação se manifestando.

Edouard ouvia tudo com muita atenção. Sarah olhou se seu interlocutor prestava atenção e continuou:

— Irritada e nervosa com a situação, tia Alice começou a dizer que a responsável por aquilo tudo era eu, pois desde que eu havia chegado essas coisas começaram a acontecer. Eu me trancava no sótão e chorava por horas. E nesses momentos, as coisas mais estranhas aconteciam. Quando voltava para meu quarto, meus poucos vestidos estavam espalhados, jogados pelos cantos. Você pode imaginar os castigos que recebia nessas ocasiões, pois tia Alice não só dizia ser minha culpa como era difícil demovê-la da crença de que eu havia feito aquilo por raiva e em atitude vingativa. E a minha condição dentro de casa cada vez se agravava mais. Não foram poucas vezes em que ela me disse que, se não fosse pela memória de seu irmão, já me teria despejado.

— E seu tio? Não dizia nada?

— O titio é uma alma boa, só que vive doente e infelizmente se rendeu ao alcoolismo. Algumas vezes, no início, tia Alice e ele brigavam. Quando tio Oswald chegava embriagado, antes das coisas chegarem nessa situação, ele podia ser bastante agressivo, mas jamais fez algo contra mim, antes pelo contrário, mesmo alcoolizado era sempre dócil e gentil.

— Desculpe interrompê-la, pode continuar seu relato.

— Eu descobri que quanto mais raiva e revolta eu sentia pelas acusações que recebia de tia Alice, mais fortes eram as consequências estranhas que recaíam sobre mim. Houve um dia que eu deixei cair uma louça enquanto arrumava a cozinha, recebi um tapa no rosto e ofensas, corri e tranquei-me no sótão, chorei por horas e, de tão cansada, acabei caindo no sono. Na manhã do outro dia, qual não foi meu espanto ao entrar na cozinha: absolutamente todas as louças estavam quebradas e espalhadas pelo chão. Mais uma vez tia Alice pensou que eu tivesse feito aquilo em represália e dessa vez, se não fosse a intervenção de tio Oswald, eu teria sido entregue ao orfanato. A partir desses fatos, eu aprendi que não deveria chorar, pois associei que, sempre que me sentia triste e com raiva, coisas piores aconteciam. Eu aprendi e frear estes ímpetos e permanecer fria, ao menos do ponto de vista de uma criança. Tia Alice me trata como alguém que tem pacto com o diabo, deixa bem claro que sou um estorvo para ela, mas eu cuido do tio Oswald, bastante debilitado devido a doença. Não sei qual será minha situação, pois não prevejo longo tempo de vida para meu tio. E se eu permaneço na casa até hoje é porque é imposição de meu tio que, com seus parcos rendimentos, garante a economia doméstica. Eu não sei o que fazer! — disse com lágrimas nos olhos. — Eu preciso livrar-me desses fenômenos, senão jamais poderei encontrar trabalho digno ou alguém para me casar.

O médico se sentiu condoído. Ao mesmo tempo percebeu que a jovem a sua frente, apesar de bela e inteligente, não havia recebido educação adequada, devido à óbvia condição financeira da família. Ela trazia um enorme complexo de inferioridade, que estranhamente não se mostrava em sua plenitude diante dele. Por quê? Edouard não conseguira compreender.

— Eu posso olhar seu tio — ofereceu-se para ajudar.

— Nós não temos dinheiro para isso — disse constrangida a jovem.

— Não estou fazendo isso por dinheiro. Se você não estiver

tranquila, não conseguiremos estudar os fenômenos com a objetividade necessária.

Os olhos da jovem brilhavam, havia ela encontrado seu amor platônico.

Eles se despediram, o médico acompanhou Sarah até a porta da residência e fixou novo encontro para a tarde do próximo dia. Ele iria visitar o doente e conhecer tia Alice.

Conforme combinado, Edouard saíra direto do trabalho e rumara para a residência onde habitava Sarah com seus tios. Perdido em pensamentos, não percebera o tempo passar e rapidamente chegou ao local fixado. A jovem provocara impressões contraditórias nele, precisava de tempo para obter um conceito equilibrado dela. Todavia, foi a primeira vez, desde a morte de Elisabeth, que outra mulher lhe chamara a atenção. Isto o embaraçava muito. Não sabia a maneira correta de reagir. Era como se fosse uma sensação proibida.

Bateu à porta e aguardou. Logo se ouviram passos do outro lado. O ferrolho fora destrancado e a jovem, com seus cabelos avermelhados, abriu sorridente a porta. Ao observador imparcial, seria fácil perceber o estado de ansiedade dela, assim como sua alegria ao reencontrar o cavalheiro do dia anterior.

— Olá Sarah, como tem passado?

— Muito bem, obrigada doutor. Entre, vou-lhe apresentar o restante da minha família.

Edouard a seguiu. A casa era muito simples, havia pouca mobília e o que existia estava em mal estado de conservação. A umidade das paredes produzia um odor não muito agradável no ambiente.

Pararam ao final do corredor e ele se viu em espaço um pouco mais arejado, que parecia ter sido antigamente um solarium. Sarah apresentou seu primo que apressado alegou um compromisso inadiável para se desvencilhar da visita. Tia Alice, escutando o rápido diálogo entre seu filho e o médico, aprumou-se para ser apresentada.

— Esta é minha tia, Alice.

— Encantado.

Ela mediu Edouard de alto a baixo. Ele se sentiu desagradavelmente impressionado com essa atitude. Olhou o rosto de Sarah e viu que a jovem estava extremamente constrangida e baixava seus olhos em sinal de submissão.

Alice pensou: "A julgar pela alegria de minha sobrinha eu diria que ela está apaixonada por este distinto cavalheiro, mas ele precisaria ser louco para desposá-la. Talvez a queira só como amante, isso se na realidade estiver interessado nela, porém ele não viria aqui de graça se não fosse por esse motivo. Vamos ver o que acontece, quem sabe conseguimos melhorar nossa situação, se essa inútil da Sarah ao menos conseguir controlar seu amante".

O médico sentiu os pensamentos de Alice, por isso a impressão desagradável.

Avessa aos pensamentos elevados, Alice não conseguia compreender que pudessem existir atos alheios aos interesses. Em seu modo de entender, fazer o bem pelo bem era sempre desculpa esfarrapada de alguém que escondia outras intenções.

Constrangida com a situação, Sarah calou-se e o brilho que antes visitava espontaneamente seu olhar nublou-se. Edouard compreendeu a influência negativa que a tia possuía sobre a jovem; retomando as rédeas da situação, indagou sobre o doente, esperando com isso alterar o quadro geral.

Alice seguia à frente, dirigindo-os ao quarto onde descansava o velho Oswald. Ele observava fugidiamente as expressões de Sarah, que parecia a custo conter o desejo de chorar. Aquela jovem sofria. Não era a mesma pessoa que ele havia conhecido no dia anterior. O ambiente doméstico parecia sufocá-la, tolher-lhe as forças da juventude.

— Eis meu querido Oswald — disse Alice, dissimulando a indiferença que tinha para com a situação do marido.

Edouard já havia percebido o jogo de cena protagonizado pela tia de Sarah.

— Agradeço a vossa companhia, porém gostaria de ficar a sós com o doente.

— Pois não, é claro — disse com falsa submissão. — Venha Sarah, vamos deixar o doutor fazer seu ofício.

— Sarah, você poderia me trazer uma tigela com água e uma toalha?

Sarah saiu para buscar o que havia sido solicitado. De retorno, encontrou um olhar carregado de malícia de Alice, que a espreitava no corredor.

— O que pediu está aqui, doutor.

— Você pode permanecer para me ajudar — disse.

Os olhos da jovem brilharam. Edouard percebeu.

— Qual a situação de seu tio?

Oswald dormia sob efeito de fortes calmantes.

— Os médicos nos disseram ser uma doença incurável e que seu tempo de vida deve ser curto.

— E o tratamento?

— Eles apenas deram alguns remédios para acalmar a dor e auxiliá-lo a dormir.

— É sempre a mesma história, quem não pode pagar, recebe tratamento de segunda linha. Se eu não conhecesse a medicina em seu aspecto mais nobre e não houvesse convivido com bons exemplos nesse sentido, talvez me tivesse tornado um médico indiferente, como a maioria de meus colegas. Pois bem, vejamos.

Edouard passou a examinar o doente. Oswald apresentava magreza acentuada. Sua língua estava arroxeada e a boca bastante seca. Sua pele tinha uma coloração amarelada, além de exalar um odor desagradável.

— Hummm... Seu tio bebe? Eu estou percebendo sinais de icterícia, mas a causa deve estar em algum problema mais sério que afete seu fígado.

— Ele é alcoólatra.

— Verdade, havia esquecido.

— É grave?

— Temo que sim. Ao que parece, ele está com o fígado bastante comprometido. Sabe me dizer se ele tem muitas dores?

— Sim, bastante.

— Sangramentos?

— Ele não comentou, mas há algumas semanas encontrei manchas no lençol, que se repetiram e ficaram mais evidentes nos últimos dias.

— Posso saber que medicamentos receitaram para ele? Não é normal dormir assim apenas tomando calmantes.

— É a tia Alice que guarda os medicamentos.

Sarah saiu para falar com a tia e voltou com um vidro fosco em mãos.

— Eis o remédio que nos foi recomendado — disse Sarah entregando ao médico.

O médico observou o conteúdo, cheirou o líquido que deveria ser diluído em água. Sarah acompanhava seus gestos com bastante expectativa.

— Estranho — exclamou por fim.

— O que é estranho?

— É um calmante normal, ele não deveria dormir tanto assim.

O TESTEMUNHO DOS SÁBIOS

— Tia Alice diz que é um alívio terem encontrado esse medicamento, assim titio não sente tantas dores e consegue dormir em paz.

Edouard estava intrigado, havia algum elemento faltando.

— Melhor assim — disse ele tentando disfarçar a desconfiança. — O que seu tio fazia? Como vocês se sustentam?

— Enquanto estava saudável, tio Oswald trabalhava em uma companhia Londrina, teve problemas de saúde em função do trabalho. Ainda recebe alguns rendimentos dessa companhia, mas infelizmente gastamos tudo com as despesas médicas e o sustento básico. Tia Alice lava roupas para fora, eu a ajudo e ganhamos muito pouco com isso.

— E seu primo?

— Às vezes ele traz algum dinheiro para casa, mas em geral gasta nossas economias. Tia Alice disse para não me intrometer neste assunto. Creio que ele esteja envolvido com jogos de azar, pois, às vezes, tem medo de sair à rua e já voltou para casa bastante machucado, só que sempre inventa alguma desculpa para não contar a verdade.

— Basicamente a única renda fixa da casa advém dos anos de trabalho desse nosso doente.

— Isso mesmo.

O médico que disse que o caso de Oswald era incurável tinha razão, contudo a parte em que ele tinha pouco tempo de vida não era de todo verdadeira. Ele apresentava uma grande debilidade no fígado, mas com os medicamentos adequados sua condição poderia ser bastante aliviada. O quadro agravado parecia ter sido provocado e não natural. Edouard estava convicto de que alguém prejudicava a saúde do doente. No entanto, preferiu manter isso em silêncio, por enquanto.

— Você recomenda alguma coisa? — questionou ansiosa a jovem Sarah.

— Por enquanto continuem com o mesmo tratamento. Eu vou contatar o médico que o avaliou da primeira vez e amanhã volto para ver como nosso paciente estará.

— Agradeço o que você está fazendo por meu tio. Ele sempre foi um bom homem. Sempre me tratou com carinho. A vida não foi fácil para ele, sei que ele usou o álcool como uma forma de se ausentar do mundo, mas mesmo assim eu desejo o bem dele.

— Claro. Nós vamos ajudá-lo.

Sarah, às vezes, comportava-se como uma menina, noutras parecia uma mulher amadurecida pelas asperezas da vida. Espontaneamente ela saltou sobre o pescoço de Edouard para abraçá-lo. Surpreso, deu um passo atrás, mas acabou sorrindo com o gesto ingênuo da jovem. O jeito espontâneo dela lhe trazia boas memórias. Lembrava-se de Elisabeth, que apesar da personalidade forte e sempre segura de si, por vezes, comportava-se da mesma forma. Ele afastou essas lembranças e ajeitou-se para partir.

Alice espreitava os movimentos da casa, curiosa por saber o que acontecia no quarto.

— Então, doutor, qual a situação de meu marido? — perguntou com certa ansiedade.

Pelas coisas que Sarah havia lhe comentado, ele não simpatizava com Alice, existia ainda a desconfiança de que algo estranho interferia na saúde do enfermo. Porém, Edouard mostrou-se profissional e respondeu com gentileza.

— Amanhã eu voltarei e vou avaliar melhor o paciente.

— Sua situação é deveras grave?

— Eu vou pesquisar um pouco e amanhã devo ter uma resposta mais convincente — seguiu caminhando sem dar tempo para mais interrogações.

Seguiu Sarah e despediu-se da jovem à porta do imóvel. Tomou o rumo do hospital, precisava tratar com o médico que diagnosticara Oswald. Sarah fechou a porta e mergulhou em seus sonhos de menina, alegre pelo reencontro com seu príncipe encantado.

Alice observou o comportamento da sobrinha e, calejada pela experiência, compreendeu com facilidade o que se passava no coração da jovem. Não demorou a, com suas palavras, trazer a jovem à sua dura realidade.

— Não conte com isso. Afinal, o que ele iria querer com alguém pobre e ignorante. No máximo ele interessou-se por você como sua amante. Agora pare de bobagens e vá para o tanque que temos trabalho a terminar.

Sarah murchou de imediato com as duras palavras da tia. Mas a recordação de Edouard lhe dava alento, e ela não conseguia omitir um tímido sorriso quando pensava nele. Aguardava com ansiedade o próximo reencontro.

Edouard encontrou o colega ainda no hospital. Apesar do ativo trabalho, conseguiu trocar com ele algumas palavras reservadas.

— Sim, na verdade eu o atendi. Não me recordo muito bem, mas lembro que ele veio com uma jovem, sua sobrinha, e uma senhora de poucas palavras, sua esposa.

— Diga-me qual era a situação do doente?

— Foi-me informado que ele era um beberrão inveterado. Depois desse fato, foi muito fácil constatar a falência do fígado.

— E você tem acompanhado o caso? — indagou ainda intrigado Edouard.

— Ele não voltou mais ao hospital.

— Com quem você falou?

— Com a esposa.

— E a jovem?

— Não, você sabe como são os procedimentos. Devemos informar ao responsável direto. No caso em questão, eu me dirigi particularmente à esposa. Por que todas essas perguntas, você conhece essas pessoas?

— Nada demais. Eu os conheci faz pouco tempo e prometi avaliar a situação do doente.

O diálogo findou nestes termos, pois surgiu uma emergência. Edouard permaneceu mais um pouco no hospital, buscando informações com um médico que era mais apto do que ele no ramo da toxicologia.

Conforme prometido, ele retornou logo cedo no dia seguinte. Alice o recebeu e, sem cerimônia, o médico dirigiu-se ao quarto do doente. Sarah havia saído para entregar as roupas de um cliente. Amuado, dirigiu-se ao quarto de Oswald. Alice estava pronta para deixar o quarto e fechar a porta, mas o médico a chamou.

— Gostaria que você permanecesse.

— Claro doutor!

Edouard estava bem preparado, havia estudado o caso com mais profundidade e estava com instrumentos precisos para um exame detalhado. Retirou algumas ferramentas médicas de sua bolsa e passou a examinar o doente.

Estranhamente a situação do tio de Sarah era diferente da constatada no dia anterior. Estava mais corado e ao primeiro toque de Edouard ele acordou.

— Bom-dia senhor Oswald — disse Edouard um pouco confuso com o que via.

— Bom-dia — respondeu o doente desconfiado, buscando nos olhos da esposa uma explicação para o que acontecia.

— Este é o doutor Edouard, ele está aqui para tratá-lo.

— Ah, já chega desses médicos. Você sabe muito bem que não temos dinheiro para pagá-los.

Edouard escutava com atenção o que se passava. Eles não pagaram nada pela consulta com o outro médico. Seu colega não era muito simpático, mas costumava atender de graça aos mais necessitados mesmo fora do expediente. Ficou claro que Alice não comentava tudo que se passava, nem com Sarah, muito menos com Oswald.

— Não se preocupe senhor, não estou aqui pelo dinheiro — tratou Edouard de tranquilizar o doente.

Oswald ficou um pouco desconfiado, mas afinal, era a possibilidade de ser tratado e não aguentava mais as dores diárias.

— Então, como você se sente?

— Sempre tenho as mesmas dores. Se não fosse o remédio sequer poderia dormir.

— Que remédio? Você toma um remédio para dormir?

— Sim, todas as noites.

— E onde está esse medicamento? Posso vê-lo?

— Infelizmente acabou. Eu preciso comprar outro — respondeu a esposa do doente, interferindo no diálogo.

O médico tinha certeza de que algo estranho acontecia ali, suspeitava que Alice fosse a principal responsável pela fraqueza do esposo. Precisava, porém, de mais evidências para uma denúncia concreta. E o que seria de Sarah com o tio doente se a denunciasse?

— Você sabe o nome do remédio?

— Oh desculpe, eu tenho a memória muito ruim — disse Alice desconversando.

— Não tem problema, eu vou perguntar para meu colega no hospital — disse, mudando de estratégia.

— Não precisa... Eu posso procurar — aproveitou a oportunidade para sair do quarto.

Edouard sabia que nenhum medicamento para dormir fora receitado. Por certo ela iria se desfazer do remédio que dá ao doente, ou escondê-lo bem e vai me dizer o nome de um chá para dormir, pensava o médico satisfeito por ter encurralado Alice.

Foi isso mesmo que ocorreu. Alice retornou com o nome de um chá e tratou de comentar isso discretamente com o médico, esperando que Oswald não a contradissesse. Edouard estava convicto de que Alice dava algo que enfraquecia o doente, decerto com a intenção de se ver livre dele. A pensão, ele soubera através de Sarah, Alice continuaria a receber. Portanto, ele conhecia os meios e o motivo. Precisava ainda descobrir o que ela dava ao doente, para isso contaria com Sarah. Preferia evitar envolvê-la, mas não havia outra forma de descobrir se não fosse com a ajuda dela.

Finalizou com o doente, estimulando-o a enfrentar a doença. E buscou falar em particular com Alice. A tia de Sarah estava mais tranquila, pois acreditava ter explicado bem as questões ao médico. Todavia, uma ponta de dúvida era suficiente por amedrontá-la. Alice era covarde, não se exporia.

— Então, doutor, qual a real situação de meu esposo? — perguntou tentando sondar o que pensava Edouard. Será que ele desconfiara de algo, indagava-se mentalmente.

— O quadro de Oswald é bastante complicado. É um paciente que exige atenção e o tratamento é delicado. Eu aprovo o diagnóstico anterior de meu colega. E na realidade não entendo porque os remédios indicados por ele não fazem o efeito desejado.

Alice não os dava ao doente, evitava ao máximo, dava a ele um tranquilizante para que não chamasse a atenção de Sarah com a dor, e ela assim de nada desconfiasse. Junto com esse tranquilizante, que fazia Oswald dormir o dia inteiro, acrescentava uma mistura de ervas, que eram tóxicas e que enfraqueciam a imunidade do doente.

— Eu também não compreendo doutor, ele está sempre sonolento e dormindo. Parece estar cada dia pior, mas eu faço tudo que foi recomendado pelo médico.

— Eu acredito na senhora, mas não faz muito sentido que apenas o chá que lhe dá de beber faça-o dormir tão pesado. Ontem ele estava tomado de languidez, hoje parece mais disposto. A senhora não está lhe dando outra medicação por conta própria? Pode ter esquecido algo. Ao querer ajudar, é normal que as pessoas apelem para velhas tradições, como ervas medicinais — Edouard tentava dar a oportunidade para que Alice se retratasse, confessasse o crime que ele tinha certeza que ela cometia. Ele permitia que ela assim o fizesse, alegando querer o melhor para o doente e ser vítima de sua própria ignorância usando ervas de modo equivocado sem a intenção de fazer mal.

Mas ela não queria confessar nada e não aproveitou a oportunidade.

— Não, eu tenho certeza.

— Bom, de qualquer forma eu vou conseguir outros medicamentos grátis e nós vamos trocar os remédios que você lhe dá nesse momento. Eu tomei a liberdade de recolhê-los e joguei-os fora, hoje à noite eu trabalho, mas vou pedir que alguém entregue os devidos remédios à senhora, para que nosso doente não fique sem a devida medicação.

Alice estava assustada. Edouard não pôde deixar de reparar em sua lividez, e para ele isso foi como a confissão do crime. Ao fechar a porta, Alice se pôs a pensar no que fazer. Estava descoberta, será que o médico tudo compreendera? Talvez ele só estivesse ganhando tempo para comunicar as autoridades sobre o crime. A mente do criminoso, cruelmente entrava em ação, criando diversos quadros terríveis. Se o criminoso conhecesse as consequências de suas atitudes, com certeza deter-se-ia antes de envolver-se em uma situação sem volta. Alice era torturada por seus próprios pensamentos e dúvidas. Conjecturas diabólicas desfilavam em sua cabeça, procurando a melhor forma de se livrar daquela situação.

Quando Sarah retornou, percebeu que tia Alice estava mais agitada que o normal. Teria se passado algo? Será que tio Oswald havia piorado? Em ocasiões anteriores, quando sua tia estava em forte estado de excitação, não era uma boa ideia perturbá-la com questões. Dessa forma, Sarah preferiu não tocar no assunto e seguiu a rotina doméstica.

O tempo passou, o dia transcorreu rápido para Sarah, entretanto, Alice não comungava da mesma impressão. Para ela o dia parecia uma eternidade, atormentada pela própria consciência. Sarah estava incomodada com o fato de Edouard não haver aparecido ainda. Ela não sabia que ele viera logo cedo, pois a tia nada comentara.

Enquanto trabalhavam, Sarah acabou comentando sua preocupação:

— Será que aconteceu algo com o doutor Edouard? — disse traindo seus pensamentos.

Alice olhou-a de modo estranho.

— Eu lhe disse que ele não está mesmo interessado em você, caso contrário não nos faria esperar.

Sarah permaneceu em silêncio. O humor da tia estava horrível. Mas mesmo com o humor em tais circunstâncias, aquelas palavras ecoaram cortantes em seus ouvidos e deixaram-na triste e cheia de dúvidas.

RAFAEL DE FIGUEIREDO DITADO POR FREI FELIPE

À noite, um rapaz veio deixar um pacote com os medicamentos que o médico havia prometido entregar. Sarah recebeu a encomenda de Edouard e, entristecida pelo fato de o médico não ter vindo pessoalmente, entregou-a a sua tia.

— Titia, isso acabou de chegar — disse mostrando a encomenda.

— O que é? — fez-se de desentendida a infeliz criminosa.

— O rapaz que entregou disse que são os remédios que o doutor Edouard mandou para o titio. Ele não havia comentado nada sobre isso, que medicamentos são esses?

— Deixe-me ver — tomou-os das mãos da sobrinha.

— Ele falou com a senhora?

— Já lhe disse para esquecer este homem. Ele não quer nada sério com você. Desista deste sonho infantil — respondeu grosseiramente virando as costas.

Alice saiu levando os medicamentos. Atordoada e sem saber o que fazer, sua agressividade manifestava-se como forma de defesa. Precisava pensar em algo, tomar alguma atitude antes que a situação se tornasse incontornável. Esses pensamentos a colocavam em contato com influências perniciosas, que inspiravam ideias nada agradáveis. Ela teve a oportunidade de dizer que cometera um erro no intuito de auxiliar; Edouard deixara essa possibilidade, contudo, ela preferiu seguir com sua encenação e acabou encurralando-se a si própria. A situação, no seu modo de ver, exigia atitudes extremas.

Naquela noite Sarah não conseguia dormir. Sentia-se angustiada, como se algo grave a espreitasse. Atribuía tudo aos seus sentimentos pelo médico. Talvez a tia tivesse razão. Ela era esquisita mesmo e não nascera para casar-se e constituir família. Sem conseguir dormir, levantara-se para buscar um copo d'água.

Evitando fazer barulhos para não incomodar os outros, desceu nas pontas do pé e, sem acender nenhuma luz, decidiu ver como estava seu tio. Para sua surpresa a porta estava entreaberta, e ao lado da cama Sarah viu um vulto. Quem era? O que estava fazendo ali? O vulto se movimentou e ela conseguiu identificar tratar-se de sua tia. Apiedada e imaginando que a tia estava ali extravasando suas dores em lágrimas silenciosas, do mesmo modo que viera, deixou o local e, sem ser percebida, dirigiu-se à cozinha.

Serviu-se de água e ouviu que passos se dirigiam para lá também. Alice dirigia-se à cozinha para dar sumiço em suas ervas recém-utilizadas. Tomada de horror, ainda envolta em pensamentos diabólicos, parou estarrecida quando encontrou a sobrinha em pé, com um copo com água na mão. Será que ela havia visto algo? Ela era uma testemunha que poderia pôr tudo a perder. Sarah não desconfiava da tia e sequer lhe passava algo nesse sentido pelos pensamentos. Porém, a mente criminosa, tomada de vergonha e desprezo por si mesma via ameaças em tudo, de todos os lados sentia-se espreitada. Sua aflição ficou estampada no rosto, e Sarah assustada aguardava as primeiras palavras da tia com horror indisfarçável.

A surpresa de Sarah e a expectativa que apresentava em seu rosto fizeram com que Alice supusesse o pior. Ela sabia. O que fazer agora? Matá-la também? Tomada de fúria nada disse e, aproximando-se da sobrinha, deu-lhe uma bofetada violenta no rosto que cortou o lábio e fez surgir um fio de sangue.

Sarah, atônita no primeiro instante, recobrou a lucidez e saiu às pressas para seu quarto. O que fizera para ser agredida? Por que a tia reagira assim? A doença do marido estava deixando a tia Alice em tamanho estado de excitação? Por que ela não falara nada, o que havia se passado? Chorando convulsivamente pela agressão que doía muito mais moral que fisicamente, sentou-se na cama e deu vazão a toda sua infelicidade.

Olhos capazes de divisar o invisível teriam visto que aquele drama não se compunha apenas de personagens encarnados. Um vulto deixou o quarto de Sarah, com os olhos flamejantes, desceu as escadas e buscou Alice, que se encontrava ainda na cozinha pensando no que fazer. Ao lado de Alice, outros dois vultos se divertiam, soprando-lhe pensamentos de desprezo pela vida.

O vulto que estivera com Sarah exclamou:

— Vocês me disseram que não a machucariam.

— Não temos total controle da velha assassina.

— Não quero que envolvam minha filha nessa trama asquerosa.

— Por que não, ela estaria com você se nossa amiga resolvesse se livrar dela também.

— Não, Sarah é muito boa. Ela não ficará conosco, será amparada.

— Ora, ora, quem é você para dizer-nos o que devemos fazer? Você só está nessa casa por nossa boa vontade. Caso contrário, não teria podido aqui ingressar.

— Seus diabos asquerosos. Deixem minha filha em paz — gritava a mãe de Sarah.

Os espíritos, em tom de deboche, resolveram divertir-se um pouco mais e passaram a sugerir que Alice se desembaraçasse também da sobrinha. Mas como fazê-lo sem que isso parecesse um crime? Um suicídio quem sabe? Não seria tão difícil induzi-la à morte; infeliz como era, bastava encontrar a motivação certa. Quem sabe até mesmo pudesse se aproveitar dessa paixão infantil pelo médico.

As insinuações que os dois espíritos sopravam aos ouvidos de Alice deixaram o espírito da mãe de Sarah, que a tudo presenciava, com raiva extrema. Sem medir as consequências, ela, num ato instintivo, conseguiu agarrar um copo e lançar sobre a testa de Alice. Atordoada ela viu que conseguira lançar um copo de vidro sobre Alice, mas sem saber explicar como o fizera.

A grande concentração de emoções estabelecia ocasião propícia para a sintonia e influência mediúnica. Dotada de grande potencial mediúnico, Sarah servia de doadora de ectoplasma para produção de fenômenos, mas sem que soubesse disso.

Com a cabeça sangrando, Alice buscou o banheiro para limpar a ferida. O que havia acontecido? Como o copo havia sido arremessado sem que ninguém estivesse na cozinha além dela? O que fora aquilo?

Os dois espíritos que estabeleciam perfeita sintonia com Alice olharam furiosos para a mãe de Sarah, mas sem perder tempo tiveram outra ideia mais divertida que as insinuações anteriores.

— Assassina! Assassina! — passaram a gritar a plenos pulmões.

Alice registrou nas fibras do inconsciente tais acusações. Não sabia se havia em verdade escutado ou imaginado isso. Parou de fazer o que fazia e concentrou-se na tentativa de escutar algo com mais precisão. Aliviou-se por não ouvir nada. Voltou a lavar o rosto na pia. Ergueu a cabeça e deparou-se frente ao espelho com a imagem refletida de Oswald que a acusava. Estremeceu de terror e caiu sem sentidos no chão do banheiro.

RAFAEL DE FIGUEIREDO DITADO POR FREI FELIPE

A consciência, esse incorruptível juiz, condenava os atos perpetrados. Atormentada pelo crime que cometeu, somado ainda ao fato que não era capaz de compreender, permitiu que uma relação intensa se estabelecesse entre a esfera dos vivos e a dos mortos. Por conta de seus pensamentos e atitudes, Alice viu-se ligada aos espíritos desencarnados que a assediavam.

Sarah, trancada no quarto, extravasou suas emoções até o instante em que cansada acabou adormecendo. Acordou com a luminosidade do dia que penetrava timidamente por entre a fresta aberta da janela. Ao recordar-se dos fatos ocorridos durante a noite, sentiu certo receio de reencontrar a tia. Como estaria seu estado de espírito naquela manhã? Estava cansada de ser destratada e agredida dia a dia. Seu desejo era permanecer trancada no quarto, porém isso daria mais uma razão para que a tia a admoestasse. Encheu-se de coragem e decidiu descer ao nível principal da casa.

Estranhou, pois tudo estava muito silencioso. Onde estariam todos? Por que tanto silêncio? Angustiante expectativa foi crescendo em seu peito. Parecia que apertavam seu coração com duas mãos moldadas no gelo. Encaminhou-se ao quarto onde Oswald dormia. A porta entreaberta a fez recordar a visita noturna da tia e sua reação ao encontrá-la na cozinha.

Empurrou de leve a porta que soou num rangido desagradável. Tudo parecia tranquilo, o tio ainda dormia. Como fazia todas as manhãs, ela caminhou até o leito para ver quais as condições de Oswald. Porém, a angustiante expectativa que a assaltara desde o momento em que acordou crescera. Aproximou-se mais e viu que a lividez das faces de Oswald estava acentuada. A boca entreaberta e os olhos vítreos focados no nada foram o golpe de misericórdia no coração de Sarah que, sem sentidos, foi ao solo.

O TESTEMUNHO DOS SÁBIOS

Algum tempo passou e Sarah voltou a si com o som de fortes batidas na porta. Ainda atordoada, dirigiu-se à entrada da casa para ver do que se tratava. Abriu a porta e sentiu-se aliviada, diante dela estava Edouard, que passara ali antes de retornar a sua residência.

— Oh doutor, não imagina como estou alegre em vê-lo — mal terminou a frase e deixou-se levar às lágrimas.

Sem compreender o que havia acontecido, Edouard teve a atitude paternal de acolher aquela criança em seus braços. A razão das lágrimas o intrigava. Ele não confiava em Alice e chegava a temer pela situação de Sarah, caso ele se tornasse uma influência por demais forte na vida da jovem.

— O que aconteceu?

— Tio Oswald, ele, ele — dizia entre um soluço e outro.

— Acalme-se Sarah.

Um pouco mais calma, ela conseguiu contar ao médico que encontrara o tio morto essa manhã.

— E onde está sua tia?

— Não sei. Não a vi, eu creio que desmaiei, não sei quanto tempo fiquei desacordada. Só sei que acordei com as batidas na porta.

— Venha, é melhor lavar o rosto. Isso lhe fará bem.

No chão do banheiro encontraram sangue, em pouca quantidade, mas foi suficiente para deixá-los intrigados.

— É sangue — disse o médico.

— De quem?

— Seu primo está em casa? Pode ter-se metido em encrenca.

— Não, eu passei na frente do quarto dele e não havia ninguém.

— Bom, a outra possibilidade seria sua tia. Onde ela está?

— Eu não sei, a casa está muito silenciosa.

— Vá procurá-la.

Sarah saiu esbaforida buscando em cada peça da casa. O que havia acontecido com tia Alice? Ela estava estranha ontem à noite. Será que ela havia constatado a morte de tio Oswald e não quis me contar, poupando-me do sofrimento? Entre pensamentos, Sarah seguia de quarto em quarto. A expectativa cresceu quando parou diante do quarto de Alice. O coração parecia petrificado de medo. Não conseguia compreender a causa, mas sentia que o pior a aguardava ao abrir aquela porta.

Encheu-se de coragem e bem devagar abriu a porta na expectativa de que a tia ainda dormisse. Não estava preparada para o que viu. Tomada de espanto, só teve tempo de gritar e cair desacordada.

Edouard, que escutara o grito, subiu as escadas e deparou-se com uma cena grotesca. No chão ante a porta Sarah encontrava-se desfalecida. Seu corpo bloqueara a passagem com a queda, mas era possível perceber as pernas que deveriam pertencer a Alice deitada no solo. Pelo grito repleto de agonia, ele esperava o pior, porém não imaginou que a cena seria de tal forma marcante.

No solo, mergulhada em seu próprio sangue, Alice estava deitada, olhos esbugalhados em profunda expressão de desespero. Em rápida análise, o médico constatou o suicídio. Ao lado do corpo encontrava-se uma tesoura velha usada para cortar os pulsos e uma das artérias femorais. Provavelmente não tivera tempo de se mutilar mais, pois a perda do sangue em grande quantidade a deixara muito fraca, levando-a ao desmaio antes da morte.

Os cabelos grisalhos empapados pelo sangue que, com o tempo, havia-se transformado em uma substância viscosa e pegajosa davam à cena uma imagem difícil de descrever, mesmo nos melhores romances de ficção. Como não havia mais o que fazer, Edouard se encarregou de Sarah. Ergueu-a nos braços e buscou uma peça da casa desocupada para fazê-la acordar.

Atordoada pelo remorso e medo, Alice sucumbiu às sugestões mentais que recebera. Após acordar no piso do banheiro, estava como louca. Tomada de medo, procurava encontrar uma saída para a situação difícil em que se encontrava. Sabia que era uma questão de tempo até que descobrissem o corpo; a desconfiança de Edouard somada ao fato de que Sarah a vira sair do quarto, durante a noite a atormentavam. Teria ela que cometer ainda dois assassinatos para que pudesse ficar livre de qualquer acusação. Precisava pensar em algo rápido. Sarah ainda dormia, era o momento de se livrar dela.

A mãe de Sarah acompanhava os pensamentos da cunhada e o desespero tomou conta de seu espírito ao constatar que a vida de sua filha estava em risco. Num ato desesperado, passou a barganhar com os espíritos que tinham enorme controle sobre Alice. Vendia a alma se preciso fosse, mas implorava que não fizessem mal a sua filha.

— Afinal, de que nos será útil essa mocinha apática? — concluiu um deles.

E passaram a pensar que o suicídio era a melhor maneira de se livrar da situação em que Alice havia se metido. Alice, em perfeita sintonia, sentia esses pensamentos como se fossem seus. Fragilizada pelas emoções e tomada de remorsos, facilmente se viu estimulada ao suicídio. Entrou no quarto e viu a tesoura sobre a cômoda.

Em um ato de desespero, a mãe de Sarah fortaleceu a sugestão dos outros dois desencarnados. Auxiliando a cunhada a erguer a tesoura e fincá-la na coxa esquerda. Alice, amortecida pelas emoções intensas, na realidade não sentiu nada. Tomada de força sobre-humana, ainda foi capaz de cortar os próprios pulsos antes de tombar em agonia.

Veio a desencarnar com rapidez, entretanto seu espírito não poderia ser resgatado com facilidade. Permanecia vinculado ao corpo. Seu espírito alucinado caminhava e balançava as mãos ao lado do corpo, acordado e banhado em sangue. Foram essas as impressões que levaram Sarah a esperar o pior desde que acordara, ela sentia tudo isso, mesmo que protegida por amigos espirituais, não conseguia se eximir dos fatos que ocorriam em sua casa.

A mãe de Sarah havia se comprometido com os obsessores desencarnados e partiria com eles. Em sua lógica confusa, acreditava ter salvado a vida de sua filha, o que poderia amenizar sua situação. Contudo, nada teria acontecido, pois Sarah havia trancado a robusta porta depois do desentendimento com Alice. Estava, portanto, segura.

Edouard ajudou Sarah a voltar a si. A menina estava desorientada com a intensidade dos acontecimentos. Precisava de tempo para assimilar a nova realidade. Ao dar-se conta do ocorrido, não resistiu e chorou convulsivamente. Ele tentou acalmá-la na medida do possível.

— Que desgraça ocorreu nessa casa — repetia entre lágrimas.

Sem saber o que dizer, Edouard acolhia Sarah em seu peito, tentando reconfortá-la. O que seria dessa jovem? Estava desamparada. O primo sequer estava em casa, portanto, não deveria saber do ocorrido. O rapaz receberia toda a herança; salvo alguma surpresa, Sarah não teria onde morar nem a quem recorrer. Estava aflito com a ideia, era preciso encaminhar a jovem a um destino menos triste.

— Precisamos alertar as autoridades — disse Edouard em tom grave dirigindo a situação.

Sarah apenas anuiu com um leve movimento da cabeça.

— Eu preciso chamar a polícia. Você me aguarda?

— Eu posso ir junto? — pediu suplicando com o olhar.

— Não é prudente, caso seu primo retorne.

— Por favor, eu tenho medo de ficar aqui sozinha. Eu quero ir embora desse lugar.

— Vamos então. Eu tenho um amigo na polícia.

Saíram e, sem se deterem por nada, foram direto à polícia alertar quanto aos fatos ocorridos. Os dois retornaram à residência junto de outros policiais, que precisavam vistoriar o local.

A cena do crime era chocante. Mesmo os policiais, acostumados ao trato com homicídios, sentiam-se mal com o quadro desagradável que se encontrava ao passar pela porta do quarto de Alice. A essa altura, o cheiro nauseabundo do sangue que secava aos poucos deixava o ar pestilento.

— Está evidente o que ocorreu aqui. Tratem de limpar logo isso — falou o policial a Edouard. Dirigindo-se a Sarah complementou: — Não se preocupe que vou me encarregar pessoalmente da parte burocrática.

O policial encarregado estava condoído com a situação. Edouard havia lhe contado todos os fatos e a situação em que a jovem se encontrava.

Os corpos foram removidos e a casa limpa. Edouard solicitou que Gladys passasse os próximos dias junto de Sarah para que ela se adaptasse à nova situação. O primo, filho único do casal falecido, apareceu no fim do fatídico dia. Era fácil perceber que havia consumido álcool em grande quantidade e pouca importância deu à novidade. Retirou-se para o quarto, onde desejava descansar.

Inumados os corpos, a tendência era que as coisas voltassem ao normal. No entanto, como ficaria a situação de Sarah? Ficara claro que a intenção do herdeiro era vender a propriedade. Portanto, Sarah Hudson precisava buscar uma solução para seu problema. Gladys buscava confortá-la diante da nova situação, afirmando que pediria a Edouard para que ele a abrigasse em sua residência.

Alice ficara inconsciente por pouco tempo. Acordara engasgada no próprio sangue. Desesperara-se ao constatar a sua situação. Deitada, não conseguia se mover, mas sentia os pensamentos mais vivos do que nunca. Sentia o cheiro de seu sangue, que empapava suas roupas e os cabelos. A arma do crime estava logo ao lado. O que fizera?

— Assassina!

Alice ouviu uma voz desconhecida, mas não conseguia virar a cabeça para perceber quem estava ali.

— Pensou que iria se livrar. Agora é que vão começar seus tormentos. Prepare-se, pois eu vou castigá-la por toda a eternidade — afirmou com sorriso sarcástico.

Aterrorizada e sem saber exatamente o que acontecia, Alice passou a gritar e implorar que não lhe fizessem mal.

— Foi essa a piedade que mostrou com o doente no leito? Assassina covarde! Tem coragem de tirar a vida de um moribundo indefeso, mas teme enfrentar a própria consciência?

Alice chorava em desespero. Estava fraca e não raciocinava direito. Lembrava do crime e do suicídio, todavia não tinha certeza do que havia acontecido depois disso. Desmaiara e então, o que havia acontecido? Estava viva e ninguém a havia encontrado ainda?

— Vamos embora. Deixe esse monstro apodrecendo aí — disse outra voz que Alice também não conseguiu identificar.

— Eu quero me divertir mais um pouco. Afinal, não vamos conseguir retirá-la daí tão cedo.

— Vocês vão deixá-la? — questionou a mãe de Sarah ao lado dos espíritos.

— Ela ainda não está pronta. Só vamos poder buscá-la mais tarde, isso se a cavalaria não chegar para socorrê-la.

— Como assim?

— Já vi que você tem muito que aprender.

— Agora vamos embora, antes que os santinhos cheguem e venhamos a ter problemas com eles. Já temos nossa nova associada.

Os dois espíritos partiram levando com eles a mãe de Sarah, bastante ignorante nas questões espirituais. Alice continuou estirada no chão. Não conseguia perceber nada, sequer sentia que ao seu lado já havia espíritos que se empenhavam em melhorar a situação.

Fraca, atormentada pelas dores e ainda ecoando em sua cabeça as acusações de assassina, acabou perdendo a consciência de novo. Só que dessa vez apenas voltaria a acordar quando seu corpo já estivesse sob a terra. Eis a triste sina de um suicida. Por mais que se queira ajudar, seu estado mental e sua consciência não possibilitam esse auxílio. É preciso que o tempo faça seu trabalho, para que então mais tarde possa receber algum tipo de orientação e acompanhamento.

- 18 -

O primo de Sarah resolveu vender o imóvel, pois nada mais o prendia à casa dos pais. Por certo que o dinheiro obtido com a venda escoaria velozmente para as mãos de um agiota ou nas mesas de carteado. Incentivado por Gladys e inspirado pelo espírito de Elisabeth, Edouard convidara Sarah para viver com eles. Não é preciso relatar aqui a admiração que ela tinha pelo ainda jovem médico. Apesar de constrangida, não havia outra opção, Sarah aceitou o convite. Alguns dias depois dos fatídicos incidentes, estava morando na casa de Edouard Smith.

— Muito obrigado Senhor Smith — repetia súplice a jovem.

Gladys se intrometera na conversa, visto que o patrão não sabia o que responder. Ele sentia-se atraído pela jovem que, apesar de ter uma fisionomia comum, tinha algo que a destacava e não era fácil de precisar. Mas ele ainda lutava contra esse interesse, sentia-se ligado a Elisabeth e não sabia como ela reagiria se ele resolvesse comprometer-se uma segunda vez. A presença da jovem em sua própria casa o constrangia, pois ficaria muito difícil fugir de tais impressões e sentimentos. Mal sabiam ambos que a própria Elisabeth inspirava e sustentava, através de Gladys, a acolhida da jovem.

— Não se preocupe minha menina, você vai nos ajudar muito — respondeu Gladys ante o silêncio de Edouard.

As crianças logo se apegaram a Sarah, que parecia florescer vivendo em um ambiente de maior calma. Gladys sorria contente ao ver que não só as crianças, mas também Edouard, agiam com maior naturalidade junto da jovem. Vivia-se um período sereno.

A Europa, ao contrário, vivia os avessos da tranquilidade. Nunca a situação estivera tão tensa como no início desse fatídico ano de 1914. Nem mesmo o rigoroso inverno conseguira arrefecer os ânimos. O continente se dividia em lados opostos, complexo jogo político estava sendo jogado. A corrida armamentista, que recrudescera alguns anos antes, estava no auge, e as perspectivas para o mundo não eram nada boas. Todos esperavam o pior, entretanto nem o mais realista dos cientistas políticos seria capaz de imaginar o que estava por vir.

Edouard lia seu jornal matinal, como de hábito. Havia nele uma pequena nota sobre experiências espíritas produzidas com gesso. Ao que parecia, os espíritos faziam excelentes moldes de gesso e pessoa alguma conseguia detectar o modo produção, nem se havia trapaça ou não.

— Sarah, que acha de começarmos a estudar as questões que nos aproximaram? — indagou quando a vira passar diante dele com uma xícara de chá.

A jovem assustou-se. Sentia-se tão bem na casa da família Smith que, pela primeira vez na vida, havia esquecido por completo essa questão. Não queria que aquilo tudo recomeçasse.

RAFAEL DE FIGUEIREDO DITADO POR FREI FELIPE

— Afinal, foi isso que nos aproximou. Contudo, nunca tivemos a oportunidade de pôr em prática as observações e os estudos pretendidos.

— Eu não gostaria de recomeçar essa etapa que passou em minha vida.

— Não é preciso temor. Não vamos provocar nenhum tipo de problema.

Aqueles últimos três meses haviam sido um período reconfortante para todos na residência. Gladys se via auxiliada nos trabalhos domésticos, Sarah era para ela a filha que nunca tivera. As meninas viam na doçura da jovem uma substituta à altura para a partida da mãe. A aproximação espontânea das meninas com Sarah era vista com bons olhos por todos. Mesmo por Elisabeth, que costumava visitar os encarnados a que se afeiçoara. Edouard, um pouco tímido e severo com a nova situação, aos poucos estava se sentindo mais relaxado. A presença de Sarah era-lhe agradável, não poucas vezes lutara contra a ideia de desposar a jovem em segundas núpcias, ideia que Gladys não deixava cair em esquecimento.

Para a primeira experiência com a faculdade mediúnica da jovem, Edouard fizera questão de convidar John e a esposa. Achou prudente cercar-se de todas as precauções e ele sabia que poderia contar com a experiência do amigo para dirigir a reunião de estudos. Na realidade ele havia esquecido que também já fora alvo de manifestações mediúnicas, mas como a ocasião não se repetiu, acabara deixando isso em segundo plano.

Marcada a data do encontro, Clara e John se fizeram presentes pontualmente, conforme o combinado. Sarah estava nervosa, tinha receio de provocar algo que até então parecia adormecido, nunca havia se sentido tão tranquila quanto naquele último período. A vida havia

O TESTEMUNHO DOS SÁBIOS

mudado para ela, graças ao encontro com Edouard, a quem admirava e por quem nutria secreto amor, ela se sentia feliz. Aceitou à reunião mediúnica por entender que devia isso àquele que tanto a auxiliara naqueles últimos tempos.

— Está é a Sarah — disse Edouard apresentando-a aos Robertson.

— Ela é mais bela do que imaginava — respondeu Clara com certa malícia.

Tanto Sarah quanto Edouard enrubesceram. John, com muita perspicácia, havia percebido o que se passava com o amigo desde a chegada daquela jovem e não deixara de comentar com a esposa suas impressões.

— É um prazer conhecê-la — remendou John alterando o tema em questão.

— Venham, vamos tomar nossos lugares. Estou ansioso para começar — afirmou o médico.

O anfitrião havia preparado uma peça isolada da residência para colocar em prática aquela e outras experiências que viriam a acontecer. Todos se sentaram ao redor de uma pesada e circular mesa de madeira maciça. Quatro cadeiras estavam dispostas ao redor acomodando confortavelmente todos os participantes.

John percebera a ansiedade do amigo e o nervosismo da jovem.

— Antes de começarmos, precisamos conversar um pouco. Eu gostaria de saber um pouco mais sobre você, Sarah. Por que escreveu para Edouard se colocando à disposição para experiências mediúnicas?

Ela buscou com o olhar Edouard para pedir autorização.

RAFAEL DE FIGUEIREDO DITADO POR FREI FELIPE

— Minha vida foi marcada por fatos e situações, as mais embaraçosas e inexplicáveis. Foi através de alguns comentários de pessoas que diziam conhecer o Espiritismo que, em algumas oportunidades, tive esperança de compreender um dia aquilo que se passava comigo. Quando vi o desejo de Edouard, não tive dúvidas e, criando coragem, resolvi responder-lhe.

— Entretanto, vejo-a tensa, nervosa. Essas experiências eram sempre desagradáveis?

— A maioria das vezes.

Edouard contara com detalhes a trajetória da jovem, e John compreendia que o ambiente doméstico, em que vivia Sarah, era um fator complicador para a produção de fenômenos mediúnicos.

— Estou curioso para saber que tipo de fenômenos a senhorita estava acostumada a ver.

Sarah olhou mais uma vez para Edouard, tinha receio de se expor abertamente.

— Não tema, é importante que saibamos com o que vamos lidar. Estou acostumado com fenômenos mediúnicos, por isso não se preocupe com minhas questões. Não estou julgando você.

— Desde criança, eu via e sentia coisas que as outras pessoas não sentiam nem viam. Com o tempo eu aprendi a me calar, pois fui punida muitas vezes, sempre me consideravam mentirosa ao relatar tais fatos.

— Pode me dar algum exemplo?

— Via minha avó ao lado de minha cama enquanto dormia. Algumas vezes, meu pai falava comigo durante a noite. E havia também as coisas estranhas que aconteciam, esses fatos sempre foram os maiores complicadores da minha vida.

— Que fatos?

— Objetos que desapareciam, às vezes todas as roupas apareciam espalhadas pelo quarto; coisas se quebravam, eram jogadas de um lado ao outro sem que ninguém se movesse.

— Médium de efeitos físicos — murmurou John. Como percebeu que a jovem não compreendera ele fez questão de explicar: — Existem pessoas mais dotadas do que outras para interagir com os espíritos, e para isso existe uma infinita variação de possibilidades. Permitir que os espíritos interajam fisicamente conosco é algo que ainda não vi pessoalmente, mas que é classificado como fenômeno de efeito físico. Ou seja, fenômenos onde os espíritos se valem do médium para obter a possibilidade de agir sobre a matéria mais densa.

Vendo que a jovem era por completo avessa a esses conceitos tratou de acalmá-la.

— Não se preocupe, vamos estar cercados por amigos espirituais que vão zelar pela segurança e harmonia de nossa reunião. Você vai-se acostumar aos poucos e em breve não sentirá mais temor algum.

Após algumas explicações e uma reflexão sobre o papel dos médiuns na comunicação, tema que consta em "O Livro dos Médiuns", diminuíram a luminosidade e prepararam-se para o início da sessão. Sarah sentia-se nervosa e preocupada, tinha receio, mas ao mesmo tempo sentia que estava em débito com Edouard. Ele a acolhera quando ninguém mais o fizera, e tudo tivera início com a perspectiva das reuniões mediúnicas.

Para um médium, a pior combinação de sentimentos que pode

haver é o temor somado ao sentimento de obrigação para a produção do fenômeno. Não sendo mais do que um instrumento, o médium pode ou não ser utilizado, conforme o interesse e possibilidades dos espíritos comunicantes. Quando o médium se sente na obrigação de prestar contas aos encarnados está à beira do abismo que, ao menor descuido, pode precipitá-lo aos fenômenos personalistas[1] ou encenações. Isso é muito comum em pessoas que necessitam da aprovação alheia e que, por uma questão de carência, buscam sem controle estar no centro das atenções.

Experiente, John conseguiu tranquilizar Sarah.

— Sarah, não se preocupe com resultados. Precisamos ter paciência e muito respeito quando lidamos com fenômenos mediúnicos. Sabemos que existe uma grande possibilidade de que nada venha a acontecer. Não devemos criar expectativas e vamos com disciplina repetir essa experiência quantas vezes forem necessárias. Portanto, fique em paz se nada acontecer.

Bastante inspirado, John conseguia tocar o ponto nevrálgico que preocupava Sarah. Decidida a relaxar e não se preocupar com o que acontecesse, ela conseguiu serenar-se.

Em penumbra, durante alguns minutos, não se ouviu nada. Ansioso, Edouard aguardava a possibilidade de começar os estudos. Contrariando todas as suposições, passados quinze minutos de silêncio, ouviram-se os primeiros barulhos.

Edouard foi o primeiro a se movimentar procurando reconhecer a origem dos ruídos. John fez sinal para que o mesmo se contivesse e aguardasse. Sarah parecia ter adormecido, sua cabeça pendia para frente e a respiração era bastante lenta. Clara, concentrada, também

---

[1] Personalismo: Alexandre Aksakov classificava como personalismo os fenômenos que têm origem na personalidade do próprio médium.

parecia dormir. Os mesmos ruídos se repetiram. Pareciam vir do interior da mesa, lembrava o som de unhas que deslizavam sobre a madeira.

Edouard não resistiu e espiou embaixo da mesa, mas não pôde ver nada de diferente. As mãos das mulheres estavam dispostas sobre a mesa e não haviam se movimentado. O som se produziu mais uma vez.

— Se existe alguém desejoso de se comunicar conosco pode fazê-lo — falou John iniciando sua participação direta.

Duas batidas mais fortes foram ouvidas na parede atrás de Clara.

— Esses sons são uma resposta afirmativa?

Novamente duas batidas foram ouvidas com clareza.

— Você está sozinho?

Apenas um som se reproduziu. John percebera que havia se estabelecido uma convenção para dizer sim com duas batidas e não com uma.

— Suas intenções são boas?

Sim, respondeu o espírito com a produção de um som seco na parede.

— Você não consegue se comunicar de outra forma?

A resposta não veio, profundo silêncio se fez. John e Edouard imaginaram que a questão havia desagradado o espírito comunicante. Passados mais alguns minutos, porém, outro fenômeno se produziu.

Os participantes ouviram sons, que a princípio não conseguiram compreender. Parecia que alguém amassava uma folha de papel. Minutos mais tarde ouviu-se nitidamente o som do lápis deslizando sobre o papel. Alguém escrevia, mas não havia mais ninguém no ambiente.

O experiente marinheiro buscou com o olhar o amigo médico, que fez um movimento que demonstrava sua perplexidade e desconhecimento do que ocorria, entretanto tentou explicar:

— Havia uma folha de papel e lápis sobre o tapete, Alene estava desenhando antes de ir dormir. Deve ter deixado o papel e o lápis no chão.

O som continuou por mais alguns minutos. Ao que foi seguido do barulho de uma mão que se apoiava pesadamente sobre a mesa. John e Edouard perceberam que uma folha branca fora depositada ao lado de Sarah. Bastante curiosos e impressionados, resolveram finalizar as atividades da noite. Uma rápida prece encerrou a reunião e, sem perder tempo, Edouard buscou iluminar o ambiente.

Sarah parecia voltar de um pesado sono. Alheia a tudo, demorou alguns segundos para perceber onde se encontrava. Sonolenta, Clara também recobrava a consciência. Ambas encontraram os olhos ansiosos dos dois homens sentados à mesa. De imediato veio-lhes à mente, o que acontecera?

Edouard, impulsivo, estendeu o braço e apanhou a folha de papel. De um lado havia os desenhos de Alene, mas do outros encontrou, surpreso, algumas palavras mal escritas.

— "Boa-noite, meus amigos." — o médico parecia decepcionado com o resultado da experiência. Ele não compreendia a dificuldade dos espíritos para produzir essa pequena frase.

— O que aconteceu? — queria saber Clara.

— Parecia que a noite não seria produtiva. Ao menos não tinha maiores expectativas com relação a resultados para essa primeira experiência. Passados alguns minutos, que não sei precisar, escutamos alguns arranhões, ao menos sons que pareciam ser arranhões embaixo da mesa. Como me dirigi ao espírito comunicante ele me respondeu com "raps[2]".

— Eu não percebi nada — comentou Clara com perplexidade.

— Então, questionei o espírito se ele conseguiria se manifestar de outra forma. Eu e Edouard imaginamos que ele tivesse partido, pois houve profundo silêncio por alguns minutos. Mas passamos a ouvir o som de papel sendo amassado e mais tarde o som do grafite sobre o papel. Sem conseguir visualizar nada, sentimos uma pressão sobre a mesa, como se alguém houvesse se apoiado e pudemos ver essa folha em branco que Edouard tem nas mãos.

— E então, o que há nessa folha? Tem algo escrito? — queria saber a esposa de John curiosa.

— Veja você mesma — respondeu Edouard passando o papel.

Enquanto isso John preocupava-se com Sarah, conversando e esclarecendo-a sobre o que havia se passado.

— Veja Sarah — disse Clara estendendo a ela o papel.

Sarah não viu nada demais naquela frase. Talvez porque estivesse inconsciente, não conseguia compreender a forma como ela fora produzida, sem a participação de nenhum encarnado.

---

[2] Batidas ou raps, fazem parte do processo histórico que consolidou as manifestações espíritas.

— Que fenômeno é esse? — indagou Edouard.

— Pneumatografia ou escrita direta. Quando o espírito se faz valer dos resíduos do médium para mover a matéria e produzir a escrita.

— Já havia presenciado?

— Não, é bastante raro. Acho que encontramos uma médium de efeitos físicos.

Sarah não compreendia muito bem o que estavam discutindo.

— Não se preocupe Sarah, está em boas mãos. John vai nos ajudar a compreender tudo isso. Ele aprendeu bastante sobre Espiritismo em suas viagens, em especial na França nesses últimos meses — Clara fez questão de tranquilizar a recém-chegada.

Finda a reunião, os participantes se despediram e marcaram outro encontro para dali três dias. Sarah reconheceu que esperava algo mais dramático e que, visto dessa forma, os estudos seriam agradáveis. Edouard gostaria de ter aprofundado um pouco mais a experiência, mas sabia que não deveria abusar da boa vontade dos espíritos nem do médium. John estava satisfeito, era a primeira vez que via um fenômeno de Pneumatografia, e Clara estava contente com a satisfação de John.

— Bom-dia — disse Edouard bem-humorado na manhã do dia seguinte.

— Bom-dia.

— O que achou da reunião de ontem? — quis saber a opinião de Sarah.

— Admito que foi melhor do que eu esperava.

— Como assim? Você estava com medo?

— Receio, seria a palavra certa. Você sabe que minha experiência pessoal com esse tipo de fenômeno não era agradável.

— Esqueça isso, esse período acabou.

— Talvez com o tempo eu consiga esquecer.

— Jamais nós faríamos algum tipo de atividade que colocasse você em situação de constrangimento ou perigo. Essa possibilidade não existe.

— Eu sei — disse Sarah com os olhos a brilhar.

— Eu conversei com John, falei do seu comportamento a ele. Nós dois chegamos à conclusão que grande parte dos problemas que a sensibilidade mediúnica provocava em você estava associada ao ambiente doméstico. Por tudo que se passou em sua antiga residência, fica fácil concluir que as companhias espirituais não eram dignas de lisonja.

— Então, o fato de existirem esses espíritos ruins na casa da tia Alice provocou aquela série de tragédias? — indagou surpresa a jovem. Sarah estava acostumada a ser a causa de todos os problemas. Alice sempre legara a ela essa responsabilidade. Seu espírito podia ter partido, mas as marcas de suas palavras continuavam tendo influência na intimidade da jovem.

— Não, você entendeu mal. A existência desses espíritos não dependia da sua presença. Não deve se sentir responsável por tudo que acontece. Você não pode se sentir tão importante assim. — exclamou entre risos.

— Oh, desculpe.

— Você sabe que tenho estudado os fenômenos mediúnicos com mais afinco, desde a morte de minha esposa. Porém, como médico, sou muito cético por vezes. Se o fenômeno não tivesse ocorrido comigo de forma afirmativa talvez ainda duvidasse dele com a mesma obstinação de antes.

— Então, quer dizer que você também é médium?

— Não gosto de rótulos. Digamos que sim, tenho essa mesma sensibilidade que me coloca em comunicação com os espíritos. Em função disso tenho amadurecido bastante. Faço minhas leituras antes de dormir já tem seis meses. Algumas vezes, enquanto faço algumas anotações, percebo que sou tomado de inspiração e escrevo longamente em intenso frenesi.

— Você escreve? Isso nunca aconteceu comigo.

— As primeiras vezes isso aconteceu sem minha participação consciente. Como eu disse, eu não aceitava a hipótese real da existência desses fenômenos.

— Então, agora você acredita?

— Podemos dizer que sim. Sabe como é, sou um homem criado em meio à ciência. Preciso de afirmações diárias para crer que isso não passa de algo psicológico. Todavia nunca estudei tanto quanto hoje. Tenho tido a oportunidade de aprender muito sobre mim mesmo. Talvez esse seja o principal aspecto de estudar e aprender com os fenômenos mediúnicos. Temos a possibilidade de reavaliar comportamentos que sequer havíamos percebido e, com isso, mudar.

O TESTEMUNHO DOS SÁBIOS

— Então, quer dizer que os espíritos moravam na minha antiga casa?

— Isso eu não sei dizer, mas que o comportamento de cada um influi para aproximar ou afastar os espíritos, isso influi.

— A minha mediunidade não seria um fator para aproximar os espíritos?

— Até certo ponto sim. Você era o recurso para os espíritos se manifestarem no mundo corporal. Porém, mais importante do que isso é o ambiente doméstico que criamos, e pelo que você me conta a casa de sua tia não era dos melhores exemplos.

— E a presença desses espíritos poderia ter provocado toda aquela desgraça?

— Sarah, na medida em que somos nós que atraímos as companhias espirituais não podemos atribuir às desgraças ao acaso. Estive conversando com John sobre essa questão, assim como recebi alguns conselhos por escrito. A prova maior de que você não tem responsabilidade sobre o que aconteceu é o fato de que você, salvo o abalo emocional, saiu ilesa de todo o ocorrido. Na medida em que você era a pessoa mais sensível da casa, deveria ter sido a primeira a sofrer as consequências funestas. Contudo, sua sintonia era diferente. As suas afinidades eram diferentes das do restante da família, apesar de habitarem na mesma casa. Sofria, por certo, as repercussões dessas influências através dos comportamentos dos familiares, mas não era alvo direto da ação dos espíritos.

— E por que coisas ruins aconteciam sempre que eu ficava nervosa ou com raiva?

— Isso é fácil de responder. Nesses momentos você se identificava com esses espíritos problemáticos que, através de sua sensibilidade conseguiam produzir fenômenos mais intensos. Você não viu ontem como isso funciona? Os espíritos usam a sua energia, o seu ectoplasma, para agir sobre a matéria. Irritada você permitia, sem querer e sem saber, que espíritos se utilizassem dessa energia. Por isso os vestidos eram lançados longe, louças eram quebradas.

— Então, se eu me irritar isso pode voltar a acontecer?

— Depende das companhias espirituais do ambiente. Nós não somos imunes às irritações e ao mau humor. Porém, não quero saber da senhorita quebrando as louças aqui de casa — disse ele às gargalhadas.

Sarah ficou um pouco constrangida, mas percebeu que era uma brincadeira e terminou se juntando aos risos fáceis do médico. Estavam vivendo uma nova fase em suas vidas. Elisabeth, satisfeita, sorria junto, pois era seu desejo ver o ex-companheiro alegre outra vez.

Gladys não deixou de perceber que o ambiente havia se transformado. Não havia mais lugar para a tristeza de antes. Contente, mas ao mesmo tempo desejosa de ver a presença de Sarah na residência ganhar outro status, aguardou um momento em que pudesse estar a sós com Edouard e resolveu sugerir mais uma vez a ideia de um novo casamento para o patrão.

— Tenho visto que a alegria voltou a essa casa.

Edouard sorriu.

— Creio que Elisabeth iria gostar da Sarah.

— Também acredito nisso — falou o médico.

— Vocês se entendem tão bem, às vezes parecem apaixonados.

— Gladys lá vem você de novo com essa conversa.

— Edouard, é importante, senão por você, então pelas meninas. Já pensou que pode estar privando-as da possibilidade de ter novamente uma mãe. Ou acredita que Sarah não seria uma boa mãe e esposa?

— Sarah é uma excelente pessoa, mas a questão é que eu não penso em contrair novamente o matrimônio.

— Você não pode ter medo de sofrer porque já sofreu uma vez.

— Eu não quero passar pela mesma situação uma segunda vez. Imagine o choque para as meninas.

— E você acha que não será ruim ter que lidar com a ausência da mãe? Ou, então, ter que lidar com a minha morte? Pois, como você sabe, eu estou mais próxima da morte do que da juventude.

O Sr. Smith reagia de forma muito natural, acreditava que fugindo poderia evitar a dor. Essa questão é muito comum entre as pessoas que terminaram um relacionamento de forma traumática, ou então, que tiveram que lidar com a doença e a morte de alguém querido. No entanto, precisamos seguir a vida, pois ela não nos espera. Cair em apatia não torna mais fácil. No dia em que a sociedade compreender a morte como ela realmente é, e houver uma verdadeira alteração dos valores mundanos que abraçamos, essas situações deixarão de ser dramáticas para ser exclusivamente aprendizado. Enquanto isso que possamos tirar as melhores lições possíveis dos sofrimentos que cultivamos em nós mesmos.

Gladys fazia Edouard refletir.

— Ou seus atributos femininos desagradam-lhe?

— Não Gladys não é essa a questão.

— Então o que é?

— Na verdade eu não sei, mas não me sinto confortável com nenhuma decisão quanto a isso.

Sarah entrava na cozinha, onde Edouard e Gladys conversavam. Ao ouvir seu nome parara, evitando uma situação constrangedora. Mesmo sem ter essa intenção acabou ouvindo as últimas frases do diálogo, e compreendeu que falavam sobre sua situação com Edouard. Sonhadora e ingênua, seus olhos brilharam e o coração acelerado reproduzia a importância do tema em sua intimidade. Fazia alguns meses que havia descoberto que amava o médico.

Procurou se acalmar e fingir que nada havia escutado. Voltou um pouco os passos e decididamente entrou na cozinha.

— O que os dois estão cochichando? — disse em tom alegre.

— Nada demais — respondeu ele, evitando demonstrar qualquer coisa.

Sarah avaliava o comportamento do homem a sua frente. Procurava seus olhos tentando saber o que se escondia dentro deles.

Edouard se sentia desconfortável com aquela situação. O assunto levantado por Gladys não lhe era agradável, entretanto, ele admitia alguma razão na argumentação da governanta. Preferia ficar só para refletir. Sem sequer perceber que poderia ser pouco educado, virou as costas e saiu, em uma ebulição de pensamentos e sentimentos confusos.

Trancado no escritório, o médico passou a tarde em completo isolamento. Sarah, inexperiente, viu naquilo uma recusa. Sentia-se apreensiva e triste.

O TESTEMUNHO DOS SÁBIOS

— Não se preocupe, conheço bem o Edouard. Ele faz sempre isso quando pretende tomar uma decisão importante — disse Gladys como se adivinhasse os pensamentos de Sarah.

— E o que ele tem de importante para decidir? — fez-se de desinformada a jovem.

— Vamos saber mais tarde. Só nos cabe aguardar.

A ansiedade de Sarah aumentou. Um conflito entre os sonhos e a decepção se travava dentro dela. O que será que Edouard decidiria? Gladys percebeu o estado de excitação da jovem e desconfiou que ela pudesse ter ouvido a conversa que tivera com seu patrão.

Edouard, nervoso, procurava aquietar-se. Sentia agradável prazer na companhia de Sarah, mas não via uma aproximação maior como sendo algo correto. O que pensaria Elisabeth de tudo isso? Aprovaria? Seria contrária? Não sabendo o que fazer decidiu ler um pouco. Sentou-se na poltrona de leitura e, aos poucos, foi-se acalmando e deixando que o pensamento se transportasse ao mundo das hipóteses. Naturalmente deixou o livro de lado e pôs-se a imaginar sua vida com e sem Sarah. Permaneceu nesse estado de abstração por longos minutos, talvez por horas, perdera a noção do tempo.

Não sabia se dormia ou se sonhava acordado, mas eis que à sua frente, em pé ao lado da janela, ele viu uma silhueta feminina que se desenhava cada vez mais clara. Tentando se concentrar, percebeu que estava em completa letargia, mole e sem capacidade para articular qualquer palavra. Estava em estado de transe.

Era Elisabeth. Mais bela do que nunca, com seus cabelos louros cacheados. Edouard sentiu uma sensação de bem-estar incomum. Saudade imensa da amada companheira brotara de seu coração e algumas lágrimas de alegria e melancolia se mesclavam ao cair de seus olhos.

RAFAEL DE FIGUEIREDO DITADO POR FREI FELIPE

— Jamais eu seria contrária à sua felicidade, meu querido — disse uma voz que repercutia dentro de sua cabeça.

— Eu tenho medo — argumentou mentalmente Edouard.

— Não o tenha, não existe razão.

— Eu sinto sua falta.

Elisabeth sorriu e flutuante aproximou-se um pouco mais.

— Existem razões para nosso distanciamento nesse momento. Aproveite tudo que tem aprendido para confiar em Deus. Você sabe muito bem que nós não desaparecemos com a morte, eu sou uma prova bastante viva disso. Você tem um bom coração. Deixou-se vencer pela tristeza e, se não fosse a presença de Sarah nessa casa, talvez você tivesse optado pelo suicídio.

Edouard sentiu-se envergonhado de Elisabeth conhecer sua fraqueza.

— Essa jovem tem uma admiração muito pura por você. Não posso decidir nada, mas jamais colocaria entrave algum às suas decisões. E não pense que eu considero isso uma traição, pois ambos sabemos que a situação é de todo diferente, e quando amamos em verdade uma pessoa desejamos o bem dela, mesmo que seja longe de nós.

— Eu gostaria de partir contigo.

— Não seja egoísta, não se deixe levar tanto por essa irracionalidade emotiva — disse Liz em tom mais sério. — E como ficariam as meninas? Seriam criadas por Gladys já com idade avançada? Ou então pela jovem que as adotaria sem ter nenhum direito legal? Você ainda tem compromissos a cumprir antes de partir, deve esforçar-se para desempenhá-los bem, caso contrário mesmo nosso reencontro poderia estar ameaçado.

Elisabeth pareceu perceber alguma coisa, pois olhou para o lado.

— Eu tenho estado sempre ao lado de todos vocês. Venho velar pelo sono das meninas. Não perca a esperança. Eu preciso ir, mas sempre que possível voltarei para visitá-los.

Edouard não teve tempo de dizer nada. Quando se deu conta, Elisabeth já havia desaparecido. Voltando ao estado normal, seu corpo parecia despertar de um sono longo e profundo. Não sabia ao certo se havia visto Liz ou sonhado com ela. Porém, fora tão real que não pudera pôr em dúvida. A sensação era de alívio. Mesmo sem dizer nada, compreendeu que Elisabeth gostaria que ele se casasse legalmente com Sarah. Estaria restabelecendo a família e possibilitando às filhas terem uma mãe amorosa.

Mais calmo, ele continuou refletindo sobre todas as implicações inerentes a essa questão. Como fazer?

— Bom trabalho, minha filha — disse Mariano a Elisabeth, constatando o resultado de sua influência sobre Edouard.

— Tive medo de ser muito direta.

— Você o fez com perfeição. Deixou a ele a decisão, mas mostrou-lhe o caminho. Logo estará em condições de excursionar desacompanhada junto à crosta. Tenho plena convicção em sua noção de responsabilidade, minha filha.

Frei Mariano e Elisabeth partiram deixando Edouard entretido com seus novos planos.

– 19 –

Os dias pareciam mais radiantes, o sorriso fácil e a alegria espontânea que brotavam na residência da família Smith eram contagiantes. Sarah havia aceitado o pedido de casamento de Edouard. Haviam acordado uma cerimônia simples e discreta. A relação entre Sarah e as duas pequenas filhas de Elisabeth e Edouard era composta de afeto sincero. A jovem sentia-se lisonjeada com o voto de confiança que lhe fora dado na criação das filhas deles, agora suas filhas também. As meninas se acostumaram com extrema facilidade ao jeito simples e dócil de Sarah.

Como ocorre na vida de todos nós, a família Smith passava por um período de calmaria e tranquilidade, depois de ter vivido outro de turbulência. As dificuldades e o sofrimento — que podem ter origem no presente ou ser oriundos do passado, mais ou menos distante —, estimulam-nos mudanças de atitude, alterações de comportamento. Sem contar que não sabemos apreciar a serenidade sem termos vivido antes a dificuldade. Ao analisar o comportamento de nossa sociedade, vamos facilmente perceber que as dificuldades são como a mola propulsora das principais transformações no mundo — sejam coletivas ou individuais.

Não conhecemos a felicidade sem termos antes vivido a tragédia ou a dificuldade. Isto serve também para os relacionamentos humanos, seja com familiares ou cônjuges. Somente damos o devido valor às pessoas quando já estivemos sozinhos, fomos abandonados ou traídos. Esses antagonismos grosseiros, ainda tão necessários para nossa conscientização, mostram como somos atrasados do ponto de vista da compreensão dos sentimentos e comportamentos humanos.

Esse sossego forneceu a Sarah e Edouard um período de conhecimento íntimo. O entrosamento entre ambos dava-se com facilidade. O caráter gentil e dócil de Sarah agradava muito o jovem médico; bem distinto do de Elisabeth, com seu caráter forte e sempre disposta a expor seu ponto de vista. A convivência com a primeira esposa exercitou sua compreensão, pois Edouard, bastante orgulhoso, por vezes tinha dificuldade de escutar os outros. Já com Sarah a situação era diferente, ela logo aceitava a opinião do marido, o que fazia dele o responsável por tudo que acontecesse. Era preciso muita atenção para não se tornar um tirano doméstico. Com isso, Edouard aprendia a controlar o orgulho.

Acompanhando um jornal espiritualista inglês, o jovem médico encontrou relatos das experiências de Gabriel Delanne com moldes de parafina. A ideia de produzir esses moldes em experiências mediúnicas foi concebida primeiramente pelo professor de geologia estadunidense Mr. Denton. Em 1875 ele obteve pela primeira vez o molde de um dedo. A técnica empregada consistia em utilizar duas vasilhas, uma com água quente e outra com água fria. Acrescenta-se parafina derretida na bacia com água quente, onde o espírito deverá mergulhar a mão. Pede-se ao espírito materializado que feito isso mergulhe as mãos no recipiente com água fria, para que o molde enrijeça. Repete-se a operação até que o molde esteja consistente, como que formando uma luva de razoável espessura. Quando o molde estiver suficientemente firme, preenche-se o mesmo com gesso, para que se tenha uma cópia exata do tamanho e forma da mão materializada[1].

Empolgado, Edouard estendeu o jornal à esposa.

— Você quer fazer o mesmo comigo? — questionou sorrindo.

— Seria uma experiência interessante não? — propôs um pouco constrangido com a reação dela.

— Então o senhor pensa em me colocar num saco?

Ambos desataram a rir.

— A ideia não é ensacá-la querida. Porém, seria interessante poder observar com os próprios olhos um fenômeno desses.

— Não sei se seria possível.

— Creio que sim, talvez exija de nós algum tempo de espera, mas sua sensibilidade dispõe-se muito bem à produção de fenômenos de materialização. Senão como poderíamos explicar os inúmeros exemplos de movimentação de objetos que acontecem ao seu redor?

— Se você acha viável, então, estou de acordo.

Combinaram de tentar uma primeira experiência na noite seguinte.

---

[1] Como a crítica acreditava que nessas experiências poderia haver fraude, o professor Denton recorreu a uma prova interessante: pesou a massa de parafina antes e depois da sessão, achando o mesmo peso nos dois casos. Sua experiência foi repetida por três vezes, publicamente, diante de grande número de pessoas, em Boston, em Charlestown, Portland, Baltimore, etc., sempre com êxito. Para excluir qualquer dúvida certa vez a médium, Ms. Hardy, foi ensacada até o pescoço e os moldes se produziriam dentro de uma caixa de madeira fechada, devidamente preparada por um dos participantes mais desconfiados. Delanne descreve essas experiências em algumas de suas obras. Comentando as mesmas, lembra que a fabricação desses moldes é inteiramente impossível, porque a mão enluvada com a parafina não pode sair do molde sem quebrá-lo, já que a espessura do punho é menor que a da mão. Resta a alternativa mais simples que é aceitar que existe a materialização e a desmaterialização da mão que produziu o molde.

Pensaram em convidar John, mas o mesmo estava em alto mar, em viagem. Emma, porém, soube da experiência que o amigo de seu tio tentaria e candidatou-se a participar. Edouard concordou, contaria com duas médiuns nas atividades da noite. Como John não estaria presente, esta seria a primeira vez que ele dirigiria uma reunião dessas.

Exigente e responsável, o médico passou o dia em leituras, procurando aprender o máximo possível sobre fenômenos de materialização, que Allan Kardec denominava fenômenos de efeitos físicos.

Ele procurou seguir as informações que Gabriel Delanne havia descrito em seu artigo. Instalou uma cortina em um canto de seu gabinete, fariam a experiência na biblioteca, que havia sido adaptada para tal feito. Em dois bancos foram dispostas duas bacias, uma com água quente e parafina derretida e outra com água fria. Havia também, do lado de fora da cortina, certa quantidade de gesso, que pretendiam utilizar caso algum molde fosse obtido.

— Vejo que já preparou tudo — comentou Emma, curiosa com a atividade que se pretendia executar.

— Vocês devem se sentar aqui — disse indicando duas cadeiras próximas à cortina, mas suficientemente distantes para que não pudessem alcançar o local protegido da luz.

— Nós devemos permanecer aqui o tempo todo? — quis saber Sarah.

— Sim. Você lembra-se da nossa última experiência? — ao sinal de concordância, continuou Edouard: — Vocês devem permanecer concentradas, evitando pensar em algo de propósito, e permitir que o fenômeno ocorra por si mesmo. É imprescindível que não sejamos incomodados. A luminosidade vai permanecer fraca durante toda a experiência, por isso trouxe esse lampião.

— Fico feliz que tenha vindo Emma, assim não sou o único ponto de apoio da nossa experiência — comentou Sarah.

— Eu não perderia isso por nada. Afinal, não é comum esse tipo de experiência e soube que você tem conseguido resultados interessantes.

— Vamos nos concentrar, senhoras. Está na hora para o início das nossas atividades. Para começar, eu proponho a leitura de um artigo escrito por nosso famoso cientista, Willian Crookes[2]:

Passo agora a sessão que se realizou ontem à noite, em Hackney. Katie nunca apareceu com tão grande perfeição. Durante perto de duas horas passeou na sala, conversando familiarmente com os que estavam presentes. Várias vezes tomou-me o braço, andando, e a impressão sentida por mim era a de uma mulher viva que se achava a meu lado, e não de um visitante do outro mundo; essa impressão foi tão forte, que a tentação de repetir uma nova e curiosa experiência tornou-se-me quase irresistível.

Pensando, pois, que eu não tinha um espírito perto de mim, mas sim uma senhora, pedi-lhe permissão de tomá-la em meus braços, a fim de poder verificar as interessantes observações que um experimentador ousado fizera recentemente, de maneira tão sumária. Essa permissão foi-me graciosamente dada, e, por consequência, utilizei-me dela, convenientemente, como qualquer homem bem educado o teria feito nessas circunstâncias. O Sr. Volckman ficará satisfeito ao saber que posso corroborar a sua asserção, de que o "fantasma" era um ser tão material quanto à própria Srta. Cook. Mas o que vai seguir mostrará quão pouco fundamento tem um experimentador, por mais cuidado que tenha nas suas observações, em aventurar-se a formular uma importante conclusão quando as provas não existem em quantidade suficiente.

Katie me disse então, dessa vez, que se julgava capaz de mostrar-se

---
[2] Físico e Químico inglês, vencedor do Prêmio Nobel de Química em 1907.

ao mesmo tempo em que a Srta. Cook. Abaixei o gás, e, em seguida, com a minha lâmpada fosforescente penetrei o aposento que servia de gabinete.

Mas eu tinha pedido previamente a um dos meus amigos, que é hábil estenógrafo, para anotar toda observação que eu fizesse, enquanto estivesse no gabinete, porque bem conhecia a importância que se liga às primeiras impressões, e não queria confiar a minha memória mais do que fosse necessário: as suas notas acham-se neste momento diante de mim.

Entrei no aposento com precaução: estava escuro, e foi pelo tato que procurei a Srta. Cook; encontrei-a de cócoras, no soalho.

Ajoelhando-me, deixei o ar entrar na lâmpada, e, à sua claridade, vi essa moça vestida de veludo preto, como se achava no começo da sessão, e com toda aparência de estar completamente insensível. Não se moveu quando lhe tomei a mão; conservei a lâmpada muito perto do seu rosto, mas continuou a respirar tranquilamente.

Elevando a lâmpada, olhei em torno de mim e vi Katie, que se achava de pé, muito perto da Srta. Cook e por trás dela. Katie estava vestida com uma roupa branca, flutuante, como já tínhamos visto durante a sessão. Segurando uma das mãos da Srta. Cook na minha e ajoelhando-me ainda, elevei e abaixei a lâmpada, tanto para alumiar a figura inteira de Katie, como para plenamente convencer-me de que eu via, sem a menor dúvida, a verdadeira Katie, que tinha apertado nos meus braços alguns minutos antes, e não o fantasma de um cérebro doentio. Ela não falou, mas moveu a cabeça, em sinal de reconhecimento. Três vezes examinei cuidadosamente a Srta. Cook, de cócoras, diante de mim, para ter certeza de que a mão que eu segurava era de fato a de uma mulher viva, e três vezes voltei a lâmpada para Katie, a fim de examiná-la com segurança e atenção, até não ter a menor *dúvida de que ela estava diante de mim. Por fim, a Srta. Cook fez um ligeiro movimento e imediatamente Katie deu um sinal para que me fosse embora. Retirei-me para outra parte do gabinete e deixei então de ver Katie, mas só abandonei o aposento depois que a Srta. Cook acordou e que dois assistentes entraram com luz.*

— É verdadeiramente fantástico que ele tenha conseguido efetivar experiências tão perfeitas assim com esse espírito — comentou Sarah, impressionada pela leitura.

— O caso de Katie King é bastante conhecido entre os espiritualistas e espiritistas. Afinal, as experiências foram conduzidas por um de nossos mais respeitados cientistas. No entanto, esse tipo de fenômeno é bastante raro, repetindo-se poucas vezes. Espero que um dia nós sejamos agraciados com a possibilidade de presenciar algo semelhante — comentou Emma, que demonstrava se dedicar à leitura espírita.

Os fenômenos de efeitos físicos, ou como diria Charles Richet, de ectoplasmia, tiveram seu auge entre o fim do século XIX e o início do século XX. Requisitando uma série de condições especiais, não eram fenômenos de fácil reprodução, o que desestimulava os curiosos, entretanto, houve um grande interesse por parte de diversos cientistas renomados em estudá-los. A imensa maioria tornou-se espírita após as observações, pois quase que com unanimidade atestavam, apesar de todos os mecanismos de controle empregados, que os fenômenos eram reais.

Edouard mais uma vez divagava em seus próprios pensamentos, confuso e intrigado. Se esses fenômenos eram reais, e se cientistas tão renomados haviam dado seu testemunho a favor de sua existência, por que ainda existiam tamanha desconfiança e descrédito com relação a essas aparições e manifestações mediúnicas? Será que os embusteiros denegriam de tal modo essa ciência que ela era refutada, ou haveria interesses diferentes impedindo a consolidação dessas experiências de modo amplo?

— Vamos começar com a nossa oração, solicitando o auxílio dos espíritos para o prosseguimento de nossa atividade.

O silêncio tomou conta da reunião, a luz bruxuleante dava um tom amedrontador ao ambiente e impressionaria facilmente as mentes supersticiosas. Mas ao conhecermos os mecanismos intrínsecos ao processo mediúnico, essa nevoa mística se desfaz por completo.

Em completo silêncio, Edouard aguardava algum resultado. Emma e Sarah pareciam dormir, entregues por completo à atividade a que se propuseram. A paciência, uma virtude fundamental ao ser humano, fazia esforços para manter a serenidade, evitando que as mentes agitadas perdessem o foco. É muito fácil para nós perdermos a objetividade quando somos convidados a aguardar por algo.

Alguns minutos se passaram e nada parecia acontecer. O jovem médico dava a atividade como frustrada, não mais acreditando que algo aconteceria. Porém, algo difícil de explicar aconteceu. Ele sentiu que alguém se aproximava dele pelas costas, seus batimentos cardíacos aumentaram, a expectativa se avivou. O que seria? Quem estava ali? O receio natural nessas horas se mostrou em toda sua pujança. Edouard não sabia o que fazer, apenas aguardava. Um torpor pesado assaltou seu espírito, sentia como se sua cabeça de um momento ao outro passasse a pesar o dobro do normal. Uma sonolência envolveu-o. Em completa prostração, mas com plena consciência, algo difícil de explicar ocorreu-lhe. Ele ouviu um sussurro. Apesar de baixo, pareceu ecoar em seus pensamentos. Como se alguém falasse dentro de sua cabeça.

— "Espere mais um pouco".

Edouard pareceu dormir, contudo, sua vivacidade intelectual permanecia não só ativa como potencializada. Ele parecia conseguir refletir de modo mais amplo e suas certezas assemelhavam-se mais claras. Acostumado a experiências, tentou movimentar os braços para ver o que ocorria; apesar de pesados, seria possível movimentá-los, o mesmo se dava com sua cabeça, que lhe aparentava envolvida por algo que a deixava mais pesada que o normal. Concluiu que estava passando por um fenômeno mediúnico.

Parecia-lhe ter sido deslocado para fora do corpo, mas ainda mantinha forte ligação com ele. Algo que, na classificação moderna do Espiritismo, chamaríamos de fenômeno de desdobramento. Ele estava em meio a um processo de desdobramento parcial, em que seu espírito foi induzido ao alargamento das faculdades anímicas, para que pudesse estabelecer uma comunicação mais precisa com os espíritos comunicantes. Lembrando a literatura espírita que conhecia, ele fez uma analogia com o sono, entre as etapas em que ainda não dormimos um sono profundo, mas não estamos mais acordados. Seu espírito não estava fora do corpo, mas também não estava consciente em seu corpo.

Mais alguns minutos se passaram e Edouard, com a sensibilidade bastante aguçada, escutou alguns ruídos por detrás da cortina. Pareceu barulho na água. Havia algo movimentando a água. Sua expectativa cresceu, e a ansiedade que se apoderou dele fez com que ele voltasse à consciência. Os barulhos cessaram por completo. Girando o olhar pela fraca luminosidade que cobria o gabinete, viu que Sarah e Emma permaneciam concentradas. A curiosidade instigava-o a finalizar a reunião para poder observar o resultado. Entretanto, era preciso aguardar um pouco mais, talvez os espíritos ainda tivessem alguma surpresa.

Aguardou mais cinco minutos e convicto de que havia alcançado o possível para a experiência resolveu encerrar a reunião. Solicitou que as duas moças voltassem a sua condição habitual e proferiu curta prece para encerrar as atividades.

O TESTEMUNHO DOS SÁBIOS

— Agora vamos ver se conseguimos algo — falou aumentando a força do gás e logo em seguida levantando-se para ver o que havia por detrás da cortina.

Levantou a ponta do tecido e a luminosidade mostrou o que lá se encontrava. Ele constatou que houve movimento na tina com a parafina, mas quantidade muito pequena fora utilizada. Dirigiu sua atenção ao outro recipiente, porém só encontrou uma massa disforme. Pegou o molde endurecido e não conseguiu definir do que se tratava. Ao que parecia, a experiência não pôde ser bem executada.

De posse da parafina endurecida voltou à mesa para mostrar o que conseguiram às duas jovens.

— Infelizmente não conseguimos nada de bom — disse em tom decepcionado.

— Deixe-me ver — solicitou Sarah.

— Como não Edouard? O fato de não termos em mãos um molde bem definido não arruína nossa tentativa. Algo aconteceu e, se não foi possível um molde perfeito na primeira tentativa, nada nos impede de continuar tentando — comentou Emma.

Emma estava certa. Ele refletia. Muitos experimentadores levavam meses ou mesmo anos para se conseguir resultados que os satisfizessem. Nem ele, nem Emma e nem Sarah levantaram-se durante a sessão experimental, portanto, houve outra pessoa que o fez. Como tudo estava bem trancado, não era possível ter sido alguém vivo. Sim, os espíritos estiveram lá. Tentaram a experiência, aceitaram o desafio, e, apesar de não se ter obtido um molde exato, o resultado se mostrava promissor.

— Vamos tentar repetir essa mesma atividade em outras ocasiões? — indagou o médico.

Com a anuência de todos os demais presentes, ficou estabelecido que uma vez por semana se reuniriam para continuar com as observações e experiências. John e a esposa participariam sempre que possível. Estava estabelecido um núcleo de experimentação espírita na casa de Edouard Smith, um dos mais céticos cidadãos londrinos até alguns anos atrás.

- 20 -

As experiências se repetiram e em algumas ocasiões o grupo conseguiu a reprodução exata de mãos, houve uma vez que o molde retratava um pé de bebê. Todavia, a eficiência do método se prendia a fatores que fugiam à compreensão dos experimentadores. Edouard mudara o local onde dispusera a cortina, procurando com isso alterar a luminosidade; tentou empregar cantos, como o faziam certos grupos que realizam experiências semelhantes; o objetivo era manter os pensamentos dos participantes concentrados em um ponto comum.

Na realidade, apesar dos participantes doarem o ectoplasma utilizado nas materializações, os envolvidos não passam de expectadores. Essa ciência não era dominada sequer pelos espíritos que a executavam. Sabemos que, para os espíritos evoluídos, o contato com a matéria densa torna-se um sacrifício. Eles passam a receber todas as sensações habituais das criaturas encarnadas, inclusive algumas limitações intelectuais. É normal, portanto, que para esse tipo de atividade sejam empregados espíritos de condições muito análogas às dos encarnados, e que ainda se sentem muito próximos das impressões provocadas pelo contato com a matéria densa. O mais comum é que os próprios executores de tais tarefas não conheçam os mecanismos empregados para realizá-las. Como a humanidade, em sua maioria, que para sobreviver executa tarefas fisiológicas automáticas sem saber como elas acontecem.

A volta de John deu novo ânimo a grupo. Em função do vivo interesse de Edouard, o marinheiro apresentou o médico a outro grupo que realizava experiências e observações mediúnicas. Edouard ficou entusiasmado com a possibilidade de participar de algumas sessões com esse grupo. Sarah iria com ele. Souberam que naquele grupo já se havia produzido a materialização completa do espírito de uma jovem. Jovem essa que fora facilmente reconhecida e deixava-se ser tocada e analisada, com vistas ao progresso dessas experimentações.

Mais do que antes, Mariano se colocava ao lado de seu protegido, inspirando-o e conduzindo-o no aprofundamento dos estudos. Estava contente com a possibilidade de Edouard ter contato com outro grupo de experimentadores; ele teria a possibilidade de fazer observações oportunas e comparações que o enriqueceriam.

Na hora e local previamente acordados, o Sr. Smith e a esposa se dirigiram para a reunião. Foram recebidos por um cavalheiro utilizando um terno bastante sóbrio. Suas sobrancelhas espessas e próximas uma da outra lhe davam uma aparência um pouco rude, como se diante deles se encontrasse um homem pouco aberto a opiniões contrárias à sua. Winston era o proprietário da residência, também era o responsável pelas reuniões. Era através de sua esposa que o espírito vinha-se manifestando tinha quase um ano. John conhecia sua personalidade e aconselhou a Edouard que evitasse contrariá-lo.

A casa apresentava uma sobriedade exagerada, os tons escuros estavam por toda parte. Sarah não se sentiu bem logo ao entrar, mas logo essa impressão foi esquecida. Ambos se encaminharam a um salão.

Esta peça da casa estava exiguamente mobiliada, havia uma mesa de madeira maciça, várias cadeiras e duas poltronas. Olhando em volta, Edouard percebeu que as janelas estavam tapadas com tecido escuro e que a luminosidade reinante se devia à luz produzida por velas, que inundavam o ar com odor nauseabundo. Ele não simpatizou com o que via.

— Você pode se sentar neste lugar com sua esposa — disse o anfitrião cheio de cerimônia.

Edouard sentou-se em uma das cadeiras dispostas em semicírculo. Sarah lhe chamou a atenção por perceber uma pequena cortina colocada no canto do salão.

— Deve ser naquele espaço que tentam os fenômenos de materialização.

— É verdade. Você está bem? — perguntou ele à esposa mostrando desconforto na voz.

— Estou, não se preocupe comigo.

As demais pessoas sentadas em semicírculo pareciam mais habituadas com o lugar, alguns conversavam enquanto outros preferiam guardar silêncio e observavam tudo ao redor. Os olhares dirigidos a Edouard o desagradavam.

— Não sei explicar, mas tem alguma coisa me incomodando aqui — cochichou no ouvido da esposa.

— Eu também tive uma impressão desagradável assim que entramos, mas agora já não sinto nada.

— Vamos aguardar e ver o que acontece, não creio que vamos

participar uma segunda vez dessa reunião — falou em tom sério e contrariado.

O proprietário da casa, com seu terno escuro, colocou-se no centro do semicírculo e, tal qual o apresentador de um circo, passou a anunciar a reunião daquela noite. O médico antipatizara com ele ao primeiro olhar. Sua fisionomia rude, acompanhada do ar arrogante, infundia-lhe desagradável impressão. A estatura de Winston era baixa e aparentava estar com excesso de peso.

Winston relatava a sua importância na atividade e destacava, com exageradas palavras, a força psíquica da esposa. Sentada dentro do gabinete, ela mostrava-se pronta para o início das atividades. O anfitrião encaminhou-se para o mesmo espaço e desejou boa sorte antes de fechar a cortina.

— Apaguem as velas, por favor. Apenas algumas ficarão acesas para que tenhamos condição de ver o fenômeno.

O silêncio reinava, mas a impressão de Edouard deixava-o angustiado. Não sabia dizer o porquê, entretanto, não se sentia confortável. John lhe dissera que não frequentava o grupo, que apenas conhecia o proprietário e ouvira falar dos espantosos fenômenos que se produziam através da senhora Caldwell.

Estimulados por uma senhora idosa, que parecia pertencer à família Caldwell devido a semelhança da fisionomia, todos na audiência começaram a cantar um hino religioso. Cantavam as mesmas músicas ouvidas na igreja. Winston entusiasmado encenava o papel do maestro. Aquilo tudo afetava a credibilidade da reunião e Edouard já havia se arrependido de ter ido até ali.

A um sinal de Winston, todos pararam os barulhos e puderam escutar que alguns ruídos surgiam timidamente por detrás da cortina.

RAFAEL DE FIGUEIREDO DITADO POR FREI FELIPE

— Vocês ouviram? — indagou o proprietário da residência.

O barulho se repetia e a cortina movia-se lentamente.

O ceticismo do médico recrudescera diante desse quadro alegórico. Sem dúvida que tudo aquilo não passava de um embuste.

De novo o barulho.

Demonstrando a sua importância, Winston ergueu-se e, em voz alta e pausada, dirigiu-se ao espírito manifestante.

— Venha para fora e mostre-se!

A expectativa fizera com que alguns segundos parecessem muito longos. Atendendo ao chamado, um vulto branco ergueu a lateral da cortina e deu o primeiro passo em direção ao centro da sala.

Edouard esforçava-se por divisar o vulto e averiguar se não se tratava da senhora Caldwell.

— Você não pode vir mais próximo? — indagou o senhor Caldwell.

O vulto retornou para detrás da cortina sem dizer uma única palavra.

— Isso já aconteceu outras vezes. Devemos esperar em silêncio — destacou o condutor da reunião.

Demorou alguns minutos e o reposteiro ergueu-se mais uma vez. Dessa vez a forma andava com mais confiança. Avançou diretamente ao centro da sala. Sua estatura era maior que a da médium. Entretanto, seria fácil uma simulação do fenômeno se houvesse um alçapão no interior da peça onde ficava a médium. Qualquer pessoa poderia entrar e sair por lá. Edouard acreditava na existência do fenômeno mediúnico, mas a encenação exagerada deixara-o muito desconfiado. Portanto, ele não via com bons olhos tudo que se desenrolava naquele momento.

— Esta é Anne, costuma nos visitar com frequência. Nem sempre ela consegue falar, porém talvez tenhamos sorte na noite de hoje — informou o condutor da sessão.

Edouard analisava o espírito materializado, procurava ver o rosto e defini-lo com clareza. A figura alta, parada no centro do grupo, mantinha o rosto coberto por um tênue véu. Por que o véu? Questionava-se o médico.

Como se Anne houvesse entendido a indagação ergueu o véu e deixou seu rosto à mostra. Pôde confirmar, com nitidez, não se tratar da senhora Caldwell. Alta e pálida não se podia dizer que Anne era uma mulher bela, nem considerá-la o oposto, visto que dela emanava certa simpatia difícil de definir a origem.

— Anne, você consegue falar? — questionou Winston.

— Saudação a todos — a voz de Anne soava diferente, metálica, e parecia ressoar dentro dos ouvidos. Era como se sua voz não partisse das cordas vocais, mas direto do ar ao seu redor.

Anne se aproximou dos participantes e ficou evidente que ela e a senhora Caldwell não poderiam ser a mesma pessoa. No entanto, o espírito materializado diante de uma dezena de pessoas não apresentava nada de diáfano, como sugeria a crença popular. Anne era alguém de carne e osso, respirava e movia-se da mesma forma que qualquer pessoa viva.

— Anne, você permite a participação de outras pessoas? Existem entre nós alguns estudiosos que gostariam de obter maiores detalhes do fenômeno.

— Creio que não teremos problemas — respondeu o espírito.

O médico não resistiu à oportunidade.

— Poderia tocá-la? Eu sei que tocar o espírito materializado tem repercussões na saúde do médium, mas já li que essa possibilidade existe em alguns casos.

Winston dirigiu o olhar a Anne aguardando que esta se pronunciasse.

Anne nada respondeu, aproximou-se ainda mais de Edouard e a ele estendeu a mão. Ele tocou a mão fria, contudo viva do espírito. A pele acetinada apresentava calor, foi possível constatar a presença de veias e perceber que o espírito era sensível ao toque. Coisa estranha. Edouard estava confuso e não sabia o que pensar. Jamais imaginou que um fenômeno de materialização pudesse obter tamanha perfeição. Mesmo tendo lido os vários relatos já publicados sobre experiências do mesmo tipo, escritos por renomados cientistas, não poderia supor tamanha realidade. Entretanto, ainda se mantinha atento, pois não havia descartado a possibilidade de todos ali estarem sendo enganados. Que o condutor da reunião não conhecia os preceitos do Espiritismo era óbvio, sabia, porém, que esse aspecto não impediria a manifestação espiritual, apenas limitaria as consequências e deduções.

— Posso lhe dirigir algumas questões? — indagou diretamente ao espírito.

Anne anuiu com a cabeça.

— Eu sou médico e tenho-me dedicado a observar algumas experiências mediúnicas. Apesar de conhecer o Espiritismo, meus estudos me fazem alguém muito positivo e preciso averiguar todas as opções antes de aceitar algo. O próprio Allan Kardec pregava a mesma coisa. Você poderia me explicar o fenômeno que estamos presenciando?

— Não, eu apenas atendo à orientação de meus superiores.

Winston não sabia disso e olhou espantado para Anne. Estavam acostumados a se divertir com a curiosidade do fenômeno, mas jamais haviam demonstrado interesse em aprender com o mesmo.

— Portanto, você também não passa de um instrumento?

— Eu fui trazida até aqui para desempenhar uma atividade.

— E qual seria?

— Eu não compreendo muito bem, mas faz parte de uma etapa que preciso superar — o espírito estava inseguro ao responder.

— Você me parece um pouco desconfortável. Estou importunando-a com minhas questões? — disse Edouard observando as reações do espírito.

Curiosos, os demais presentes observavam as cenas que se desenrolavam. Sarah parecia petrificada, fixara seu olhar em Anne e o fazia com absoluto espanto. Quem não o faria perante uma materialização espiritual que vemos pela primeira vez?

— Eu não sei, existe algo mais forte do que eu.

— Como assim?

— Eu não tenho as respostas, alguém as dita para mim.

RAFAEL DE FIGUEIREDO DITADO POR FREI FELIPE

— Um de seus superiores?

— Não, outra pessoa que não vejo.

— Portanto, existe outro espírito que a guia nesse momento.

— Podemos dizer que sim.

— Esse espírito que a orienta e mesmo dirige nesse momento poderia nos explicar como se processa o fenômeno?

— Ele disse que é preciso que a ciência ainda se desenvolva muito para que esse fenômeno seja bem compreendido.

— Mas ele conhece o processo?

— Não é ele que o executa, existem espíritos especializados nessa função, são eles os responsáveis.

— Você saberia me dizer qual o real objetivo de suas aparições?

— Demonstrar a realidade.

— Qual realidade?

Anne olhava para o lado. O próprio espírito materializado estava servindo de médium, transmitindo as respostas que outro espírito ditava.

— Que o mundo espiritual permeia vosso mundo.

— É a primeira vez que esse tipo de experiência acontece? — indagou à Anne e a Winston ao mesmo tempo.

Como se Anne parecesse confusa, Winston respondeu:

O TESTEMUNHO DOS SÁBIOS

— Sim, ela só se mostrava entre nós. Nunca aproveitamos a oportunidade para lhe indagar — o anfitrião se mostrava bastante transtornado com o que acontecia. Seu acanhado nível de instrução não lhe permitia acompanhar as deduções filosóficas por detrás das questões levantadas. Ele compreendia muito bem isso e o silêncio apontava certa humildade não observada antes.

— Tenho outra questão Anne, permite-me?

O espírito de novo anuiu com um leve movimento da cabeça.

— Esse espírito que a dirige nesse momento o faz sob constrangimento?

— Ele é mais forte do que eu, nada posso contra ele.

— Em que sentido, fisicamente é forte?

— Não, sua vontade. Ela se sobrepõe à minha e contra isso nada posso fazer, senão respeitá-lo e obedecê-lo.

— Foi você que escolheu materializar-se?

— Não.

— Alguém a obriga? Eu li que esse tipo de fenômeno não é agradável aos espíritos.

— A sensação é de alguém que retorna à prisão, entretanto, assim o devo fazer para poder avançar.

— É um aprendizado para você?

— Sim, mas também uma consequência dos erros que cometi.

RAFAEL DE FIGUEIREDO DITADO POR FREI FELIPE

— Então é como se fosse uma punição?

— Não, pois eu assim o faço para ressarcir débitos contraídos por meu próprio descuido.

— Foi você que forneceu essa resposta.

— Como disse, outro espírito se impõe sobre mim.

— E onde foi que você contraiu esses débitos?

— Enquanto vivia.

— Você lembra-se de sua vida?

— Não muito bem.

— Os espíritos não lembram muito bem de suas vidas, eles passam a viver no céu após atravessar a luz — se intrometeu Winston.

Edouard não deu atenção ao comentário despropositado do anfitrião.

— Você já viveu outras vezes?

— Como assim?

— Se você teve outras reencarnações?

— Isso é possível? — indagou Anne surpresa.

Esse tipo de diálogo nos permite ver que o nível do espírito manifestante era, a saber, bastante acanhado. Seu conhecimento era vulgar e, não fosse a direção de um orientador e guia, não conseguiria responder às questões colocadas por Edouard.

— Não é possível. Todos nós sabemos que vivemos apenas uma vez. O senhor a está deixando confusa — intrometeu-se mais uma vez o proprietário da residência.

Winston, apesar do pouco conhecimento, estava entre aqueles que confundiam o Espiritismo com mediunismo, ou seja, se preocupava com o fenômeno, sem atinar para suas consequências morais ou as questões que, através dessas observações, poder-se-iam efetuar. Para essa corrente, extremamente antiga, mas ainda presente no mundo, Espiritismo e Espiritualismo são basicamente a mesma coisa. Um erro fácil de contornar se nos dedicássemos à simples leitura das definições do que Allan Kardec considerou Espiritismo. Entre os espiritualistas, de um modo geral, é fácil encontrar aqueles que não aceitam a reencarnação e propõem que o espírito viva apenas uma vez.

Se assim creem é porque nunca questionaram de onde vieram, e como é possível explicar as diferenças no nascimento. Por que alguns nascem com acentuadas deficiências físicas, enquanto outros nascem dotados de genialidade? Por que alguns nascem em berço de ouro, tendo a vida facilitada pelo dinheiro em abundância, enquanto outros nascem órfãos e passam a vida lutando para conseguir alimentar-se? Questões simples como essas já demonstrariam que a reencarnação preenche melhor essas lacunas. Não seríamos sorteados ao acaso, mas sofreríamos as consequências de nossos atos anteriores.

— Posso fazer só mais uma pergunta, Anne? — disse polidamente Edouard.

Winston esperava que ela respondesse que não. Sentia-se contrariado com as questões propostas pelo médico, porém o espírito acenou de novo de forma positiva.

— Você desconhece ter vivido antes, porém, tendo uma aparência tão jovem não deve ter cometido nenhuma grave falta, que a obrigasse a participar dessas reuniões, pois, como nos disse antes, elas não lhe são agradáveis. Portanto, quando aconteceu esse erro?

Anne estava atordoada, isso repercutia de forma negativa sobre a médium. Porém, o momento era capital, várias consciências estavam recebendo a oportunidade de despertar simultaneamente. O espírito não sabia o que responder, Winston estava pronto para interromper o interrogatório, quando algo diferente surpreendeu a todos.

— Eu tirei a vida de uma pessoa, eu matei uma pessoa — disse o espírito entre lágrimas.

— Você matou alguém?

— Sim, eu envenenei meu marido.

A audiência estava estarrecida. O silêncio reinava.

— Quando foi isso?

— Eu não sei dizer. Oh, que horror! Então é por isso que estou aqui.

— Quanto tempo você viveu?

— Vinte e um anos.

— Foi nesse período que você se casou e envenenou seu marido?

— Não, foi antes. Eu não sei explicar. Eu não lembro, mas foi antes.

— Então, você viveu antes?

— Eu não sei responder. Eu preciso ir agora, devo partir.

O TESTEMUNHO DOS SÁBIOS

Anne disse isso e foi-se retirando às pressas para trás da cortina, onde se encontrava a médium sentada em uma cadeira. De onde estava sentada, Sarah pôde ver uma parte do corpo da senhora Caldwell dentro do gabinete.

Edouard parecia insatisfeito e estava prestes a indagar outra vez o espírito, mas Sarah tomou-lhe a mão e o conteve. Existia certa impressão de mal-estar entre os presentes, algumas de suas convicções íntimas haviam sido colocadas em cheque. O orgulho ferido não via com bons olhos esse tipo de confronto. Winston não simpatizara com as atitudes de Edouard que, em contrapartida, sentia isso e considerava o anfitrião homem inculto.

A sessão que descrevemos foge no conjunto a uma reunião espírita, que deveria sempre priorizar a seriedade e o estímulo à unidade de pensamento, buscando o entendimento fraterno. Porém, esse período histórico do desenvolvimento da Doutrina Espírita apresentava seus desafios específicos, suas filosofia e ciência se desenvolviam não sem grandes dificuldades. Como costuma acontecer, aquelas pessoas que vivem os fatos históricos não conseguem ter a mesma visão ampla dos que os estudam ou contam, depois de algumas décadas ou séculos.

Hoje compreendemos que o período de manifestações mediúnicas em grande escala, concentradas algumas vezes em fenômenos de ectoplasmia, tinha a função de despertar as consciências obstruídas pelas tradições do passado e impulsionar-lhes a uma reflexão com vistas às consequências morais do Espiritismo. Isso tornou o século vindouro rico em desenvolvimento científico e moral, estimulando a humanidade a uma transformação nela mesma e em seus hábitos sob o aspecto ético. Ainda estamos vivendo esse período, com maior ou menor dificuldade, estamos aprendendo sobre nós mesmos e buscando formas de conviver melhor com o meio em que fomos chamados a viver. Eis a meta maior do Espírito, progredir em si mesmo, tornando-se uma criatura melhor e mais tolerante.

– 21 –

A manifestação de Anne deixara muitas lacunas, suas respostas não puderam ser bem exploradas. Não havia clima favorável para um desdobramento maior. Edouard lamentou muitíssimo, sabia o quanto era difícil a ocorrência desse gênero de fenômeno. Entretanto, Winston Caldwell dificilmente repetiria o convite, já que Edouard não apenas fora o personagem principal da reunião como também pensava de modo diferente dele.

Enquanto isso, Sarah estava mais ambientada à administração doméstica e estreitara laços afetivos com as crianças. Tinha em Gladys o carinho materno e apoio incondicional. Edouard sentia-se motivado a aprender mais, aprofundar observações, era de seu interesse encontrar a possibilidade de presenciar com maior objetividade os fenômenos de ordem mediúnica. As reuniões semanais na residência da família Smith continuavam, mas Sarah e Emma não se mostravam aptas para a produção de fenômenos de materialização, com a mesma intensidade que tivera a oportunidade de ver na residência dos Caldwell.

O TESTEMUNHO DOS SÁBIOS

Uma semana havia-se passado, o médico estava de folga e passara toda a manhã entre livros em seu gabinete. Sarah e as crianças, assim como Gladys, haviam ido ao parque mais próximo passear e aproveitar o dia de sol. Fazia bastante tempo que os sinais latentes de mediunidade não se manifestavam em Edouard. Talvez porque ele estivesse por inteiro concentrado em pesquisas com outros médiuns, ou porque não se preocupou em buscar em si mesmo as respostas que procurava. Porém, após algumas horas de leitura, sua capacidade de concentração havia perdido um pouco a força e, sem perceber, os seus pensamentos entravam em divagações.

O espírito de Mariano estava ao seu lado, atento ao aprendizado do pupilo, afinal existia um projeto a longo prazo que os aproximava. Edouard não percebeu, mas, entre seus pensamentos filosóficos e divagações, imiscuiu-se com mais força as ideias do espírito de Frei Mariano.

— Anne não tinha condições de explicar o que não compreendia — este pensamento surgiu vivamente em Edouard.

— Talvez o ambiente não fosse propício, com todas aquelas pessoas avessas a um trabalho sério de observações. Estávamos longe de encontrar imparcialidade. Anne não compreendia o que acontecia com ela e, na verdade, ninguém naquela sala o compreendia — pensava alto o jovem médico. — Entretanto, não consigo compreender por que ela não conseguia se recordar de ter vivido antes.

Mariano, em perfeita sintonia, participava dos pensamentos dele.

— Anne fugia do passado. Estava lá tentando se retratar dos erros cometidos. Aquela situação não lhe era agradável, sofria com o constante entrosamento com as energias grosseiras dos encarnados.

— Do que ela se escondia, se tudo aquilo lhe parecia desagradável?

— Edouard aparentava não perceber a intuição de Mariano, mas respondia automaticamente aos seus pensamentos.

O monólogo de Edouard na verdade era provocado pela presença de seu protetor espiritual.

— Anne assassinara o esposo por conta de uma traição conjugal. Ele a traía constantemente, tratava-a muito mal, era um homem bastante violento e alcoólatra. Seduzida por um jovem descuidado, ela acabou cedendo às pressões afetivas e deixou-se induzir ao crime. Acabou envenenando o próprio esposo, depois disso jamais teve a consciência tranquila. Não conseguiu continuar a relação com o jovem que a motivara ao crime e acabou sozinha, enlouquecendo de remorso, sendo assediada por ferozes obsessores, que viram a possibilidade de agredi-la em função da falta cometida.

— Eu devo estar delirando, estou até imaginando o passado de Anne — exclamou.

Mariano sorriu antes de responder.

— Eu pensei que seu ceticismo estivesse mais calmo.

Eu estou respondendo para mim mesmo? O que está acontecendo? — indagava-se mentalmente.

Mariano induzira mais uma vez o médico.

— Lembre-se dos seus estudos e observações. Os espíritos não podem vir em socorro daqueles que se dedicam ao estudo sério? Não podem participar de nossos pensamentos e neles interferir?

— Estou sendo alvo de um fenômeno mediúnico — disse surpreso.

— Façamos o seguinte, fique relaxado e faça uma experiência. Não pense em mais nada e tente interagir mentalmente.

— Já sei o que vou fazer. Vou tentar não pensar em nada e esperar para ver se algo surge com espontaneidade em minha mente — Edouard não se dava conta, mas respondia com perfeição às induções de seu amigo e conselheiro.

— Anne recebera a possibilidade de reencarnar como filha do marido assassinado, em uma relação conturbada de pai e filha, repleta de amor e ódio. O mesmo jovem amante fora um irmão doente que desencarnara prematuro, aos nove anos de idade. Dentro desse contexto seria normal não querer lembrar-se do passado e preferir evitá-lo. É uma forma de defesa.

— Então, por isso Anne afirmava não ter vivido antes. Ela fugia do seu passado, negando-o.

— Chegará o momento em que mais equilibrada ela terá condições de se lembrar e se empenhar por melhorar sua própria situação. O que ela chama de punição é a assistência de orientadores espirituais que viram nessa atividade a possibilidade de protegê-la e prepará-la para o futuro. Ela nascerá em uma família onde a genética favorecerá os fenômenos mediúnicos. Fato que a colocará em constante contato com alguns de seus perseguidores invisíveis. Está ela em plena preparação, findará as materializações quando chegar a hora de reencarnar.

— Eu não sabia que existia a possibilidade de diálogos complexos só através do pensamento.

— Você não imagina as dificuldades que já impôs para que chegássemos até este ponto — a advertência teve um tom engraçado.

— Eu sei que não sou muito fácil, desculpe-me.

RAFAEL DE FIGUEIREDO DITADO POR FREI FELIPE

— Sempre que precisar estarei ao seu lado para auxiliá-lo em seus estudos. Apenas tome os devidos cuidados para não se perder em futilidades. A disciplina e o comprometimento devem estar ao nosso lado para que nossos diálogos sejam proveitosos.

Satisfeito com o ocorrido, Edouard sentia-se radiante. Não era apenas o resultado do diálogo em si, mas também as impressões naturais do fenômeno mediúnico com um espírito em harmonia, que nele infundiam sensações revigorantes. Sarah e Gladys voltavam do passeio, e o barulho o fizera voltar à realidade. Era hora de dedicar um pouco de seu tempo à sua família.

A possibilidade de continuar seus estudos sobre as questões espíritas entusiasmava Edouard. A Europa vivia a expectativa de uma guerra de proporções jamais antes vivenciadas, as pessoas viviam em clima tenso, assimilando essas impressões nas relações humanas e noticiários. As experiências mediúnicas e sua consequente filosofia alteravam a forma de ver o mundo. O jovem médico, envolvido por essas divagações filosóficas, não participava do mesmo modo desse pessimismo contagiante.

Estávamos em março de 1914. O inverno terminava, deixando para trás os dias mais rigorosos de frio. As árvores e flores coloriam-se, aproximava-se a primavera, e com ela a esperança de que algo pudesse alterar os rumos da catástrofe inevitável que se aproximava.

Edouard Smith ficara surpreso com o livro que chegara às suas mãos. Tratava-se da obra do juiz Edmonds, de título "Spiritualism". Nele havia um relato, muito particular, mas ao mesmo tempo bastante significativo para ele. Um médico de nome Dexter assinava o prefácio dessa obra e relatava a experiência de como viera a descobrir a mediunidade.

Incrédulo, não aceitava a ideia geral do Espiritismo. Fazia dois anos que havia ouvido falar das manifestações mediúnicas e sentia-se pessoalmente ofendido com essas demonstrações, que considerava uma grande patifaria, denunciando-as e criticando-as em todas as oportunidades que encontrava. Apesar dessa resistência, concordou em participar de uma reunião espírita, a convite de um amigo, onde tentaria desmascarar os participantes ou, então, descobrir as causas naturais do fenômeno.

Entretanto, quanto mais Dexter participava das sessões espíritas mais ele se convencia de que não havia embuste e que as causas delas fugiam às leis conhecidas. Não as conseguiu explicar como no início imaginara ser capaz. Apesar de tudo, persistia em sua incredulidade.

Edouard se familiarizara muito com esse testemunho. Via-se diante de um depoimento que poderia muito bem ser o seu. As semelhanças continuavam. Dexter narrava que houvera estudado esses fenômenos durante meses sem conseguir resolvê-los. Sem conhecer o mecanismo de relação dos espíritos com a matéria, Dexter não conseguia aceitar a possibilidade de intervenção dos espíritos na execução de deslocamento de objetos. Seguia contrário à aceitação da ideia espírita. Não desejava experimentar em si mesmo fenômenos de ordem mediúnica, ao contrário, considerava isso uma fraqueza psicológica.

Porém, algo inesperado veio mudar esse quadro. Ele relatou que, certa vez, muito tarde da noite, estava com as ideias distantes do Espiritismo, quando sentiu que duas mãos pressionavam seu ombro. Tentou erguer o braço, mas não teve êxito. Ao contrário do que desejava fazer, sua mão pressionava cada vez mais forte o braço da poltrona em que estava sentado. Em seguida sua mão passou a mover-se com intensa agitação, contrariamente à sua vontade. Pancadas fizeram-se ouvir nas paredes. Mentalmente indagou se essas pancadas eram produzidas por espíritos. A resposta fora positiva. Perguntou de novo se os espíritos tinham a intenção de exercer algum tipo de influência sobre ele. Mais uma vez a resposta foram três pancadas que confirmavam essa intenção. O fenômeno cessara e Dexter preparava-se para dormir. No quarto, as pancadas voltaram a se reproduzir, desta vez nas paredes.

O médico cético questionava-se como as pancadas haviam sido deslocadas para o quarto. Como esse fenômeno ocorria, visto que sua vontade era contrária e alheia ao que lhe acontecia no momento? Estava sozinho, não poderia, portanto, atribuir o que estava sucedendo à influência de uma terceira pessoa. Como explicar? Se tentando combater o fenômeno com toda sua vontade não conseguira, de modo que sua mão movimentava-se independentemente de seu querer, como as pancadas se reproduziam sem que ele as desejasse? Não havia outra conclusão, senão a ideia de que existiria ali uma inteligência externa, alheia a ele mesmo, que conduzia os fenômenos. Não era necessária a passividade nem a crença para que esses prodígios se reproduzissem, contrariando a sua vontade.

Em função desses fenômenos, Dexter deixou de participar das sessões espíritas, querendo assim evitá-los. Ao contrário do que imaginara, afastar-se não impediu que eles continuassem a acontecer. Logo ao deitar-se, sentiu novamente a pressão no braço e não conseguiu erguê-lo. Seus olhos foram fechados, apesar de manter a consciência plena. Sentiu que seu corpo se erguia sobre a cama, fora transportado para a cabeceira do leito e, logo em seguida, recolocado na mesma posição inicial. Acendeu a luz e pôde observar que a posição dos lençóis tinha sido alterada, o que demonstrava a realidade do que sentiu acontecer. Essa ocorrência deixou-o perplexo, dizia ele em sua narrativa. Ele sempre tentara negar a possibilidade de esses fenômenos ocorrerem, contudo, via-se alvo dos mesmos, sem que sua vontade tomasse parte nisso.

Pensou que talvez os espíritos estivessem querendo dizer-lhe que exercitando a mediunidade ele poderia encontrar algumas das respostas que vinha procurando.

O mesmo fato se repetiu ainda uma vez. Então, convencido por completo, o médico decidiu-se por voltar para as sessões mediúnicas e tentar ele mesmo participar das experiências. No começo, sua mão escreveu com dificuldade algumas frases, mas logo escrevia teses e textos de elaborado intelectualismo, sem, no entanto, que precisasse estar preocupado ou concentrado nessa execução. Sua mão fazia isso, alheia a sua própria vontade.

Este relato que abria o livro do juiz Edmonds muito impressionou Edouard. Ele se via naquele texto. Sentia que o mesmo havia ocorrido com ele. O conhecimento de fato quase análogo entusiasmara-o ainda mais e revigorado aproveitou a possibilidade que possuía de praticar ele mesmo a escrita mediúnica. Seguiria valendo-se da sensibilidade da esposa e de Emma para suas observações, mas constatara nele mesmo a chance de obter esclarecimentos alheios à sua vontade e não os desperdiçaria.

Foi através de um exercício mediúnico nesse sentido que ele teve uma grata surpresa. A comunicação que aguardava há tanto tempo finalmente aconteceu. Sentado em sua poltrona favorita, junto ao gabinete que se tornara seu cantinho de experimentações e estudos, Edouard procurou relaxar com uma agradável leitura. Aos poucos, essa serenidade íntima se transformou em desejo de escrever. Reconheceu sem dificuldade as contrações musculares em sua mão e teve certeza de que o desejo de escrever não vinha dele, e sim de alguém que desejaria comunicar-se.

Tomando lápis e papel, colocou-se à mesa. Fechou os olhos em curta prece, solicitando amparo e assistência e deixou-se ficar sem pensar e sem agir. Dentro de poucos instantes, a mão direita saltou pela primeira vez; após alguns movimentos que pareciam exercícios de escrita, endireitou-se e passou a escrever com tranquilidade. Dessa vez, apesar da espontaneidade da escrita, sua consciência permanecia alheia ao fenômeno e mantinha-se com a lucidez habitual.

Das outras vezes, a caligrafia não era perfeita ao ponto de poder fazer comparações com a letra dos espíritos que conhecia, porém, nessa única ocasião, reconheceu de imediato a caligrafia da amada esposa desencarnada. Era Elisabeth que escrevia. Depois de tanto tempo, ela atendia a seus anseios e estava ali, disposta a fornecer-lhe alguns esclarecimentos. O coração bateu mais acelerado. Se não fosse a disciplina conquistada nos últimos meses nesse tipo de experiência, com toda certeza não teria conseguido obter coisa alguma. Dando conta de que precisava manter-se calmo para não interferir no processo, procurou tranquilizar-se. Afinal, era uma oportunidade rara.

Após as palavras carinhosas traçadas nas primeiras linhas, Elisabeth paralisou a escrita, como se permitisse a interação com o ex-marido. Edouard deu-se conta do que ocorria e passou a interagir mentalmente com sua querida Liz. Ela, então, respondia aos questionamentos mentais do médico.

— Por que tanto tempo? — perguntou Edouard, em uma atitude quase infantil.

— Você já está em condições de compreender essas questões e suas implicações — respondeu Liz em sua habitual firmeza. Ela sabia que não poderia se deixar contagiar pelo excessivo sentimentalismo. Via as coisas de outra forma, sob outro ponto de vista. Recebera autorização para o intercâmbio com o ex-esposo, mas não poderia perturbar-lhe o ambiente doméstico nem a intimidade.

Como Edouard se mantivesse em silêncio, sua mão voltou a escrever.

— Você conhece a realidade da vida após a morte, sabe que a liberdade depende de nossa capacidade de compreensão e adaptação à nova situação. Quase todos nós precisamos de um período de adaptação, sem o que corremos o risco de perturbarmos os familiares que ficam e nossa própria tranquilidade, devido aos excessos de sentimentalismo. Nossa falta de compreensão dos fenômenos por detrás da morte nos faz ver as coisas de modo por demais dramático, quando na realidade apenas deixamos o corpo para seguir a vida de outro jeito.

— Você está bem Liz?

— Não posso negar que tive algumas dificuldades, no entanto, não faltou auxílio nem amigos que me sustentassem em momentos de fraqueza. Compreendi que dependia de mim mesma, quanto antes me adaptasse e aprendesse, mais cedo poderia com certa liberdade vir visitar aqueles seres amados, que permaneceram por mais tempo encarnados. Não é a primeira vez que os visito, deve lembrar-se de nosso último encontro. Porém, é a primeira vez que o faço com plena responsabilidade do que digo. Antes havia comigo sempre um supervisor. Você já o conhece.

Edouard não compreendeu a referência a Frei Mariano, mas estava mais preocupado com outras questões.

— As meninas vão bem. Estão crescidas.

— Eu sei, vejo-as diversas vezes. Muitas das ocasiões em que elas relataram sonhos comigo, aconteceu porque estávamos juntas quando seus corpos descansavam. Pena que crescendo, elas vão com o tempo esquecer-se de mim, mas continuarei velando por elas.

— Não permitirei que esqueçam.

Elisabeth sorriu da ingenuidade do ex-esposo.

— Você sabe que contraí segundas núpcias? — Edouard indagou e aguardava com ansiedade o comentário do espírito.

Na medida em que as letras eram grafadas, a ansiedade aumentava. Edouard estava curioso por conhecer a opinião da esposa com respeito a essa questão.

— Sei e estou satisfeita. Fui uma das incentivadoras para que isso ocorresse. Nossas filhas precisavam de uma mãe, assim como você de uma companheira amorosa. Sem contar que fatos do passado nos relacionam e precisamos reparar certas faltas que, apesar de estarem guardadas no pretérito, não são menos importantes.

— Imaginei que isso fosse contrariá-la — disse timidamente.

Edouard parecia uma criança insegura. Elisabeth estava mais madura, mais segura de si, compreendia a vida de modo diverso.

— Devemos pensar em nosso progresso individual e coletivo. Precisamos nos apoiar uns nos outros, pois sozinhos somos lançados ao vento como a folha seca.

— E a indissolubilidade do casamento?

— Leis humanas, que têm uma função muito válida, pois regulam a convivência social em nosso mundo. Todavia, somos almas irmãs, toda a humanidade, somos chamados a progredir incessantemente em relações constantes uns com os outros. É normal que busquemos experiências afetivas distintas, sem contar os compromissos que tenhamos assumido, por questões de consciência.

— E a questão de estarmos para sempre vinculados pelo amor?

— O amor não se desfaz com a morte. Aqui estou eu como prova disso. Os sentimentos sinceros e nobres nos unem de modo harmonioso. Assim como o ódio o faz de modo conturbado. Porém o amor tende a avançar e acolher outras almas ao nosso redor. Quando aprendemos a amar, e amor verdadeiro passa longe de egoísmo, dilatamos nossa capacidade de acolher no coração as criaturas ao nosso redor. Quanto mais forte for nosso amor, melhor preparados estamos para dividi-lo com outras pessoas. O conceito de metades eternas é ainda um resquício do egoísmo da humanidade, que não conhece o verdadeiro significado do amor nas relações humanas e o confunde com sentimento de posse.

Edouard sentia falta dos diálogos inteligentes com Elisabeth. Ela o contrariava com argumentos sólidos e com ela podia falar no mesmo nível intelectual. Sarah não tivera estudos e, apesar da doçura, tinha limitações bastante grandes no campo intelectual.

— Se for possível virei mais vezes. Não com o objetivo de atender a desejos infantis, mas para auxiliá-lo em seus estudos. Preparando--nos para novas tarefas do porvir. Com relação à Sarah, lembre-se de que a cultura pode ser cultivada e nunca é tarde para se desenvolver novos valores nesse campo fértil. Infelizmente, preciso ir, não estou mais conseguindo me comunicar com a mesma eficiência, mas guarde confiança no futuro, pois nunca estamos sozinhos.

A mão parou e, quase no mesmo instante, os olhos de Edouard passaram a derramar algumas lágrimas de profunda emoção com o momento vivido. Apenas quem vive experiência parecida pode compreender o conforto de uma situação como essa. Não bastasse a comunicação, Elisabeth emocionou-se também com os sentimentos sinceros de Edouard e, ainda num último esforço, sussurrou-lhe ao ouvido: "Tenha fé, meu querido!"

Contagiado pela manifestação da ex-esposa, Edouard passou a tentar com mais frequência exercícios de caligrafia mediúnica, ou seja, psicografia. Sua intenção era rever Elisabeth, pois sentir que ela estava próxima fortalecia-lhe a fé, enchia-o de esperanças no futuro. Entretanto, ela não mais se comunicou. Apesar da ingenuidade desse desejo velado, o médico sabia que inúmeros fatores estavam envolvidos em uma manifestação mediúnica. Tinha consciência de tudo isso, mas ingenuamente alimentava seu desejo infantil. Ele voltava a ser o menino órfão, que encontrara em Elisabeth o aconchego do lar e a segurança emocional que não desfrutara.

As variações sentimentais são naturais do ser humano. Quantas vezes nos vemos tocados de sentimentos novos ao lado de pessoas que nunca vimos antes? Existem aquelas que conseguem inspirar-nos resignação e coragem apenas com um sorriso, enquanto outras, por mais que se esforcem com palavras de motivação, mal conseguem alcançar de nossa parte o reconhecimento devido pelo gesto amigo. Não temos consciência das ligações invisíveis que nos fazem mais próximos de uns que de outros, contudo, isso não impede que sintamos em nós mesmos essas influências.

Apesar de não obter o contato com Elisabeth, Edouard não deixou de contar com a presença de amigos desvelados. Rupert se mostrou constantemente ao seu lado, quase sempre acompanhado por Frei Mariano, figura ímpar, que despertava a curiosidade de Edouard. Não mais recebia comunicações pessoais, os textos nada tinham de personalistas e egocêntricos. Sempre abordavam questões reflexivas que, de modo até mesmo bastante filosófico, tratavam de assuntos atuais inerentes ao comportamento humano.

Avaliando os textos com isenção, poderíamos dizer que Edouard estava sendo treinado. A diversificação de textos apontava para um planejamento, com certeza algo a longo prazo, que talvez só viesse a eclodir e render frutos em uma futura reencarnação.

A ingenuidade das pessoas faz crer que o fenômeno mediúnico não precisa de ensaios e preparação para ocorrer com frequência e eficiência. Em geral, os laços de afeição e aproximação de conceitos entre espírito e médium têm seu exercício fortalecido por séculos, quando não mais tempo. Existe sempre espaço para aprimorar-se e o progresso moral e intelectual de ambos são fatores que ditam as possibilidades dessa comunicação.

Rupert estivera presente em alguns ensaios, manifestou sua afeição pelo espírito do amigo que continuava encarnado, mas fora Mariano que continuou e se mantinha com extrema dedicação ao lado do médico. Este não percebera, mas a influência de Mariano em sua vida se tornou uma presença constante. Quem era aquele religioso que pacientemente estava sempre ao seu lado? Onde se conheceram, pois este dizia que o passado já os colocara lado a lado?

Apesar de presente, mantinha-se discreto, permitindo que Edouard aprendesse com os próprios erros e assumisse inteira responsabilidade pelos mesmos. Seus textos passaram a trazer lições cada vez mais profundas. Mostrava-se alguém de excelente nível intelectual que, despido das barreiras impostas pela matéria e suas convenções, apontava alternativas para o entendimento geral, além de sua própria compreensão.

Foi isso mesmo que aconteceu quando Edouard, infantilmente, pensava sobre a ausência de Elisabeth. O médico recebeu um belo ensaio que tratava da mitologia grega, a crença nas metades eternas e uma análise sutil da carência humana, que faz ver no outro seu complemento. Somos únicos, somos obra divina, bastando despertar em nós esse potencial. Aqueles que compartilham conosco a experiência afetiva são companheiros em processo de aprendizado. É durante essa convivência que exercitamos sentimentos e valores éticos que precisamos fortalecer. O fato de estarmos lado a lado não significa que sejamos propriedade um do outro, pois, como filhos de Deus, somos irmãos. Não apenas irmãos de nossos cônjuges, mas de toda uma humanidade que marcha sem cessar rumo ao progresso. Como o egoísmo ainda impera em nossa sociedade, é comum encontrarmos os equivocados que se supõem proprietários de outra pessoa ou ainda eternamente ligados por fios mágicos a alguém com quem conviveram. Nosso objetivo maior é o progresso de nossa consciência divina, aproximar-nos de Deus sem esquecer de dividir o aprendizado com aqueles que caminham ao nosso lado.

No início, Edouard não gostava dessas lições de moral que não pedia, mas com o tempo, porém, o respeito que tinha por aquele espírito se tornou uma admiração devido a sua sabedoria e modo de agir. Frei Mariano tinha razão, o Sr. Smith sabia que crescer sem o devido alento da família fizera dele um homem imaturo sentimentalmente. Muito carente, mas que aprendera a se defender através de uma postura orgulhosa e assentada nos estudos que fizera e no diploma e status social que obtivera. Aos poucos, Mariano mostrava, com sutileza, essa condição ao seu pupilo e fazia isso com tamanha maestria que Edouard não se sentia afrontado, mas sim disposto a se esforçar para mudar.

Ele passava pelos três estágios naturais do contato com o fenômeno mediúnico. O convencimento pelos fatos, os fenômenos mediúnicos que nos fazem pensar e tentar descobrir como funcionam, e a partir de então, já convictos, a compreensão de que existe um objetivo maior em nossa existência que é procurar a transformação e melhora íntima. Essa deve ser a meta de todo espírita e de todo ser humano. O Espiritismo sempre que perde o foco, em laivos de vaidade pessoal, posição de poder e orgulho, desvia-se desse objetivo e passa a tratar de questões secundárias, que o fazem próximo das antigas tradições místicas e irracionais. Sua essência é a convicção, o despertar para o estudo, para que nos convençamos de que precisamos mudar. Como dizia Allan Kardec, o espírita é medido pelo esforço que faz em se melhorar.

Edouard compreendeu isso. Percebeu que, com tudo que havia aprendido desde que resolvera se dedicar aos fenômenos da mediunidade, seu amadurecimento apontava agora para a transformação íntima. Acatou as inspirações que o estimulavam a cuidar da educação de Sarah. A jovem tivera uma vida como a dele, sem uma família acolhedora e carinhosa, porém a situação dela se complicou ainda mais, pois ela sequer tivera a oportunidade de desenvolver a autoestima. A jovem sentia-se abaixo das pessoas de sua convivência, seja por uma questão intelectual ou social. Era preciso desenvolver nela alguns talentos culturais, algo que a fizesse se sentir mais segura de si, sem tender ao orgulho.

Sarah aprenderia a falar francês, estudaria música e teria a seu dispor um professor, que a auxiliaria com leituras e gramática da língua inglesa. A jovem sentiu-se florescer com essa novidade e não demoraria a fazer rápido progresso. Tanto o cultivo moral quanto o cultivo intelectual repercutem direto na qualidade dos fenômenos mediúnicos que se consegue obter. A tentativa de melhorar torna-nos simpáticos aos espíritos moralmente superiores a nós, que se aproximam estimulando e secundando nosso esforço, auxiliando-nos e fortalecendo-nos para que nossa força de vontade não sucumba diante dos desafios. Por outro lado, aprimorando nossa capacidade intelectual elevamos o nível das manifestações e comunicações mediúnicas, facilitando o intercâmbio para os espíritos desencarnados.

O rápido progresso de Sarah repercutiu com a mesma velocidade sobre sua capacidade de interagir com os espíritos. Médium inconsciente, ela passou a receber comunicações mais complexas e objetivas.

— Sarah, peça a Gladys que se junte a nós — falou Edouard.

— Ela está com as meninas.

— As meninas já estão dormindo faz tempo. Diga a ela para não se preocupar e vir logo para cá.

Gladys vinha participando das reuniões de estudo e intercâmbio mediúnico, que a família Smith realizava duas vezes por semana.

— Desculpe a demora, acabei pegando no sono — disse Gladys enrubescendo.

— Eu imaginei — respondeu o médico sorrindo.

Sarah, Edouard e Gladys sentaram-se em seus devidos lugares. Estavam habituados às reuniões. Quase sempre era Sarah quem se colocava à disposição dos espíritos para comunicações e manifestações mediúnicas. Edouard preferia fazer seus exercícios de escrita mediúnica em isolamento nos momentos em que tirava para ler e pensar. Ele indagou:

— Gladys, você pode ler o texto de hoje?

Realizada a leitura, Sarah pôs-se a escrever com extrema rapidez. Não demorou muito e tinha diante dela um primeiro texto, que o esposo pegou e leu com muita atenção, enquanto ela psicografava uma segunda mensagem.

"Existem momentos em nossa existência em que surgem desafios novos, por vezes, se erguem como obstáculos intransponíveis.

Entretanto, existe sempre uma alternativa para seguirmos a caminhada. Através do esforço em nos adaptarmos a essa nova realidade, mudamos muitas coisas dentro de nós, progredindo de modo vertiginoso. Com isso deixamos para trás a inércia e a acomodação. Mais que um desafio pessoal, nós estamos próximos de alcançar um período ímpar de transformações e dificuldades. A sociedade será abalada pelas consequências que advirão e, de modo geral, tudo o que conhecemos será influenciado. Não há o que temer, se vossos corações estiverem conosco e seus olhos, mesmo que estarrecidos, conseguirem divisar os objetivos maiores da providência. Mesmo dentro de vossa família surgirão profundas mudanças, mas lembrem-se de tudo quanto vêm aprendendo e a certeza de uma vida futura os sustentará".

Edouard achou aquilo um pouco estranho. Uma mensagem enigmática, sem objetividade, sem nenhuma identificação. Porém, a segunda mensagem de Sarah seguia a mesma linha de raciocínio. Que transformação era essa que se aproximava? A que as mensagens estavam se referindo? O médico não percebera a gravidade do momento em que viviam. Ninguém imaginava que a guerra estava tão próxima, nem poderia supor as proporções que isso poderia tomar.

Um evento de magnitude ainda incompreensível estava por ser desencadeado. Os bons espíritos, percebendo as tensões que se concentravam entre os Impérios Europeus, compreendiam que os efeitos que adviriam seriam rudes e profundos, e estavam esforçando-se por preparar as pessoas para resistirem ante o tormento da loucura social. A guerra é uma insanidade coletiva que leva os homens a uma ensandecida crise de valores. A loucura só parece ter fim quando as paixões exauridas dão lugar à lassidão e ao cansaço. Conseguimos prever o início de uma guerra, mas uma vez iniciada, nunca sabemos quais serão seus reais resultados e quando terminará.

- 22 -

A sessão mediúnica do Grupo Amizade, localizado com discrição em solo francês, recebeu uma estranha folga de um mês, justamente a partir do dia 27 de julho de 1914. Com o desenrolar dos fatos, o grupo não demorou a compreender as razões dos Espíritos para pedir aquela pausa. Exatamente um dia depois, a organização denominada Mão Negra tentaria explodir o carro em que se encontrava o arquiduque Francisco Ferdinando. Ele era herdeiro do trono Austro-Húngaro, enquanto que a Mão Negra representava os interesses pela libertação da Sérvia e da Bósnia, anexadas ao Império Austro-Húngaro. Apesar de uma primeira tentativa frustrada, o Arquiduque foi assassinado e o mundo entrou na mais avassaladora guerra de todos os tempos, até então.

A Grã-Bretanha gostava da ideia de um estado Alemão forte, que fizesse frente à França, mas não gostava da ideia de uma hegemonia alemã em território europeu. Já Alemanha e Império Austro-Húngaro eram historicamente povos irmãos, o que os colocava como aliados naturais na expectativa de ter um papel de destaque no contexto Europeu. A Itália, como também fizera em outras ocasiões, trocou de lado apesar da aliança com Alemanha e Áustria-Hungria. O Império Otomano havia perdido o território da Bósnia e também a Herzegovina para os Austro-Húngaros. A França era o artífice do jogo político Europeu entre as principais potências, que não desejavam que nenhum outro país Europeu se tornasse uma potência. O Império Russo era pobre e atrasado, mas encontrou na França um bolso amigo na defesa de seus interesses.

Esse complexo panorama político faz-nos compreender a intenção dos Espíritos solicitando uma pausa nas atividades mediúnicas. Estávamos diante de uma Guerra de dimensão mundial, a primeira delas. Mas conscienciosos de suas obrigações, os membros desses pequenos grupos espíritas continuavam reunindo-se na intenção de com suas preces aliviar o sofrimento e auxiliar a desordem mundial. O mundo sofria de um episódio de insanidade coletiva.

Calcula-se que a Primeira Guerra Mundial tenha vitimado vinte milhões de pessoas, deixando outros vinte milhões feridos, na grande maioria mutilados. Apesar de a Segunda Guerra Mundial ter sido mais letal, o evento histórico que examinamos no momento foi o mais marcante e que maiores transformações causou na estrutura geopolítica mundial. Compreender a Primeira Guerra Mundial auxilia-nos a compreender até mesmo as guerras em curso em pleno século XXI, pois são suas cicatrizes profundas que ainda causam dor e revolta.

A Primeira Guerra Mundial se estendeu por três continentes e quatro longos anos (1914 — 1918), desde seu início o mundo não conheceu mais a paz, principalmente nos quarenta anos subsequentes ao armistício. O conflito plantou as sementes que eclodiriam na Segunda Guerra. Devido aos apelos cinematográficos estadunidenses, que preferem contar a história da Segunda Guerra Mundial com seu patriotismo exacerbado, acaba-se relegando ao segundo plano a importância do evento que teve seu estopim com a morte de Francisco Ferdinando.

O resultado do conflito foi a queda de Impérios, revoluções e o surgimento de diversos países e do socialismo, que alimentou o ódio racial e culminou com o nazismo alguns anos mais tarde. A informação tornou-se imprescindível no decurso do conflito, as notícias verdadeiras e falsas manipulavam as massas. Os governos, em campanhas publicitárias imorais, estimulavam o aumento nas taxas de natalidade, pois quanto mais pessoas, mais soldados. Dirigíveis e aviões eram usados junto com navios e submarinos, tanques e armas químicas. A criatividade humana a cada dia encontrava uma forma mais engenhosa de ceifar vidas. As mulheres tomavam os postos de trabalho antes masculinos, era preciso manter a indústria bélica funcionando enquanto os maridos morriam nas trincheiras.

Era a primeira vez que víamos uma guerra entre sociedades, onde não se matava apenas os soldados, mas destruíam-se fábricas e plantações, procurando com isso cortar o abastecimento dos soldados. A primeira Guerra ficou conhecida como a guerra das trincheiras, pois a humanidade lutava como ratos, rastejando na lama entre a sujeira e os corpos pútridos, escondendo-se em túneis sob a terra.

Todos os jornais do mundo estampavam: "Estamos em Guerra!", "A Guerra começou!", "A Guerra Mundial!". Chocada, a humanidade fala em fim do mundo quando se depara com fenômenos climáticos de grande intensidade, porém, nem o maior dos terremotos, furacões ou tsunamis consegue sequer se aproximar dos números alcançados pela mão do próprio homem. Vinte milhões de mortos e mais vinte milhões de mutilados, sem contar a destruição de cidades, a fome, a quantidade incalculável de órfãos.

A cada final de século, crescem as vozes soltas que anunciam o final dos tempos. O fim do mundo está próximo, clamam a plenos pulmões. A superstição apaixonada procura nos anais da história argumentos com os quais possa fundamentar essa suposição. Apela para videntes, para tradições de povos extintos, contudo deixa sempre de lado a razão. Existem aqueles que criam seitas e enriquecem, outros que vendem filmes e camisetas, e apesar disso a humanidade sobrevive e a data é mais uma vez adiada.

As pessoas letradas, com um pouco mais de cultura, deveriam abrir os olhos nessas horas, evitar serem levadas pelo mesmo frenesi místico. Uma única questão basta para desfazer essa concepção supersticiosa, que acompanha a humanidade e se repete de tempos em tempos: se for realmente o final do mundo, eu tenho condições de fazer algo? O quê? Exceto buscar uma transformação íntima, tornar-se um indivíduo fraterno e benéfico para a sociedade, nada mais podemos fazer. Portanto, por que perder tempo com contos de fada, se a grande batalha é travada na intimidade de cada um de nós?

Todos os romances que os espíritos escrevem não têm outro objetivo senão mostrar essa necessidade. Revelar que os nossos erros têm consequências e que precisamos urgentemente nos concentrar em uma renovação constante de nossos hábitos e pensamentos. Algumas vezes o médium ou, até mesmo o espírito, perde o foco principal e descamba para questões supérfluas. Porém, a grande missão do Espiritismo e dos espíritos, que a essa Doutrina se filiam, é estimular a transformação individual e, por resultado, social da humanidade.

— Edouard, Edouard! — chamava Sarah ao entrar no quarto dele que ainda dormia.

Assustado e sem atinar direito o que acontecia, o médico sentou-se na cama e esfregou os olhos.

— Estamos em guerra! — falava excitada a jovem esposa.

— Deixe-me ver — disse pegando o jornal das mãos dela.

Estava escrito em letras garrafais: Inglaterra está em Guerra. O texto da capa tomava todo o jornal. As alianças que vinham sendo contraídas ao longo dos últimos anos foram colocadas em ação. Inglaterra, França e Rússia declararam guerra ao Império Austro-Húngaro, acompanhado do Império Alemão e Otomano. Breve outras nações se agitariam no campo de batalha.

O assassinato do arquiduque Francisco Ferdinando provocou uma reação do Império Austro-Húngaro, que decidira anunciar guerra contra os Sérvios um mês após o atentado. Faltava o pretexto, pois sempre há interesses econômicos e políticos velados por detrás das guerras. A Rússia reagiu e mobilizou armas para defender a Sérvia. França e Alemanha anunciam apoio aos seus aliados e mobilizam-se.

No dia 4 de agosto de 1914, a Alemanha invadiu a Bélgica em direção à França e, nesse mesmo dia, chegou a reação inglesa. A Inglaterra aderiu à guerra. Enquanto isso os Estados Unidos da América se declararam neutros. Começaram as batalhas das fronteiras, os alemães queriam chegar a Paris, enquanto os franceses pretendiam retomar a região da Alsácia e Lorena, perdida para a Alemanha em 1871.

Atônito, Edouard lia as informações em destaque no jornal. Era dia 5 de agosto de 1914. Nem ele nem Sarah compreendiam o importante papel que esse conflito teria em suas vidas, mas inconscientemente uma estranha angústia assaltou-os.

Durante o mês de agosto, a Rússia invadiria o território da Prússia

Oriental e travaria grandes batalhas contra os austro-húngaros e alemães. Em 26 de agosto o Japão declararia guerra contra os alemães. Seria preciso uma grande dissertação para conseguirmos ter uma visão ampla do complexo quadro geopolítico que se desenhava no mundo com a Primeira Grande Guerra.

Era inevitável que um avassalador ambiente de angústias e expectativa se estabelecesse no mundo. Um mês após o início do conflito, a Grã-Bretanha aderira aos combates ao lado dos franceses. Em Londres, a expectativa das pessoas era quanto à convocação da população. O temor estava estampado no rosto das pessoas naquele verão de 1914, não havia como disfarçar a angústia, que se disseminava com a manchete em cada jornal que chegava às bancas.

Os primeiros a serem chamados foram os militares. Como continuava trabalhando com a marinha mercante, era inevitável que John fosse convocado. A notícia abalou a família Smith. Sarah não sabia como consolar Clara. Lamentava a convocação, mas intimamente dava graças aos céus por não ter sido Edouard.

A guerra desperta sentimentos inusitados e altera a rotina social das nações atingidas. Não é raro encontrarmos exemplos de dignidade e coragem em indivíduos, que reagem de modo surpreendente perante situação de extremo risco. Os tempos difíceis parecem ter a capacidade de colocar em evidência medo e heroísmo, coragem e covardia. Toda a população europeia vivia essa crise. As famílias lamentavam seus mortos e convocados para o front de batalha.

As pessoas caminhavam com as cabeças baixas, tentavam desviar os pensamentos da realidade, deleitavam-se em amores intensos, tinham medo de pensar no futuro.

A guerra recém havia iniciado, mas suas transformações no contexto social eram profundas e marcantes. Mesmo nas tragédias coletivas existem mudanças benéficas. As mulheres, pela primeira vez na história, ingressavam em grande quantidade no mercado de trabalho. Por necessidade social, a mulher conquistava um espaço que não mais perderia nos anos seguintes. Foi sua participação nos esforços de guerra que levaram a Inglaterra em 1918 a aprovar o direito feminino ao voto.

O clima tenso e a dor das famílias, que viam seus filhos enviados à guerra, tomavam a sociedade. O pessimismo e o desânimo cresciam em larga escala. Tentando esquecer a situação atual, Edouard e Sarah, arregimentavam esforços para continuar com as sessões espíritas semanais. Convidavam Clara sempre que possível, esforçavam-se por incutir nela um pouco de esperança. Atarefada como nunca, a espiritualidade naturalmente alterou o conteúdo das reuniões mediúnicas. Com os desencarnes coletivos e os ânimos acirrados em todo o mundo, não faltava trabalho e os espíritos aproveitavam para atuar em benefício desses necessitados, enquanto forneciam consolo e esclarecimento aos encarnados que participavam das sessões mediúnicas. No período da Primeira Grande Guerra, as sessões transformaram-se em reuniões de auxílio. Seus participantes, que já conheciam os princípios de fraternidade, eram convocados ao serviço, através de preces e palavras de ânimo. As experiências praticamente deixaram de acontecer durante esses quatro anos e, onde se realizava uma reunião mediúnica, os espíritos solicitavam preces.

Não foi diferente na reunião semanal da família Smith, porém, Sarah demonstrou uma habilidade até então desconhecida. Enquanto os presentes liam e oravam, ela em espírito era transportada aos campos de batalha e, fazendo o papel de correspondente de guerra, narrava o que via. Os dramas particulares, o medo e a irracionalidade da guerra comoviam a todos. Ao final das reuniões, os orientadores espirituais não se esqueciam de deixar uma mensagem de esperança.

Fazia um mês que a guerra havia começado para a Grã-Bretanha.

Naquele dia as nuvens não haviam se dissipado, prenunciando uma tempestade que não caía, apesar de estarmos no verão. Talvez nossos ancestrais mais distantes estivessem corretos em sua forma de crer: o céu representava muito bem o humor do mundo naquele dia.

A reunião marcada para a noite estava vazia. Clara não participaria com a sobrinha, decidira viajar para o interior buscando um pouco de tranquilidade. Precisava relaxar os nervos depois da partida de John com a marinha. Restaram Edouard e Sarah, pois mesmo Gladys estava acamada com resistente gripe. Sarah estava amuada e angustiada, pois temia que o destino de Edouard fosse o mesmo de John. Ela tinha razão, pois não faltava lugar onde um médico fosse útil. Percebendo a condição da esposa, ele tentava fazê-la desviar o pensamento da guerra e esquecer essa real possibilidade.

— Sarah, eu proponho que hoje façamos algo diferente — disse querendo evitar que a esposa fosse de novo transportada aos campos de batalha durante a atividade.

Ela aguardou em silêncio a ideia do esposo.

— Em vez de você se concentrar, eu é que me colocarei à disposição para escrever — Edouard seguia com os exercícios de psicografia, mas de modo mais reservado, em seu gabinete. Ele havia amadurecido muito. O campo fértil de sua inteligência foi muito bem trabalhado por Mariano.

A jovem aceitou de bom grado a sugestão.

Como de hábito, a reunião foi iniciada por sentida prece em que Sarah lembrava o momento difícil pelo qual passava a humanidade. Rogava que Deus olhasse por seus filhos, agarrando-se à esperança que sua fé sustentava.

Edouard relaxara, à sua frente papel e grafite. O silêncio, capaz de nos fazer perder a noção de tempo e espaço, durou pouco. A mão do médico começou a deslizar sobre o papel. Tinha total consciência do que escrevia, apesar de não participar da criação do texto de modo direto.

"Queridos companheiros de jornada.

O momento é delicado. Intermináveis dramas particulares têm seu ápice com a eclosão dessa guerra insana. Como bem sabeis, colhemos sempre as consequências de nossos erros. O passado age ininterruptamente sobre nossas vidas. Por vezes, somos chamados a participar ou sobre nós recaem dificuldades que não supúnhamos serem merecidas. Entretanto, Deus nada faz sem que haja um justo motivo. Na realidade é Sua lei que tudo dirige.

Vemos com tristeza a situação atual da humanidade. Se o egoísmo fosse a nossa causa, veríamos a hediondez sem sermos tocados com extrema sensibilidade. Porém, o contrário nos anima. A cada dia descem dos céus contingentes inumeráveis que, em atividades de socorro, prestam auxílio a encarnados e desencarnados. Temos afetos vivendo entre os homens. Padecemos com o sofrimento deles. Alguns espíritos, ainda pouco esclarecidos, tomam partido nessa luta fratricida. Não é difícil encontrarmos espíritos inspirando generais e soldados nos campos de batalha, nem tampouco depararmos com aqueles que tombaram em batalha e continuam lutando, como se nada houvesse mudado, pois sequer compreenderam o que acontece.

Podemos nos considerar privilegiados pelo conhecimento que nos é oportunizado desfrutar. Ele nos fortalece e, ante a insanidade, fornece-nos forças para enfrentar os desafios. Não podemos perder o rumo. É preciso que nossos conhecimentos sejam empregados em benefício do próximo. Não se trata mais de uma questão pessoal, estamos todos envolvidos nos destinos da humanidade a que pertencemos. Mesmo que insignificantes, nossos passos encontram-se presentes na grande marcha humana.

Quando os desafios baterem à porta, ergam os olhos para o céu. Lembrem-se de que a verdadeira vida não é essa do corpo que agora habitam; que nosso objetivo maior encontra-se fora da Terra. Sem dúvida que o temor nos fará vacilar, mas existem situações que independem de nossa vontade e que são necessárias enfrentemos. Nunca esqueçam que jamais passamos desamparados por dificuldades, pois amigos invisíveis sustentam-nos no auge do sofrimento.

Nesses tempos difíceis, estejam preparados."

Edouard acompanhara toda a produção do texto. Lera em silêncio cada palavra. Ante a curiosidade da esposa, apenas estendeu a carta para que ela mesma a lesse. Alguns colegas do hospital já haviam sido convocados para a guerra e aquela mensagem parecia prepará-los para o fato. Angustiada, Sarah não dizia uma única palavra. Ela sabia que dificilmente contaria com a companhia do marido por muito mais tempo e, por ser uma guerra, o retorno dele não seria fácil. Se voltasse, em que condições ele estaria? Aleijado física e mentalmente? Os horrores da guerra provocam sequelas de maior profundidade na estrutura psicológica do que no aspecto físico. O que seria dela sem Edouard?

Alguns segundos se passaram em silêncio e, pela intensidade do momento, pareciam anos. Era impossível disfarçar a angústia que assaltava o lar das famílias europeias naquele período. E os espíritos tinham razão, todos estavam sofrendo, não existiam privilegiados. Entretanto, a crença que hauriram com o Espiritismo deveria ser-lhes arrimo. Claro que sofriam, mas de modo diferente. A certeza da continuidade da vida lhes dava uma nova perspectiva. Era o momento de testemunho, de dedicação ao trabalho. Não poderiam ficar de braços cruzados.

Edouard se encheu de coragem e idealismo. Tinha certeza de que a sua hora havia chegado. Não compreendia bem por que, mas o momento emblemático de sua existência se aproximava. Tudo que passara até agora era a preparação para o que aconteceria a partir de então. Frei Mariano inspirava o pupilo, satisfeito com o entrosamento que havia conseguido obter nos últimos anos.

— Espero que ele seja forte — exclamava Mariano falando consigo mesmo.

Sarah não conseguia se encher da mesma coragem. Timidamente chorava buscando o abraço do marido. A alma sensível e ainda pouco esclarecida tinha na ingenuidade seu ponto forte. Ela não via maldade nas coisas, nem tampouco alcançava mentalmente a profundidade dos fatos. Era o diamante bruto que, apesar do grande valor, precisava ser lapidado pelo tempo para atingir todo o seu potencial.

Entretanto, a jovem esposa esforçava-se para não perturbar o marido. Se ele fosse convocado, ela deveria demonstrar que as filhas de Elisabeth e Edouard teriam em si uma devotada mãe. O cenário estava pronto. As vidas de nossos personagens, como no enredo de uma grande obra literária, encaminhavam-se para o grande final.

Cada existência tem seu ponto de apoio, seu objetivo principal e outros diversos objetivos secundários. Era a grande virada na história de Edouard. Se ele bem cumprisse a trama que se desenrolaria, alçaria outro patamar existencial. Encontrava-se em uma linha divisória. Qualquer queda significaria mais alguns séculos em trabalho de reparo.

– 23 –

A guerra era o resultado de situações anteriores. Basta nos lembrarmos das Guerras Napoleônicas e outras do século XIX para compreender que não existe em tais circunstâncias uma ditadura divina impondo punições ou tormentas à humanidade. Da mesma forma, a situação de Edouard não era um castigo dos céus. O passado e o presente se entrelaçavam, as consequências de sua conduta individual se mesclavam com as sequelas e situações provocadas pelos desatinos coletivos. Nessa trama complexa, imperceptível e difícil de compreender pelo vulgo mortal, encontra-se aquilo que nos acostumamos a chamar de destino, que longe de ser estático, altera-se segundo nossas disposições íntimas e conduta dentro de um espectro tocante à nossa realidade individual.

Deixemos de lado a ingênua crença de que existam castigos divinos. Deus não poderia ser chamado assim se descontasse Suas frustrações e raiva sobre essa estranha e insignificante coletividade chamada humanidade. Sofremos os efeitos de nossos próprios atos, seja do ponto de vista individual ou coletivo. Sendo seres de relação, agimos ininterruptamente uns sobre os outros e é assim que a vida escreve o roteiro para cada um de nós. Sem passionalismos nem preferências individuais.

Edouard e Sarah viviam o presente que haviam construído para eles mesmos. A ansiedade, que tem o poder de corroer o âmago do homem, assustava a ambos. Havia a certeza de que a convocação sairia e essa espera caracterizava-se por uma tortura sem fim. Em momentos de dúvida e medo, é natural que aqueles que creem em algo, agarrem-se a essa fé para enfrentar os desafios. Triste é a situação dos céticos ou ateístas que, não tendo em que se apoiar, muitas vezes, deixam-se levar equivocadamente ao desatino das drogas e do suicídio.

As reuniões mediúnicas na casa da família Smith recrudesceram. Apenas Edouard e Sarah participavam dos encontros, já que Gladys andava com a saúde abalada e a família Robertson havia sido dividida. Buscando se fortalecer com aquilo em que acreditavam, os dois tentavam manter a vida dentro da normalidade possível em tempos de guerra.

Os relatos mediúnicos colhidos pelo casal eram impressionantes. Os espíritos proporcionaram a ambos uma experiência deveras única. Edouard estava nitidamente sendo preparado para seu desafio existencial. Os espíritos traziam depoimentos de soldados mortos em campo de batalha. Soldados desiludidos, alucinados e que mesmo mortos seguiam na luta.

Não foram poucos os espíritos até ali trazidos que lamentavam não terem dado mais atenção à família; que se entristeciam com a impossibilidade de ter uma última palavra com a esposa amada e os filhos, que sequer conheciam o paradeiro do pai. Edouard e Sarah se emocionavam com esses relatos. Havia muito trabalho a ser realizado e o médico fez Sarah prometer que ela e Gladys continuariam com aquela atividade em sua ausência, quem sabe Deus permitisse que ele mesmo em espírito trouxesse alguma palavra de conforto.

A guerra faz as pessoas pensarem na morte com naturalidade. A morte se torna uma certeza e sua convivência muito próxima. Ele não percebia, mas falava com a esposa como se seu destino estivesse selado e a morte lhe fosse uma certeza. Sarah preferia iludir-se imaginando que a guerra poderia acabar antes que a convocação de Edouard saísse, ou então, que seu marido saísse ileso do conflito. Afinal, ele era médico e não deveria ser mandado aos campos de batalha. Se a guerra seguisse alguma lógica talvez ela tivesse razão. Entretanto, a insanidade coletiva não respeita regras e age por contra própria sem uma trajetória lógica definida.

A temida convocação saiu no final do mês de setembro de 1914. Edouard era chamado a prestar suas responsabilidades como cidadão em defesa dos interesses da pátria. Era imprescindível o envio da maior quantidade de médicos ao front francês, pois o número de baixas e de feridos era bastante superior ao imaginado no início. Seu navio partiria na primeira semana de outubro do mesmo ano. Fora-lhe dada uma semana para se preparar e despedir-se adequadamente da família.

Preservemos a intimidade familiar. Não precisamos aqui relatar o drama íntimo que se abateu sobre o lar da família Smith, nem contar quantas lágrimas foram derramadas nessa tocante despedida. Sarah procurou encher-se de coragem sem perceber que era sustentada pela ex-esposa Elisabeth no momento mais crítico. A parte mais difícil foi se despedir das filhas. Doía em Edouard saber que com certeza elas cresceriam sem lembranças dele, pois ainda eram muito jovens para compreender o que se passava. Fizera a esposa jurar que falaria dele às meninas, para que elas soubessem o quanto aquele pai, que partia para um futuro incerto, amava-as.

Numa fria manhã de outono, o barco abarrotado de soldados zarpava da costa inglesa. Impossível desvendar o que desfilava no pensamento de cada um dos homens transportados ao continente por aquele navio. Muitos desses navios haviam realizado aquela mesma viagem nos últimos dias. A necessidade de soldados era crescente, com eles viajavam missionários religiosos, médicos e assistentes de toda ordem. Existia um clima de realismo intenso. Aquelas pessoas sabiam muito bem para onde estavam indo e não se iludiam com a ideia de retorno.

O ser humano, quando perde a esperança e a perspectiva de futuro, torna-se uma espécie de autômato. Honradamente executa o dever chamado a cumprir em nome da pátria. Porém, não havia o entusiasmo que costumamos ver fantasiado nos filmes modernos. Se perguntássemos àqueles tripulantes o que desejavam, unanimemente diriam que prefeririam regressar para seus lares. Entretanto, muita coisa estava em jogo no cenário geopolítico do mundo.

Sentado em sua cabine Edouard pensava na ex-esposa desencarnada, será que chegará sua hora de se juntar a ela? Veria as filhas de novo? Essas questões o angustiavam. Em seu contexto psicológico, a guerra fazia as primeiras vítimas já dentro do navio; não era raro que as crises nervosas levassem algumas pessoas a um extremo estado de excitação. Algumas vezes essas aflições chegavam ao auge em tentativas de suicídio. Quanto mais longa a viagem, mas graves eram as suas consequências. Por sorte, para Edouard, a viagem era curta e logo desembarcaria na região norte da França.

Alheio a tudo e concentrado em seu mundo íntimo, repassava seu passado, presente e futuro. Será que fizera tudo certo até aquele momento? Não adiantava lamentar os erros. Com a expectativa de risco, a própria vida provocava reflexões e reavaliações de tudo que havia passado. Compreendia que cometera alguns erros graves, poderia ter-se portado melhor em muitas situações e não o soubera fazer. As coisas pareciam ter outro sentido agora. Detalhes tão pequenos pareciam ter provocado atritos e dificuldades tão complicadas. Sentia-se até certo ponto infantil em algumas atitudes diante da perspectiva da guerra a sua frente. Estranha a natureza humana, que só dá o devido valor às coisas na expectativa de perdê-las.

O barco deslizava sobre as ondas e os primeiros enjoos acusavam que a embarcação já se encontrava em alto mar. A viagem passou sem maiores incidentes. Edouard refletia que, sem dúvida, do lado alemão as impressões gerais deveriam ser as mesmas. Ninguém queria estar nessa guerra, salvo os políticos ambiciosos e seus generais plenos de ganância, que a articularam ao longo dos últimos anos; no entanto todos para ela marchavam sem possibilidade de interromper seu curso. Não havia nenhuma perspectiva de justiça. Por certo que o passado agia sobre a vida de cada uma dessas pessoas, cada qual com seus compromissos.

O barco chegava ao continente Europeu. Apesar de não ser inverno, o céu fechado em tons de cinza escondia o sol, como se os olhos luminosos da esfera incandescente não devessem ver o que a humanidade fazia a ela mesma. Havia uma sensação de melancolia avassaladora na expressão dos homens e mulheres. Era como se todos cumprissem suas funções inconscientemente, sem atentar para a realidade. Talvez estivessem se escondendo da dura situação que estava diante deles, uma forma de se proteger. Não é à toa que a guerra muda as pessoas, os loucos se multiplicam e com eles as atrocidades e os suicídios.

O pessimismo, a insegurança e a falta de perspectiva de futuro não só geravam um clima de insanidade como também contribuíam para a manifestação de epidemias e o surgimento de doenças até então desconhecidas. Edouard ficou chocado ao perceber que apenas com a travessia do canal da mancha o ambiente pudesse ser tão diferente.

Existia um período de adaptação a cumprir e alguns treinamentos a realizar. Os soldados recém-chegados fariam essa adaptação ali mesmo, próximo à costa francesa. A cada dia a mais de guerra, o período de preparação diminuía, pois a necessidade de novos soldados nos locais de combate aumentava. Edouard se preparava psicologicamente para a dura realidade que encontraria nos campos de batalha, visto que serviria como médico nas trincheiras. Sem se dar conta, não percebia que essa preparação era um mero devaneio, pois nada o colocaria em situação de confrontar a insanidade humana em seu apogeu.

Passeando pelos acampamentos, Edouard começou a perceber a degradação humana. Entre as tendas caminhavam homens que há algumas semanas eram pais de família, trabalhadores e responsáveis pelo sustento da casa. Esses mesmos homens se lançavam como lobos à caça de diversões nos prostíbulos que se multiplicavam. Onde houvesse um considerável número de soldados, lá se instalava um prostíbulo. E, se o mesmo não existisse, os estupros e abusos tratavam de substituí-los. Muitas daquelas mulheres haviam perdido tudo com a guerra. Viúvas ou órfãs, no completo desespero, mergulhavam na prostituição para se sustentar. Aos poucos o ser humano se tornava animalizado, pois bastava um "não" para a agressividade vir à tona. Os crimes, as traições e assassinatos por motivos banais cresciam na mesma proporção que a insanidade contaminava os homens.

Edouard acreditava estar preparado para presenciar esse cenário, mas jamais supôs que o comportamento humano pudesse chegar a tão baixo nível. Se não fossem alguns casos de heroísmo e de solidariedade extrema, chegaria a pensar estar entre animais e não entre seres humanos. Não demorou a que essa triste realidade batesse a sua porta. Na falta de médicos e de todos os recursos, começara a atender

RAFAEL DE FIGUEIREDO DITADO POR FREI FELIPE

ali mesmo, entre os mutilados e alucinados que haviam participado do início da guerra.

— Preciso de um médico, preciso de um médico — gritava um homem desesperado, trazendo no colo um jovem que parecia mal ter completado dezoito anos.

Edouard não demorou a reagir e solicitou que o homem levasse o garoto para a tenda, onde havia instrumentos cirúrgicos. O jovem estava ensanguentado e não foi difícil de constatar que a garganta havia sido cortada.

— O que aconteceu? — indagou ao soldado mais velho.

— Tentativa de assassinato.

— Pode me passar aquele material — disse Edouard apontando para outra mesa.

O jovem encontrava-se desfalecido e quase sem pulso. Pela quantidade de sangue que empapava as vestes, ele havia perdido alguns litros de sangue. E por mais que o médico se esforçasse nada poderia ser feito para salvar a vida do jovem.

— Como aconteceu?

— Eu não sei ao certo. Estávamos dormindo. Acordei com os gritos e conseguimos ver que um homem saiu da barraca correndo.

Mal terminou de falar e alguns homens entraram na tenda onde Edouard atendia o jovem degolado. Debatendo-se entre eles, havia outro homem. O mesmo estava sendo segurado pelos dois braços enquanto os outros dois o faziam andar aos socos e pontapés.

O TESTEMUNHO DOS SÁBIOS

— O que é isso? — indagou Edouard energicamente.

— Foi o assassino, nós o pegamos quando estava tentando fugir da cena do crime — disse dirigindo-se ao soldado junto do médico, que era irmão da vítima. — Uma das moças havia se apaixonado por ele e o ciúmes o fez tentar assassinar seu irmão — completou o outro soldado.

Edouard nem teve tempo de raciocinar. Tomado de fúria, o soldado ao seu lado pegou um instrumento cirúrgico e partiu para cima do agressor do irmão. Golpes certeiros perfuraram o abdômen do homem e um silêncio que durou poucos segundos, mas parecia a própria eternidade, caiu sobre o recinto.

— O que você fez? — gritou Edouard que presenciara tudo aquilo atônito. Os efeitos da guerra chegavam aos seus olhos pela primeira vez.

— Vamos! Você precisa sair daqui — disse um dos soldados puxando o irmão da primeira vítima pelo braço.

— E o meu irmão doutor? — teve tempo de indagar ao médico.

Edouard abanou a cabeça de modo negativo.

— Vamos, seu irmão está morto — disse o soldado arrastando-o para fora da barraca.

Edouard precisou de alguns segundos para reaver a lucidez. Sem demora, deixou de lado o irmão condenado a morrer, sem prognóstico de cura, para cuidar do novo ferido; quem sabe a sorte fosse mais bondosa com este. Porém, bastou um rápido olhar para perceber que os três golpes desferidos tinham sido certeiros. O homem expirou ali, segurando a mão de Edouard, com os olhos abertos vitrificados sem uma única palavra.

RAFAEL DE FIGUEIREDO DITADO POR FREI FELIPE

Com certeza esse drama teria seu desdobramento na esfera espiritual: ao recobrar a consciência, os dois seguiriam se perseguindo, ao mesmo tempo em que sofreriam com os efeitos marcantes dos ferimentos que os haviam vitimado.

Edouard, bastante sujo com o sangue dos soldados, deixou a barraca logo após a chegada dos oficiais, que vieram averiguar o que havia ocorrido. O irmão mais velho da primeira vítima fora capturado antes de conseguir deixar o acampamento. Fora trazido até o médico para o reconhecimento. Edouard apenas fez o seu dever, confirmou a identificação. Doía-lhe saber que dizer a verdade condenaria aquele homem à morte. Seus companheiros também confirmaram tudo.

Precisava se lavar, quem sabe a água levaria suas lembranças desse episódio fatídico? Esperava a guerra, mas não contava com tamanha insanidade, capaz de acabar com a coerência dos fatos. Indagava-se, o que mais teria de ver? Estava acostumado a tratar pessoas que lutavam pela vida, mas agora seus pacientes eram carrascos da vida alheia. Como não julgar? Como se isentar de ajuizar os fatos e tratar os pacientes com neutralidade? Nada no mundo poderia prepará-lo para as experiências que adviriam dali para frente. Sabia que este era só o começo e que a realidade nua e crua seria indigerível. Não havia dúvida que essa guerra o mudaria para sempre. Que sociedade resultaria dessas atrocidades? Que espécie de homens e mulheres, pais e mães, sairiam desse conflito? Rogava a Deus que pudesse ao menos lhe resguardar os valores familiares, que tanto prezava e, para que, se não fosse possível isentar-se da dura realidade, ao menos pudesse ser forte para intervir com correção.

Após lavar-se numa tina com água, que lhe haviam trazido, soube que o irmão da primeira vítima já havia sido julgado e condenado ao fuzilamento pela junta militar, que ali se encontrava. Assim rápido, não havia nenhuma cerimônia para ceifar outra vida. Os homens que capturaram o primeiro assassino não foram executados, pois não se podem descartar soldados dessa maneira. Foram enviados para os campos de batalha, permaneceriam sem descanso na linha de frente e dificilmente sobreviveriam a mais de uma semana.

Dura realidade, realidade não contada pelos factoides tão acostumados a escarnecer da privacidade humana. O homem deveria tomar como exemplo a coragem de Henri Dunant, que foi o primeiro a denunciar os horrores da guerra em sua expressão mais exata, sofrendo perseguições por conta disso. Entretanto, ele não se deteve só nisso, pois lutou pela instituição da Cruz Vermelha, que deveria atender, sem distinção, todos os feridos não importando qual fossem as bandeiras que defendessem. Edouard não conhecia a história dessa instituição, mas sem sua existência a guerra teria sido ainda mais dura de suportar.

Na manhã do dia seguinte, profundamente marcado pelo episódio do dia anterior, levantou-se e sequer teve tempo de se lamentar. Deveriam ajeitar todas as coisas e partir. Não sabia ao certo seu destino, mas tinha consciência de que o que vira ontem era apenas o começo.

Os russos haviam iniciado grandes ofensivas na Prússia Oriental. Como os alemães estavam concentrados no lado ocidental, os russos não encontraram resistência para avançar pelo território prussiano. Contudo, o rápido deslocamento de trem das tropas do Império Alemão não só impediu o avanço russo como também quase dizimou o exército daquele país. No dia 09 de setembro de 1914, as forças alemãs obtiveram uma das maiores vitórias militares de sua história, na Batalha dos Lagos Masurian, expulsando os russos de seu território. Com a entrada do Império Otomano na guerra, os russos passaram a ter a atenção desviada noutra direção.

A frente de batalha alemã avançava em duas linhas, uma seguia em direção da Lorena e outra se dirigia à França através da Bélgica. O objetivo dos alemães era tomar Paris e surpreender os aliados pela retaguarda. Prevendo a movimentação inimiga, as tropas francesas deslocaram-se para as margens do rio Marne. Os alemães supunham que os belgas não ofereceriam resistência ao exército de dois milhões de soldados, que cruzaria seu território, porém não foi o que se viu. A valentia do povo belga dificultou muito o avanço do Império Alemão e as tropas marchavam lentamente. Os alemães consideraram a valentia belga um suicídio, porém suas tropas foram significativamente diminuídas e a proposta de surpreender os franceses pela retaguarda não seria mais possível de ser executada. No dia 05 de setembro de 1914, a infantaria francesa encontrou a alemã.

Percebendo o enfraquecimento alemão, as tropas francesas passaram a contra-atacar. A falta de comunicação e o orgulho arrogante dos comandantes alemães não permitiram rápido entendimento para uma estratégia objetiva. Estavam a quarenta quilômetros de tomar Paris, o que poderia ter dado outro rumo à guerra. No entanto, foi dada a ordem de se reagrupar às margens do rio Aisne. Os generais não tiveram coragem de contrariar as ordens superiores, mesmo vendo que as tropas francesas encontravam-se vencidas. Esse fato é absolutamente verdadeiro, pois o desespero francês era tamanho que táxis estavam sendo utilizados para o envio de tropas de defesa. Os franceses aguardavam o reforço inglês, que não havia chegado ainda.

A incompreensão do comandante alemão da real situação de defesa da capital francesa fez com que as tropas fossem deslocadas mais para o norte, para alívio dos generais encarregados de defender Paris. As tropas francesas seguiram a mesma direção, deslocando a guerra das portas de Paris para a região do Marne. Essa tendência de avanço para o norte se seguiria em direção ao mar, com a escavação de trincheiras, que se mostrariam quase intransponíveis por centenas de quilômetros.

O TESTEMUNHO DOS SÁBIOS

Edouard avançava atrás das tropas inglesas que deveriam reforçar as defesas em Paris. Com o deslocamento da guerra para o Marne, seu destino final era a batalha do Aisne. Ninguém imaginava o que estava por acontecer.

A última noite antes de chegar ao front, onde ocorriam os combates, foi uma prova assustadora do que vinha pela frente. As luzes provocadas pela artilharia iluminavam a noite e causavam ansiedade e medo, pois, todos estariam ao alcance das bombas no dia seguinte. Como não temer? Não havia nenhuma garantia de sobrevivência. Nenhum treinamento poderia simular a realidade. Os soldados se entreolhavam, tinham certeza de que amanhã, àquela mesma hora, muitos deles poderiam estar mortos.

Como lidar com esse tipo de situação? Não é à toa que os exércitos costumam drogar seus soldados antes dos combates. Apenas o desespero e a distorção da realidade podem permitir a um ser humano ingressar em uma situação como essa.

Edouard não conseguia dormir, fazia frio, na pressa de chegar ao destino o acampamento não fora erguido. Os franceses precisavam do reforço, não podiam demorar e aquele era apenas um descanso depois da longa marcha executada. Pensamentos em velocidade indescritível desfilavam em sua mente, era impossível controlá-los. Talvez fosse a extrema ansiedade do momento. Os homens e mulheres em êxodo, com os quais cruzaram no caminho, chamaram a atenção do médico escocês.

As pessoas fugiam a pé ou em carroças, com animais, crianças de colo e tudo o mais que pudessem carregar. Para onde iriam? Mendigar nas cidades? Para a casa de familiares? Uma crise social sem precedentes estava em pleno curso. O que aconteceria com essas pessoas, que partiam às pressas, deixando suas casas abandonadas? Seus ninhos domésticos, preparados com tanto carinho ao longo do tempo, um altar à memória da própria família, eram assim bruscamente entregues aos exércitos, ao saque ou à destruição. Que quadro aterrador e triste!

Apesar do descanso, ninguém conseguia dormir. Os soldados não eram capazes de ficar indiferentes ao barulho das explosões que, mesmo distantes, causavam terror e apreensão. A notícia de que os ingleses se aproximavam encorajou o enfraquecido exército francês, que sofrera duras baixas com os continuados ataques alemães. Podia-se ver ao longe que pessoas caminhavam pela estrada de terra em direção ao local onde descansavam.

Os soldados foram chamando uns aos outros para que vissem o que acontecia. Muitas pessoas se dirigiam ao encontro deles. Será que os franceses fugiam da batalha? Alguns longos minutos se passaram até que um primeiro grupo chegou. Um oficial de baixa patente trazia palavras de contentamento aos comandantes do exército inglês e explicava que os feridos se aproximavam para receberem auxílio.

Todos se prepararam para erguer ali mesmo um acampamento de retaguarda. Deviam ser rápidos, pois os feridos se aproximavam e necessitavam de socorro médico urgente. Os demais soldados sem demora deveriam se reunir em suas unidades e marchar em direção ao front, pois era necessário reforço imediato. Pela primeira vez na história, a guerra estava concentrada em trincheiras. Os ingleses, ao perceberem aquilo não sabiam muito bem o que fazer, mas não demorou a que buscassem proteção e cavassem seus próprios túneis. Nunca a guerra teve um apelo simbólico de tamanha força. Os seres humanos destruindo vidas e causando pânico social viviam como vermes, na sujeira e entre doenças.

O TESTEMUNHO DOS SÁBIOS

Edouard assumira a função de comandar uma das salas de cirurgia, implementada em uma tenda de grandes proporções. Junto de seus companheiros, outros médicos e enfermeiros, ele aguardava angustiado a chegada dos feridos. Uma das primeiras barreiras era o idioma. Tanto melhor que ele aprendera a se comunicar razoavelmente bem, devido à insistência de sua ex-esposa. Jamais imaginou que isso poderia ter tamanha utilidade.

Não demorou a que soldados sem braços e sem pernas começassem a se aproximar. Uns marchavam apoiados em improvisadas muletas, outros vinham auxiliados por companheiros menos feridos. O cheiro de sangue coagulado, impregnado em suas roupas, tornou o ar pestilento, e uma impressão penosa caiu sobre os médicos. Qual seria o tamanho da desgraça provocada pelo ser humano?

Dois soldados feridos arrastavam, em uma padiola improvisada, um homem que tivera as pernas arrancadas por uma explosão. Afoitos e agitados trouxeram o corpo que se esvaíra em sangue e sequer perceberam que o companheiro estava sem vida.

— Doutor, doutor, emergência, emergência. Salve meu filho! Salve meu filho! — disse o homem mais velho segurando Edouard pelo uniforme. O homem trazia no semblante um desespero intraduzível, as lágrimas não chegavam a rolar, pois eram retidas pela sujeira e pelo sangue seco que se espalhava por todo seu rosto.[1]

Um enfermeiro percebeu que o ferido já estava morto e fez sinal com a cabeça de que nada poderia ser feito. O médico compreendeu aquilo, mas o pai do soldado não estava em condições de compreender nada, tamanho seu desespero. Edouard permaneceu imóvel por alguns

---

[1] Questionei o autor espiritual sobre as fortes impressões que a narrativa geraria nos leitores: "Não poderíamos minimizar a descrição dessa realidade?" A resposta foi direta: "Isso está sendo feito. A descrição foi atenuada, mas é importante que as pessoas compreendam os danos que um conflito armado pode provocar. Somente com o conhecimento da realidade a humanidade deixará de apoiar movimentos nesse sentido."

segundos sem saber como reagir. Que realidade era aquela que se escancarava diante dele? O dever profissional falara mais alto e o médico tentou não pensar em nada no momento. Era hora de minimizar a dor alheia e não mergulhar em reflexões improdutivas para a hora.

Os homens levaram o morto para dentro e o trataram como se ainda estivesse vivo. Eram as ordens de Edouard, queria ao menos mostrar para o pai e para o outro soldado, que mais tarde soube que era o irmão do falecido, que o esforço não havia sido em vão. Recém-chegados, os ingleses ainda não estavam contaminados pela insensibilidade, até aquele momento se preocupavam com os sentimentos dos feridos, algo que muda radicalmente com a convivência em uma guerra continuada. Existe um natural alheamento da realidade, quanto menos contato emocional se tem com os feridos e mortos, maiores são as chances de não se cair na loucura e no desespero. Assim o cérebro age, porém não fomos preparados para viver tais situações e, mesmo com todos os mecanismos psicológicos tentando nos proteger, uma guerra sempre deixa marcas insuperáveis, que muitas vezes carregamos por diversas encarnações posteriores.

Edouard quis pessoalmente informar o pai sobre o soldado morto.

Sentados ao lado da barraca, pai e filho aguardavam as novidades enquanto enfermeiros colocavam bandagens nos ferimentos de ambos. Assim como num imenso formigueiro, todos trabalhavam cuidando dos recém-chegados, e esse número não parava de aumentar. Ao perceberem a aproximação do médico se agitaram. A expectativa estava estampada nos rostos do pai e do irmão de seu paciente. Como dar a notícia de que o filho morrera, depois de terem carregado o ferido por vários quilômetros? Num ato inconsciente, Edouard pediu ajuda aos céus enquanto caminhava.

Estacou em frente aos dois soldados feridos. A cabeça baixa fora suficiente para demonstrar que a situação era extremamente difícil. Será que não havia como salvar o filho? Os homens se ergueram angustiados. Enquanto houvesse silêncio alimentavam alguma esperança. O silêncio era a negação da realidade, da morte.

O médico encheu-se de coragem e olhou aquele sofrido pai nos olhos. As lágrimas quentes já vertiam dos olhos do pai, enquanto o outro soldado, irmão do morto, evitava encarar o médico e concentrava-se no vazio. Chocado com a cena, tocado pela expressão de dor daqueles soldados, Edouard percebeu o quão difícil seria sua estada na França. Baixou a cabeça e com leve movimento indicou que o jovem não havia resistido.

Ouviu os soluços do pai, mas não teve coragem para dizer nada. Apenas na guerra torna-se rotina os pais enterrarem seus filhos, alterando a ordem natural da vida. Ele virou as costas e arrasado voltou para a tenda, onde outros pacientes aguardavam tratamento. Os soluços do soldado não saíam de sua mente, o irmão do soldado morto mordia os lábios e fazia gestos nervosos.

Antes de se afastar Edouard ainda ouviu:

— O que vou dizer para sua mãe? Eu prometi a ela que protegeria nossos filhos — disse o pai arrasado por completo, sendo consolado pelo filho ao seu lado.

A guerra continuava, esse era apenas um drama pessoal em meio a tantos outros. Quantas histórias tristes, de mortes, de tragédias familiares. Muitos perdiam os pais, outros tantos perdiam os filhos. Havia famílias inteiras que em fuga perdiam-se uns dos outros para nunca mais se reencontrarem. Sem contar os inúmeros crimes hediondos, acobertados e mascarados sob a sanha criminosa da guerra.

Edouard não estava pronto para isso, porém ninguém estava. Era preciso agarrar-se a alguma coisa. A lógica dizia que nada acontece sem uma razão. A razão da guerra era óbvia, estava assentada na falta de diálogo entre os governos, na busca desenfreada por poder e lucros. No entanto, o que ligava cada indivíduo ao evento? Isso era uma resposta inacessível, pois estava ligada aos atos de cada um, ao passado e ao presente.

Completamente abatido, retornou ao local de trabalho. Porém, se fora impossível fazer algo pelo jovem soldado, para muitos ali havia ainda esperança. Era preciso reunir forças, esquecer a dura verdade e se concentrar em salvar o maior número possível de vidas, contando com o auxílio de Deus para cumprir o seu papel. Não pensava nos soldados que poderia reabilitar, mas nos seres humanos que poderiam voltar para suas famílias.

As cenas dos feridos e do êxodo chocavam. O número de aleijados e de pessoas sem família, inclusive de órfãos, não parava de crescer. O sentimento geral era de angústia, e não havia sinais de esperança nos olhos das pessoas. A esperança é sem dúvida o combustível que motiva os sobreviventes, sua ausência paralisava as ações coletivas. As pessoas marchavam fugindo das cidades sob ataque, com a cabeça baixa, andando sem rumo e evitando pensar.

Aqueles jovens que se alistavam voluntariamente, pensando em mudar o mundo através da guerra, depressa se convertiam em autômatos. Insulavam-se internamente para fugir ao panorama, podendo ser conduzidos sem reflexão. Os estimulantes empregados para manter os soldados ativos e sem medo, como se isso fosse possível, transformavam-nos em criaturas irracionais, sem reações emocionais. Muitos deles optavam pelo suicídio para fugir de vez daquela situação, tantos outros se lançavam alucinadamente em combate, tombando sob rajadas de metralhadoras. O quadro era aterrador, só quem viveu essa realidade sabe precisar bem o que é a guerra. Porém, a psicologia humana, fragilizada ao extremo nesses casos, busca o heroísmo, faz-nos

O TESTEMUNHO DOS SÁBIOS

lembrar dos motivos da luta, numa tentativa de distorcer o cenário para que sigamos tentando sobreviver. Não existe heroísmo em matar outros seres humanos, não importa a circunstância! Se pudermos imaginar heróis de guerra, os mesmos seriam aqueles que tentam detê-la, que, no meio dos conflitos, reanimam os feridos, falam sobre confiar em Deus e confortam aqueles que partem em meio ao sofrimento.

Por tudo isso, do ponto de vista espiritual, a guerra e suas circunstâncias precisam de uma avaliação toda especial. Pois, sua realidade foge ao comportamento habitual humano. Por mais cruéis que possamos ser no dia a dia, nada se compara aos excessos que se tornam normais em campos de batalha ou sob a justificativa de defender a soberania nacional.

A situação era difícil, Edouard desistira de tentar encontrar explicações para aquilo tudo, de refletir sobre aquele período tão duro. Nada poderia explicá-lo senão a insanidade em seu mais alto grau. Era preciso sobreviver e se concentrar em fazer o trabalho a que fora chamado da melhor maneira possível. Reparar naquela fase o enlouqueceria. Agarrava-se à fé, buscando na prece e em Deus a força para seguir cumprindo com seu dever. Prometera a si mesmo que não mancharia as mãos de sangue, não iria contaminar-se com a loucura, que grassava entre todos que ali estavam. A vida é o bem maior do espírito humano, e ninguém tinha o direito de tirá-la.

– 24 –

Apesar de trabalhar a noite inteira sem descanso, ainda havia muito trabalho pela frente. Existia total escassez de médicos e socorristas. O número de mortos e feridos era muito maior do que os comentários oficiais. Os mantimentos, carregados junto com a equipe socorrista, mal durariam uma semana, se a demanda continuasse naquele mesmo ritmo. Desde já era preciso economizar. E o quão difícil era fazer isso, ante a dor e o sofrimento alheio. Entretanto, era preciso, pois, caso contrário, muitos perderiam as vidas em função da falta de medicamentos.

Era necessário priorizar o atendimento aos pacientes com melhores condições de sobreviver. O médico não se sentia bem com isso. Quem se sentiria? Ouvir os gemidos e lamentos e saber que não se pode desperdiçar a aplicação de paliativos, ao menos para aliviar a dor, era difícil. Era preciso aprender a conviver com o sofrimento alheio. Quem não preferiria, numa situação dessas, imaginar estar vivendo apenas um pesadelo? Esta era, entretanto, a dura realidade da guerra que não saía nos noticiários.

— Não consigo ver tudo isso e não fazer nada! — dizia Edouard contrariado a um colega.

— Não há o que possamos fazer — argumentava o outro médico.

— Eles nos impõem esse tipo de coisa porque não convivem com a realidade. Como posso dizer que não tenho nada para aplacar a dor de alguém que aqui esteve lutando contra sua vontade? Que deixou sua família, sua esposa, seus filhos, para entrar numa guerra que não é sua, que não tem princípio algum? Aqueles que nos pedem isso não estão na guerra, estão sentados em seus gabinetes bebendo chá. — dizia Edouard sem medir as consequências de suas palavras, mesmo que fossem verdade.

Tomado de estresse e emocionado pelos diferentes dramas íntimos vividos nas últimas horas, ele seguia desabafando sem se dar conta. Seu colega tentava argumentar pedindo que o mesmo não se exaltasse, pois estava nervoso.

Com lágrimas nos olhos, ouvindo os delírios febris de um soldado condenado a morrer sem assistência, que pedia súplice que ao menos lhe aliviassem a dor, Edouard caminhou na direção do moribundo.

— Por favor, sei que estou condenado, apenas me permitam morrer em paz. Ah, como sofro com essa dor, como sofro! — exclamava o jovem soldado em laivos de consciência.

Interessante perceber que o comportamento dos médicos em geral se assemelhava. Como não estavam autorizados a tratar de pacientes naquelas condições, ignoravam-no, como se ao desviarem os olhos não fossem tocados pela situação que se repetia o tempo todo. Essa indiferença precisava ser forçada, mas se automatizava através do comportamento, que se padronizava nos acampamentos. Argumentavam que era importante que os médicos mantivessem distância afetiva dos pacientes, não queriam sofrer e se apegavam ao argumento de que assim conseguiam pensar melhor ante as decisões importantes que precisavam tomar.

Essa indiferença está além das condições humanas e, portanto, não podia ser imposta. Somos seres incapazes de ignorar a dor e o sofrimento, podemos tentar desviar o foco, até mesmo nos acostumar a desviar o olhar, mas nos momentos de reflexão, essas imagens escondidas em nossa consciência vêm à tona e envergonham-nos. Sentimo-nos culpados pela inércia, pela miséria humana denominada indiferença, por não termos agido em benefício do próximo. A desencarnação põe um fim a essa falsa ilusão, e não é difícil compreender os dramas íntimos que nos assaltam nessas horas, quando percebemos que aquilo que fingimos não ver, estava vivo e latente dentro de nós.

Ao perceber que o médico se aproximava, o doente passou a dirigir-lhe a palavra, mostrando que se mantinha consciente, contrariando a opinião geral de que delirava.

— Por favor, doutor, por favor, ajude-me.

Edouard aproximou-se e o paciente segurou-lhe o braço.

— Eu sei que vou morrer, mas, por favor, ajude-me. Não quero morrer como um animal, aos gritos de dor. Dê-me ao menos a dignidade.

Os outros médicos no interior do hospital improvisado pararam seus afazeres para ver o que acontecia. O paciente falava alto, e não havia quem não se sentisse tocado com seus últimos desejos.

— Eu tenho esposa. Ela estava grávida antes de eu vir para a guerra. Eu rezava todos os dias para voltar vivo e poder segurar nos braços meu filho. Ao que parece Ele não irá me atender nesse ponto — disse o ferido com um sorriso triste no rosto.

— Acalme-se, não sabemos a vontade de Deus... — Edouard foi interrompido pelo soldado.

— Obrigado pela gentileza, por tentar me consolar, mas eu não preciso disso. Sei que minha hora chegou, não há como sobreviver. Não lamento, eu amei e fui amado, e é o fruto desse amor que desejaria ver ao menos uma vez. Entretanto, não podemos ter tudo na vida, não é mesmo? Porém, se fosse possível, eu lhe pediria uma última coisa antes de deixar este mundo — disse retirando um bilhete do bolso com muita dificuldade.

Empapado em sangue coagulado, o pedacinho de papel trazia um endereço e um nome. O soldado no leito estendeu o braço e disse:

— Por favor, escreva para minha esposa e diga a ela que seja forte e que sempre a amei — o paciente tossia.

Edouard abriu um vidro de anestésico.

— Obrigado doutor, meu desejo é morrer com dignidade e isso me aliviaria as horríveis dores que sinto, porém, e os outros? Eu mereço mais do que eles apenas por que ainda posso falar?

Edouard ruborizou, sentiu-se envergonhado com a situação constrangedora que vivia. Desviou o olhar e percebeu que outros dois colegas se dirigiam para a caixa onde guardavam os anestésicos.

Ele se sentiu encorajado e aplacou a dor do soldado que morria.

— Obrigado, quem sabe assim morrerei dormindo. Talvez Deus me conceda o último desejo de rever ela e meu filho em sonho, visto que não posso fazê-lo em vida. Obrigado — o soldado ainda segurava-lhe a mão em um gesto de extrema gratidão. — Não deixe que nossa morte seja em vão, ao menos não nos trate como animais. A morte não assusta tanto quando há alguém ao nosso lado.

A espiritualidade se valia de todos os artifícios possíveis para lembrar àqueles homens de sua humanidade. Edouard, depois daquele dia, não mais abandonaria seus pacientes no momento *in extremis*, era preciso segurar-lhes as mãos. Ele sabia que a vida não findava com a morte.

Os médicos que ali estavam sentiram-se pequenos com a demonstração de dignidade daquele soldado. Descumprindo as ordens, esvaziaram a caixa de anestésicos e ministraram clorofórmio, morfina e cocaína[1] aos pacientes. Esse fato tornou-se conhecido e a punição deveria ser exemplar. Todos os envolvidos foram deslocados para os campos de batalha, trabalhariam no socorro dos feridos nas trincheiras, onde a guerra acontecia de verdade e a assistência era na prática nula.

A punição se constituía numa bênção aos soldados que lutavam sem nenhum auxílio e permaneciam jogados na lama ou eram devorados por ratos durante semanas sem trégua. Para os nobres missionários que compreendiam que a medicina era um serviço que não poderia existir sem a preservação da dignidade humana, um novo cenário se descortinava. Estavam sendo convidados pelos céus a exercer em sua mais ampla extensão a tarefa que abraçaram como profissão.

Os feridos do campo onde se encontrava Edouard ao menos tiveram um momento de repouso, depois de terem lutado no lugar daqueles que deram as ordens para que eles entrassem na guerra e morressem sofrendo. Alguns soldados extremamente fragilizados expiraram suas vidas durante o período de inconsciência, outros tantos acordaram e voltaram a sentir dor, mas os valiosos instantes em que puderam deixar

---

[1] Foi somente nos anos iniciais da guerra que a cocaína e a heroína foram consideradas prejudiciais devido ao seu alto grau de viciação. Entretanto, mesmo na segunda grande guerra foram largamente aplicadas como instrumento de alienação e fuga da realidade.

de gemer foram uma dádiva sem preço. Para todo sempre agradeceriam os médicos que os auxiliaram naquela hora.

Na manhã seguinte o pequeno contingente de médico se deslocava para o front, permaneceria atendendo aos feridos nas trincheiras até nova ordem. A angústia entre os jovens médicos era grande, afinal eles estavam indo ao local de onde saía a maior parte dos feridos. Compreendiam que a expectativa de vida ali, mesmo para eles que não participariam da luta armada, era baixa e o risco bastante elevado. Edouard parecia mais tranquilo, apesar da situação dramática.

Desde o evento em que auxiliara o soldado em sofrimento, sua consciência parecia ter-se acalmado. Sentia que mesmo naquelas circunstâncias ainda havia espaço para se fazer o bem ao próximo. A ansiedade e angústia da chegada à Europa, palco das principais batalhas da guerra, colocaram-no distante da influência ativa e consciente de Frei Mariano e demais amigos espirituais. Todavia, a carga emocional presente no auxílio ao soldado moribundo, restabelecera essa sintonia. Mesmo com o trabalho árduo e os diversos casos desesperadores que presenciava dia após dia, procurava manter os pensamentos próximos aos amigos espirituais, fosse através da prece ou das recordações das reuniões mediúnicas e suas consequentes observações. Havia aprendido o suficiente para compreender que dependia só dele seguir o fluxo e tornar-se um alienado sem muita utilidade naquele palco sangrento, ou de alguma forma colocar em prática tudo que aprendera e o fizera uma pessoa mais lúcida de seu papel na sociedade. Não estava ali para lamentar a própria sorte, seu conhecimento poderia minorar o sofrimento alheio, esforçava-se nesse sentido. Sem perceber, sua conduta e exemplo inspiravam outros.

Havia um jovem enfermeiro, chamado Paul, que mal havia passado dos vinte anos. Esse jovem idealista alistara-se para ir à guerra. Ficara claro que ele não imaginava onde estava se metendo quando fez o alistamento. Edouard se afeiçoara ao jovem e esforçou-se por incluí-lo em suas atividades. O rapaz parecia perdido, a influência do médico lhe corrigira o rumo. Entretanto, era o mais excitado e preocupado com o deslocamento para as trincheiras.

A tranquilidade reinante era enganosa. Forte neblina cobria o campo onde o Império Alemão se defrontava com as forças francesas e as da Grã-Bretanha, o que não permitia ver com nitidez o panorama geral. A noite fora assustadora, bombas explodiam dos dois lados e muitos soldados haviam tombado mortos ou feridos. Edouard e Paul haviam sido destacados para a linha mais à frente. Sua função era caminhar pelos diversos túneis em busca de feridos e dar-lhes o atendimento possível e necessário. Na medida em que se aproximavam do front, o aspecto dos soldados era mais tenso e os rostos e vestimentas imundos davam uma impressão extremamente deplorável.

Dois padioleiros passaram carregando um jovem morto com o tiro na testa. Médico e enfermeiro se entreolharam e não puderam deixar de sentir um arrepio com a cena desagradável.

— Viram porque se deve manter a cabeça abaixada? — indagou o oficial que os guiava pelos túneis.

Edouard desviava dos soldados sentados na lama. Muitos deles estavam feridos, com ataduras na cabeça e sujos de sangue. Sangue que na maioria das vezes não era deles, mas de companheiros que tombaram. Era preciso desviar dos ratos que infestavam o lugar, sem contar as pulgas e piolhos que provocavam enorme desconforto nos soldados. O cheiro nauseante de lama, sangue e a fumaça provocada pelas explosões era muito, muito insuportável. Paul inconscientemente levou a mão ao rosto tapando o nariz.

O TESTEMUNHO DOS SÁBIOS

— Logo você se acostuma — disse o guia à frente.

Chegaram ao local designado. O oficial apresentou ambos ao oficial no comando. Receberam a ordem de caminhar pela trincheira em busca de sobreviventes. Os carregadores vinham tendo muito trabalho, pois o número de baixas da última noite havia sido altíssimo. Estavam aguardando o cessar fogo para logo, e então seria possível buscar os mortos e feridos que estavam no campo entre alemães e franceses. Que se ocupassem dos vivos nas trincheiras, mas ficassem atentos ao sinal para cuidar dos feridos no campo logo à frente.

Não foi preciso caminhar muito, em todos os cantos havia soldados desacordados, muitos estavam feridos ou mortos, enquanto outros se encontravam apenas cansados. Logo Edouard se deparou com um obstáculo intransponível, não havia material para tratar os feridos. Refletiu sobre o uso que deram aos anestésicos, mas era difícil escolher a quem tratar, pois isso não era função da humanidade, mas de Deus. Estava com a consciência tranquila e assim como antes faria o possível para minimizar os sofrimentos daquelas pessoas.

Paul caminhava de modo desengonçado, apesar de muito magro e estatura mediana. Não obstante a impressão de pouca agilidade que seus modos transmitiam, era bastante flexível e se deslocava com facilidade entre os soldados que lotavam as trincheiras. O jovem enfermeiro seguia na frente e quando dois soldados o avistaram passaram a gritar.

— Médico, um médico!

Paul chamou Edouard e ambos começaram a correr, o terreno escorregadio devido à lama complicava o deslocamento.

— O que aconteceu? — perguntou o jovem que se aproximou primeiro.

Aqueles dois soldados tentavam estancar uma grande quantidade de sangue que saía do abdômen de outro soldado deitado ao solo. Muito sujo com o sangue do companheiro, o soldado pressionava com as próprias mãos o ferimento tentando em vão estancar o sangramento.

Paul pegou algumas bandagens que havia dentro de sua mochila e assumiu os primeiros socorros. Edouard chegou quase que ao mesmo tempo e ambos passaram a auxiliar o ferido. A bala havia atravessado o abdômen do soldado, entrando pelas costas e saindo pela frente, enquanto o mesmo tentava retornar à trincheira depois de ir buscar algum objeto perdido no campo de batalha.

— Que idiotice! — exclamou um dos soldados depois de contar o fato.

Não havia muito que fazer, mas a presença de um médico na linha de frente animava os soldados, significava que ao menos teriam algum tipo de assistência. Muitos haviam perecido nos últimos dias sem assistência alguma. Edouard conseguiu que os padioleiros, que carregavam os mortos, carregassem o soldado para o acampamento próximo, pois era necessário que ele passasse por cirurgia e, se fosse atendido rápido, tinha boas chances de sobreviver.

As rondas nas trincheiras continuavam. Febres generalizadas tomavam ares de epidemia, a fraqueza de muitos soldados era preocupante, a falta de boa alimentação, a imundice e o alto nível de estresse e cansaço colocavam aqueles homens perto de seu limite físico e psicológico. Grande parte deles apresentava disenteria, mal permitindo que a alimentação parasse no estômago.

Outro fato aterrador era o estado mental da tropa, os soldados não conseguiam dormir e isto lhes afetava diretamente a coordenação motora e a capacidade de pensar com coerência. A alienação mental era comum, por isso não era difícil encontrar soldados que se suicidavam de modo direto ou indireto, colocando-se em situações de risco de propósito. As alucinações também eram frequentes. Edouard soube de diversos casos de soldados que atiraram em seus próprios amigos pensando serem estes o inimigo.

A situação era desesperadora, mas Paul e ele procuravam trabalhar o tempo todo, fugindo do desespero, que havia se tornado contagioso naquela situação. Há dois dias estavam na linha de frente. O cansaço era imenso, praticamente não haviam fechado os olhos.

Conforme o oficial no comando havia informado quando de sua chegada ao front, o apito avisaria quando cada exército poderia cuidar de seus feridos. Chegara a hora. Como ratos, aqueles seres humanos saíam de seus esconderijos, buracos sujos cavados no solo, para cuidar de seus mortos.

— Vamos Paul, devemos subir — tão concentrado, o jovem não havia escutado o sinal e nem se dera conta que muitos soldados subiam as trincheiras.

De ambos os lados, homens que pareciam ter saído de contos de horror se arrastavam em direção ao campo de batalha. Mesmo com a situação pré-convencionada, a tensão era grande, bastava um disparo de um soldado mentalmente instável para o conflito recomeçar.

A presença dos médicos e enfermeiros era escassa. Não demorou para que os soldados feridos, ainda conscientes, passassem a gritar por ajuda. Era preciso priorizar, muitos ali já estavam condenados, outros tantos estavam mortos. Homens corriam de um lado ao outro carregando mortos e pertences.

Edouard tratava de um soldado que havia perdido o pé e como a gangrena se instalara teria que ser removido para amputar a perna, mas ainda poderia ser salvo, ao menos se tivesse sorte, pois as condições de vida e higiene não facilitavam. Ao lado dele, outros soldados jaziam mortos. O médico percebeu que dois homens se abaixavam sobre os corpos, qual não foi sua surpresa quando percebeu que em vez de carregar os corpos, eles saqueavam os pertences.

— Que foi? Ele não vai precisar mais disso e talvez para nós signifique a sobrevivência — respondeu o homem que não gostou do olhar de Edouard.

Ele tinha razão, mas era triste constatar a situação a que chegava a humanidade. Agiam como chacais, abutres que se valiam dos restos para sobreviver. É verdade, a guerra exige um olhar particular. Por isso os espíritos superiores dizem-nos que os crimes cometidos durante o conflito precisam de uma apreciação especial, devido às condições extremas em que acontecem. Não é a humanidade em situação normal que dela participa, mas sim criaturas alienadas que se aproximam muitas vezes de seus instintos mais primitivos, com o único objetivo de sobreviver.

Era preciso ser rápido, pois aquela pausa não duraria muito. Não havia tempo para socorrer todos. Alguns homens ainda tratavam e carregavam feridos de ambos os lados das trincheiras. Paul seguia buscando feridos, Edouard retornara para a trincheira e tratava de alguns soldados com fraturas. De modo inesperado, o conflito recomeçou.

Um soldado francês alcoolizado disparara contra a trincheira alemã. No mesmo instante a resposta alemã colocara os homens em correria. Aqueles que estavam do lado de fora corriam para se abrigar. Cena dantesca, soldados tombavam de ambos os lados despreparados que estavam em meio aos mortos e feridos. Ali mesmo permaneceriam fazendo companhia àqueles que tentavam auxiliar. Paul não conseguira voltar.

Edouard percebeu que seu auxiliar ainda estava do lado de fora e tentou ver o que acontecia. Um soldado rapidamente o derrubou ao solo e foi suficiente apontar para o soldado morto ao lado com um tiro na testa para mostrar a ingenuidade do ato que praticaria.

— Obrigado.

— Não coloque a cabeça na linha de tiro.

— Meu ajudante esta lá fora.

— Esqueça-o, talvez já esteja morto.

Paul fora mesmo atingido enquanto tentava arrastar um soldado ferido para um local abrigado, produzido pela explosão de bombas. Não havia esperanças, a bala atravessara-lhe o pescoço. O médico, que não sabia do acontecido, rogava a Deus que o jovem que estava ali para socorrer fosse poupado dessa insanidade.

A batalha se instalara com mais agressividade. Os alemães estavam furiosos com a atitude francesa de começar os disparos enquanto os exércitos tratavam dos mortos e feridos. Os gritos alertavam bombardeio. Era preciso correr, entrar nos postos escavados nas extremidades das trincheiras. Edouard correu como nunca o havia feito na vida, caiu algumas vezes, tropeçando em feridos e escorregando na lama, mas conseguiu chegar ao abrigo. As bombas começaram a cair muito próximas. A retaguarda alemã disparava com violência, não demoraria a obter resposta do lado anglo-francês.

Não havia como resgatar os feridos. Apesar de todo o esforço de carregá-los até a trincheira, aqueles que não se locomoviam foram deixados para trás. Alguns morriam pisoteados, outros sufocados pela lama e água, sem contar os desabamentos provocados pelas bombas inimigas. Sobreviver era um golpe de sorte.

O alvoroço causado pela batalha afastara Edouard do ponto onde se encontrava e não conseguiria mais voltar lá. Esperava que Paul estivesse bem, mas não mais voltaria a vê-lo durante a guerra e sequer receberia qualquer notícia de seu paradeiro. Durante algumas horas ficara abrigado, tentando manter a calma ao som das bombas e tiros. Procurou aquecer-se e dormir um pouco, mas estava difícil. Rezava e refletia sobre sua vida e tudo que presenciava. Não imaginava a guerra dessa maneira, ninguém consegue imaginar a guerra. Os jornais não expõem os fatos reais, não transmitem os dramas vividos nos campos de batalha. Transformam pessoas em números, em baixas, como se desumanizando as batalhas minimizassem também os abalos por elas provocados.

Com a dificuldade para dormir e a impossibilidade de fazer qualquer coisa sob ataque intenso, Edouard lembrou-se de escrever para Sarah. Procurou papel e algo que pudesse utilizar para escrever. Dentro do abrigo havia uma pequena escrivaninha de onde um dos oficiais despachava e recebia comunicações. O chão vibrava com o impacto das bombas gerando uma intensa sensação de angústia naqueles que ainda não haviam se acostumado. De vez em quando se desprendiam pedaços de terra das paredes e do teto do abrigo, dando a impressão de que tudo ali iria desabar.

Encontrou o que precisava e, tentando se distrair, Edouard passou a redigir algumas palavras à esposa. Sem se dar conta, relatou-lhe os horrores vividos na guerra. Ele precisava desabafar e o fez na primeira ocasião que encontrou, sem pensar que isso poderia deixar Sarah ainda mais angustiada.

"Estamos todos cansados, quase não se dorme. Todos temem morrer dormindo. A falta de comida nos enfraquece, quase toda

nossa comida é enlatada. É deprimente ver soldados saltando sobre os mortos em busca de uma lata ou de pertences que possam trocar por cigarros e bebida. Às vezes tenho a impressão de que deixamos nossa humanidade quando entramos naqueles barcos, e os que aqui vieram tornaram-se animais.

Todos deveriam receber um pedaço de pão, alguns biscoitos e uma lata com ensopado de carne, mas nem sempre temos essa sorte. Existe desabastecimento de água, nossos cantis estão sempre vazios. Não fosse a chuva frequente, sem dúvida a sede também seria nossa inimiga. Por diversas vezes precisei recorrer às poças d'água enlameadas para saciar a sede. Entretanto, nos servem rum, vinho e conhaque de origem e qualidade duvidosa quase todos os dias. Creio que roubam dos moradores locais, que fugiram deixando suas casas abandonadas.

Não sei se as notícias informam o que em verdade acontece. Estamos vivendo em trincheiras, buracos cavados na terra onde nos escondemos como ratos. Muitas dessas trincheiras estão em posição abaixo do nível do mar, o que as torna verdadeiros pântanos. Não é raro termos dificuldade para nos locomover; mesmo encontrar um lugar seco para descansar às vezes se torna impossível. Algumas pranchas de madeira são colocadas para marcar um caminho, mas basta a primeira chuva para que elas desapareçam em meio à lama.

Acima de nossas cabeças existem imensos sacos de areia que nos protegem dos disparos inimigos. As balas de fuzis não conseguem ultrapassá-los. Esses sacos fazem parte das provisões que recebemos, todos temos sacos vazios para encher com terra em caso de necessidade. É muito comum encontrar soldados com tiros na testa, a curiosidade por aqui mata em larga escala.

O terror da guerra tem provocado uma espécie de epidemia de loucura e muitos jovens se suicidam. Como os feridos têm a

RAFAEL DE FIGUEIREDO DITADO POR FREI FELIPE

oportunidade de dar baixa no exército ou ao menos ganham algum período na retaguarda para se recuperar, existem muitas pessoas que optam por se mutilar. Já presenciei vários soldados erguerem as mãos acima das trincheiras para terem as mesmas atingidas por disparos e assim não serem mais capazes de usar um fuzil. Há aqueles que vão mais longe e que buscam a morte se lançando contra as armas inimigas em correria alucinada.

Sarah, se não fossem nossas reuniões, talvez eu também já tivesse enlouquecido, é difícil manter-se lúcido em meio a toda essa dura realidade. Saber que você e as meninas estão me esperando, ajuda-me muito. A esperança ajuda a todos por aqui. Vemos sempre os soldados carregando fotografias enlameadas de suas esposas e filhos, buscando uma razão para sobreviverem.

Já não bastasse o sofrimento da guerra, a crueldade das autoridades que nos comandam é revoltante. É visível que os homens aqui não querem lutar essa guerra, mas qualquer tipo de deserção ou de automutilamento é punido com o fuzilamento. Já não bastasse os inimigos, ainda somos assassinados por nossos próprios oficiais. Existe uma camaradagem muito grande nas linhas de frente, ao menos até o momento onde a vida esteja em risco, pois nessas horas vemos reações que colocam em dúvida se somos de fato mais desenvolvidos que certos animais.

Como você deve imaginar a situação não é nem um pouco confortável, mas tentamos seguir sobrevivendo. A maioria dos soldados mortos é enterrada em trincheiras desativadas ou comprometidas pelos bombardeios. Porém, os corpos pútridos atraem ratos em grande quantidade e em altas taxas de proliferação passam a se alimentar entre os feridos. Nunca imaginei ver ratos se alimentando de seres humanos.

Espero que tudo esteja bem em Londres e que o sacrifício que *fazemos, lutando essa guerra sem sentido, possa ao menos impedir que os combates cheguem até a Inglaterra. Apesar de tudo estou bem. A esperança de voltar para casa me sustenta".*

Edouard finaliza a carta com palavras carinhosas à esposa. A violência do conflito tornara-se de tal modo natural para os soldados, que eles relatavam às suas esposas e familiares sem perceberem o grau de angústia que a leitura dessas missivas provocaria nos leitores. O serviço de correio era irregular e censurado. Só algumas cartas alcançavam seu destino, pois elas não poderiam fornecer dados relativos à localização das tropas nem dados úteis, caso caíssem em mãos inimigas. Porém, de forma inesperada a carta de Edouard chegou ao seu destino.

– 25 –

Gladys corria pela casa para alcançar o quarto de Sarah, que ainda dormia. Bateu na pesada porta de madeira com excitação. Como não ouviu resposta, repetia o gesto.

— Sarah, Sarah querida. Abra, por favor.

Sarah estranhou a atitude da ama, levantou-se depressa e vestiu seu peignoir. Mesmo sem abrir a porta, perguntou o que se passava.

— O correio senhora, o correio — disse emocionada Gladys.

Sarah abriu a porta energicamente e seus olhos demonstravam nervosismo. O que seria? Uma carta de Edouard? Estaria ele vivo? Seria um aviso de que havia perdido a vida? A angústia que assolava as esposas e familiares que viam os soldados partindo para a guerra não sofreu nenhuma alteração através dos tempos. A mesma dúvida que afligia as esposas na antiguidade continuava infligindo sofrimento. A dúvida consegue ser mais cruel que a certeza.

O TESTEMUNHO DOS SÁBIOS

Os olhos de Sarah estacionaram na carta amarelada que Gladys sustentava nas mãos. A jovem esposa relutava. E se as notícias fossem ruins? Talvez fosse melhor permanecer com dúvidas do que saber uma verdade que poderia ser insuportável.

— Gladys eu não tenho coragem de abri-la. Leia para mim — disse com a voz embargada pela emoção.

Gladys passara os olhos sobre o texto em silêncio. Sarah sentia-se nervosa e tentava desvendar o conteúdo da carta através das expressões da ama. As novidades produziam inominável angústia, pois, apesar da guerra, não se conseguia imaginar os horrores que os soldados passavam. Porém, a carta era um atestado de que Edouard continuava vivo e lúcido. A notícia de que muitos soldados encontravam-se aleijados ou dementes para alguns conseguia ser pior do que a morte.

— E então? Diga alguma coisa! — exclamou Sarah.

— Tome senhora, é melhor que leia você mesmo — disse estendendo a mão.

Sarah ainda temia o conteúdo, mas quase que mecanicamente estendeu o braço e pegou a carta. Ao ler, seus olhos não se continham e numa cena de profunda comoção lavava a própria angústia enquanto saboreava cada letra desenhada com a caligrafia do esposo.

A angústia não partiria, a carta tinha quase dois meses. Ninguém poderia dizer em que situação se encontraria Edouard nesse momento. Ao menos sabia que apesar de todas as dificuldades ele se mantinha vivo. Era um alento, no entanto, todas as informações que ele fornecera com a carta aumentaram as razões para se angustiar. As dificuldades eram tantas que Sarah temia pela situação do esposo com sua sensibilidade refinada.

Ela e Gladys continuavam com as atividades mediúnicas, porém o clima sombrio que cobria a Europa dificultava a sintonia com espíritos de elevada hierarquia. Havia muito trabalho e pouco tempo para se dedicar a saciar a curiosidade das pessoas. No fundo, Sarah queria receber notícias do paradeiro do marido, mas sentia-se frustrada com mensagens de esperança e resignação. Não conseguia compreender que a situação coletiva era muito mais importante que sua vida particular.

Edouard acordara no mesmo abrigo que escrevera a carta. O bombardeio cessara. Estava tão cansado que sequer percebeu que pegara no sono. Precisava procurar Paul, mas não poderia subir ao descampado nem tão pouco erguer a cabeça sobre a proteção das trincheiras. Podia apenas rezar e esperar que seu amigo estivesse bem.

Fazia alguns dias que vinha sentindo fraqueza, creditava à má alimentação, falta de sono e pressão psicológica, porém a debilidade se acentuara. Acordara em pior estado. Olhando-se no pequeno espelho, pendurado na parede de barro, conseguiu ver que havia placas de pus em sua garganta e que os olhos também estavam irritados. Não demorou a perceber que estava com diarreia. Assustou-se, pois sabia que uma epidemia de crupe vinha provocando muitas baixas entre os soldados. Matava tanto quanto as armas inimigas.

As condições gerais de higiene eram favoráveis à proliferação de doenças e epidemias. Procurou manter-se calmo e dirigiu-se ao oficial de patente superior.

— Senhor, eu estou doente — disse antes de tossir. A debilidade de Edouard havia progredido rapidamente em questão de algumas horas.

— Todos nós estamos soldado — disse o sargento sem sequer olhar para Edouard.

Edouard fraquejou e quase caiu, mas foi amparado por outro soldado que estava próximo dele. Vendo a situação e reconhecendo não ser Edouard um soldado comum, mas um oficial médico, a atitude do sargento se modificou.

Providenciaram transporte e à noite Edouard já havia dado entrada em um pequeno e improvisado hospital não longe do campo de batalhas. A falta de condições era visível. O número de feridos era imenso para um reduzido grupo de trabalho.

O estado de fragilidade de Edouard chegou a desacreditar as poucas enfermeiras que, na falta da possibilidade de dedicar-se a todos os pacientes com a mesma atenção, priorizavam aqueles que apresentavam esperança de recuperação. Entre a vida e a morte, o jovem médico permaneceu inconsciente durante alguns dias. No auge da crise, delirava falando em voz fraca o nome da ex-esposa morta e das filhas que haviam permanecido em Londres.

No contexto espiritual, Edouard sentia os efeitos da fragilidade orgânica. Preso ao corpo físico não conseguia livremente se desprender, o estresse e o atordoamento emocional provocado pela guerra limitavam a liberdade de seu espírito na inconsciência de seu corpo. Elisabeth não deixava a cabeceira de sua cama. A dedicada esposa desencarnada tinha conhecimento dos compromissos espirituais de Edouard e esforçava-se por inspirar o socorro das enfermeiras. Sempre que as possibilidades permitiam, ajudava outros desencarnados na assistência aos demais feridos.

Os olhos habituados a desvendar o mundo espiritual se espantariam em descobrir duas enfermarias que se interpenetravam, no árduo trabalho de prestar auxílio e orientação aos encarnados e desencarnados, que a guerra despejava naquele hospital improvisado. O estado geral dos desencarnes era influenciado pela loucura e confusão presenciadas nos campos de batalha. Esse estado psicológico dificultava o auxílio espiritual que, fazendo todo o possível, na maioria dos casos precisava aguardar que os desencarnados estivessem em condições de receber auxílio.

Edouard, espiritualmente, apresentava alguns raros instantes de lucidez. Elisabeth aproveitava esses momentos para estimular-lhe a coragem e a vontade de sobreviver. Vivendo situações como a guerra, era natural que os espíritos quisessem se entregar à morte em busca de descanso, mas ele tinha ainda compromissos importantes. Não havia chegado sua hora. Em condições normais, o médico seria enca-minhado a estações espirituais de tratamento, onde com mais lucidez seu espírito se fortaleceria para retornar pleno de motivação após a recuperação física. Durante a guerra, porém, o contexto espiritual era extremamente nocivo, as impressões desagradáveis em grande quanti-dade induziam os atendentes a preferir colocar seus pacientes em pe-sado sono. Mantendo a inconsciência por mais tempo, esperavam que a influência nociva dos quadros mentais e da dura realidade produzida pela guerra fosse menos negativa no campo mental dos encarnados e dos recém-desencarnados.

Inconsciente, Edouard permanecera no hospital por alguns dias, entre a vida e a morte. Sobreviveu graças à sua juventude, que preva-lecera sobre a doença. Em seu tratamento, destacara-se uma enérgica jovem. Elisabeth descobrira nessa jovem uma sensibilidade bastante acentuada, que permitira o estabelecimento de favorável sintonia. Lucie havia-se candidatado espontaneamente para servir como enfermeira durante a guerra. Em seu idealismo, decidira ingressar na vida religiosa com o início do conflito, pois sabia que a vida de uma mulher no campo de batalha era quase que impossível. Seria tomada por uma prostituta, portanto, no seu modo de entender, para se sentir útil e ajudar seu país, vestira o hábito religioso que de fato a protegeria das investidas masculinas desagradáveis.

Outro fator a influenciara nessa decisão. Lucie perdera a mãe na infância e seu pai, o único laço familiar que ainda possuía, fora convocado para a guerra. Não tinha ninguém, e a possibilidade de ingressar na vida religiosa não lhe era uma ideia desagradável. Dedicaria sua vida aos outros e a Deus. Ideais que sua alma acolhia com entusiasmo.

O dia nascera claro, sem as pesadas nuvens que pareciam acompanhar as batalhas diuturnamente. Um dia agradável e seco dava novo ânimo aos soldados. Como seria possível fazer a guerra em um dia convidativo ao repouso e à reflexão? Porém, salvo algum soldado acamado, a imensa maioria sequer percebera que a chuva dera uma trégua e que o sol banhava todos com seus raios.

Uma semana havia se passado e Edouard dera os primeiros sinais de que sua saúde se restabelecia. Tivera alguns momentos de lucidez e conseguira trocar algumas palavras. Onde tantas pessoas perdiam suas vidas era reconfortante ver alguém superar a morte. Era um alento e renovava as esperanças de médicos e enfermeiras.

Como se o sol houvesse transportado energia a Edouard, ele acordou logo cedo, pareceu ter superado o período mais crítico. Ainda confuso vagueou o olhar em torno de si procurando se localizar.

— Por favor — chamou uma enfermeira que passava. Como ela não havia entendido repetiu ainda duas vezes a fraca exclamação.

A enfermeira percebeu que Edouard estava consciente e lúcido e aproximou-se sorridente, apesar da fatiga e do estresse do trabalho.

— Bom-dia, soldado. Como está se sentindo hoje?

— Melhor. Por favor, poderia me informar onde me encontro?

— Claro! Você está no hospital não distante do front.

Edouard pareceu desanimar. Durante aquela semana acamado esqueceu-se das circunstâncias que o cercavam, porém aquelas palavras o trouxeram de volta à realidade e quase que de imediato recobrou completa ciência dos fatos e dos últimos eventos que vivenciara nas trincheiras. Um suspiro dolorido escapou de seu peito. Então aquilo tudo era verdade. Num lampejo, chegou a refletir que a morte o liberaria dessa desagradável condição, mas ao mesmo tempo sacudiu de si este pensamento e se deixou encorajar pelos ideais que abraçara nos últimos anos. Se a vida o havia trazido até ali, era para que colocasse em prática tudo o que aprendera e trouxesse um pouco de alívio e esperança aqueles que estivessem ao seu redor. Estava na hora de testemunhar seu aprendizado.

Mariano o inspirara, aproveitando o estreito laço que existia entre ambos. O médico retornava ao palco terrestre, depois de uma semana de pausa, onde pudera receber plena assistência dos amigos espirituais, apesar das inúmeras limitações que as circunstâncias permitiam.

— Eu preciso ir, mais tarde talvez possamos conversar um pouco — disse a enfermeira se afastando.

— Espere, antes de ir, como se chama?

— Lucie — só então percebeu as feições do rosto da jovem enfermeira, seus olhos castanhos deixavam ver a personalidade enérgica e decidida da jovem.

Edouard permaneceu olhando o trabalho dela e se deixou perder em pensamentos. Lembrou-se de Sarah e das crianças. Será que estariam bem? A guerra teria atingido a Grã-Bretanha? As notícias eram escassas. Tentou se informar, mas num rápido olhar viu que ao seu lado os pacientes estavam dormindo ou inconscientes. Voltou às suas reflexões e não conseguia tirar os olhos de Lucie. Ela cativava as pessoas com seus modos, e seu sorriso tinha algo difícil de explicar, parecia trazer lembranças de uma época onde a felicidade fosse possível.

Lucie lhe agradava, era uma bela jovem. Chegou a refletir sobre suas próprias impressões, questionando se a paixão lhe roubara o sossego. Não se tratava disso, porém sentia vontade de estar próximo daquela jovem. Algo que não sabia explicar aproximava-o dela, como se fossem ligados por um afeto incompreensível. Não foi difícil para ele imaginar que a vida colocava à sua frente alguém muito querido do passado insondável.

Edouard tinha razão. A atração por Lucie não estava nem nos olhos nem no sorriso. A jovem não era de uma beleza incontestável, mas seus modos e seu magnetismo espiritual atraíam a simpatia de todos à sua volta. Sua devoção ao amparo e às preces, que incorporara como hábito desde o ingresso na ordem religiosa, potencializara essas qualidades. A esperança e a alteração de estado emocional que essa influência positiva exercia sobre os pacientes não entram nas estatísticas de cura, mas evidente que agiam de modo valiosíssimo.

A noite se aproximava e durante todo dia Edouard presenciara a dedicação daqueles poucos médicos e enfermeiras, que se desdobravam para dar conta do excessivo número de feridos. As cirurgias eram ininterruptas. Encontrar um cirurgião era extremamente difícil.[1]

---

[1] O Brasil enviara muitos soldados para o confronto, mas que não chegaram a lutar. Entretanto, uma equipe médica enviada à Europa fora um eficiente e valioso serviço prestado aos feridos. Quando perguntadas as razões que levaram os oficiais médicos a se candidatar à missão em solo europeu, a resposta mais recorrente era a possibilidade de praticar a cirurgia em situações extremas. A guerra formou muitos bons cirurgiões, que auxiliaram a desenvolver métodos novos e modernos para a época.

A falta de medicamento causava angústias. Era comum escutar os gritos e gemidos dos feridos, que davam entrada no hospital sem o anestésico adequado. O hospital improvisado se encontrava instalado em uma antiga escola, ligada às dependências de uma igreja também antiga. Havia um pavilhão de proporções médias, onde se encontravam os pacientes sob observação. Outros feridos, em recuperação, ficavam dispostos em outras salas. Em um canto desse salão algumas cortinas foram erguidas como divisórias e lá mesmo as cirurgias eram praticadas.

Por vezes, apesar da dedicação dos socorristas, o hospital mais lembrava um açougue: os médicos estavam sempre sujos de sangue e os soldados com membros amputados eram transportados de um lado ao outro das dependências. Essas colocações fornecem uma ideia generalizada, agora imaginemos o drama de cada um, os horrores que haviam presenciado e o desejo ardente por um momento de descanso. Assim teremos uma opinião ainda muito pálida do contexto de um conflito armado. É uma insanidade desejar a guerra em detrimento da paz.

À noite os serviços não eram menores, feridos chegavam a todo o momento. O cheiro de sangue e de carne queimada empesteava o ar. A equipe socorrista revezava-se no descanso, dormia apenas poucas horas, e a maioria não conseguia se desligar do serviço. Edouard estava consciente, fora o primeiro dia que permanecera nesse estado desde o início da enfermidade. Ele percebeu que Lucie se encontrava no período de descanso, entretanto ela visitava os doentes conversando com eles.

Extremamente curioso com a jovem, esperou que ela se aproximasse de seu leito para chamá-la.

— Enfermeira — disse em voz baixa para não ser inoportuno.

Ela se aproximou do leito.

— Vejo que nosso doente está se recuperando bem.

— É o que parece.

— Você precisa de alguma coisa?

— Vi que estão com dificuldades no atendimento, gostaria de fazer algo.

— Você ainda não está em condições. A pior fase de sua doença já passou, mas esperamos o aval do médico para removê-lo dessa ala.

— Eu sou médico cirurgião e gostaria de ajudar. Sei que falta pessoal para atender tantos doentes.

— Aguarde mais alguns dias para estar plenamente recuperado, não podemos correr o risco. Depois disso, todos ficarão contentes com mais alguém para ajudar.

Edouard concordou, era sensato. Contudo, não era fácil ficar vendo e ouvindo tudo que se passava ao redor sem fazer coisa alguma.

—Você sabe me dizer como eu cheguei aqui?

— Eu não lembro... Você viu quantos pacientes entram no hospital todos os dias, não é fácil guardar os detalhes.

— Compreendo.

Lucie precisava dormir e, finalizando o diálogo, retirou-se para algumas poucas horas de sono. Depois dessa primeira conversa, a mesma cena se repetia todas as noites. Edouard e Lucie tornaram-se amigos, ambos conheciam a história um do outro e os laços de amizade se fortaleciam através do idealismo comum que os aproximava. Ele respeitava os laços matrimoniais que o uniam a Sarah, assim como Lucie respeitava seus votos religiosos; de qualquer forma um amor platônico se agigantava entre ambos. Se a situação fosse diferente, se não houvesse o temor de perder a vida a qualquer momento ou se as emoções não estivessem à flor da pele, talvez a relação entre ambos fosse menos intensa. Todavia, a presença de um para o outro era o refrigério das dores e angústias diárias.

Numa tarde, o sol se mostrava em todo seu esplendor e permitia que aqueles pacientes em melhores condições pudessem passear pelo pátio da escola. Cadeiras de rodas e muletas eram vistas por toda parte, homens com bandagens a cobrirem membros e partes do rosto se deslocavam com morosidade pelo exterior da construção, em busca de alguns momentos de tranquilidade. Edouard, ainda fraco, encontra-se à sombra, sem a possibilidade de se locomover com facilidade.

De um instante a outro algo chamou a atenção das pessoas. Um ponto luminoso brilhou no céu e pareceu se aproximar do local onde se encontravam. O desespero se avolumou quando ouviram o barulho dos motores. Um avião alemão dirigia-se ao encontro do hospital. Era preciso fazer com que todos entrassem e se protegessem. Disparando tiros de metralhadora, o avião passara por duas vezes sobre o hospital improvisado. A cena era trágica, pois os enfermos não conseguiam se deslocar com rapidez e tombavam sob o impacto das balas. O desespero das pessoas que se encontravam em local mais bem protegido era comovente. Algumas enfermeiras tentavam socorrer os caídos, arrastando-os na tentativa de colocá-los em local abrigado. A segunda volta do avião alemão não deixava esperança, as balas atingiam os soldados já caídos. O número de mortos era grande, pois quase todos aproveitavam o sol.

Após tanto trabalho, tanto esforço para tentar recuperar aqueles homens, a morte, não acostumada a ser afrontada, buscava-os para vingar-se. Com a partida do avião, todos que estavam em condições correram para verificar a situação de mortos e feridos. O trabalho se redobrara, médicos e enfermeiras corriam arrastando aqueles que tombaram. Não sabiam se o avião iria retornar.

Impossibilitado de prestar auxílio, Edouard tudo assistira. Pediu que o colocassem sentado ao lado de um leito onde pudesse usar as mãos e auxiliar no socorro aos feridos. Homens gritavam e gemiam em cenas comoventes de desespero. O sangue se misturava à areia, os ferimentos novos se confundiam com os antigos, em corpos machucados pelas atrocidades da guerra.

Anoitecera e o trabalho continuava incessante. O número de baixas era muito grande e os feridos em situação grave tinham pouca ou nenhuma expectativa de sobrevivência. Edouard angustiado com sua impotência pôs-se a chorar. Em instantes de tragédia, o ser humano compreende sua insignificância diante da vida e das forças da natureza e percebe, mesmo que por instantes, que sua existência é mais frágil do que supunha. Ele passou a orar e comoveu alguns feridos ao seu redor que lhe seguiam as palavras.

Sem perceber como, enchera-se de coragem e continuou a trabalhar tentando aliviar a dor e o sofrimento de seus companheiros. Trabalharam a noite toda sem descansar. Os primeiros raios de sol já surgiam no horizonte e Edouard achou estranha a movimentação de alguns soldados, que pareciam embrulhar suas coisas e se preparar para partir.

— O que está acontecendo? — indagou a uma enfermeira que passava.

— Recebemos ordens de partir. Não podem mais garantir nossa segurança, o inimigo avança e pode nos alcançar — respondeu a jovem mulher sem interromper o passo.

Edouard indignou-se, os feridos não podiam ser deslocados. A debilidade em que se encontravam não permitiria o transporte, acabariam por falecer. Procurou o oficial em comando, mas nada o demoveu da ideia inicial. O transporte era imediato.

— Você deve se preparar, pois partiremos em trinta minutos — respondeu o oficial sem se comover ante as súplicas do médico.

— Você está condenando esses homens à morte — disse numa última tentativa.

— Se não sairmos daqui é bem provável que estaremos todos condenados à mesma sina.

— Ao menos dê-nos mais algumas horas para que eles se recuperem, e aumente a chance de sobrevivência.

— Não temos tempo, mas outro grupo virá buscá-los mais tarde.

Ante a promessa de que os feridos seriam assistidos, ele procurou se acalmar. Não havia muito a ser feito, se a situação na região de fato se agravara, e o episódio com o avião alemão era uma prova disso, era preciso partir. Médicos e enfermeiras prepararam os doentes para o transporte, os mais debilitados e que não poderiam ser transportados imediatamente receberam assistência e preparação para transporte posterior. Lucie desejava permanecer com os feridos, porém foi demovida da ideia pelo oficial em comando.

A caravana partiu. Apesar da promessa, os feridos que permaneceram no hospital não foram resgatados. Ficaram no hospital improvisado deixados à própria sorte. O Império Alemão avançava e o recuo das tropas francesas e inglesas era uma questão de sobrevivência.

O TESTEMUNHO DOS SÁBIOS

- 26 -

A noite fria era típica do inverno europeu. Depois de muito tempo, a chuva havia dado uma trégua e era possível ver as estrelas. O cheiro da morte era constante e os corpos se espalhavam na "terra de ninguém[1]". O silêncio reinava no ar. Há quanto tempo o silêncio não se mostrava àqueles homens? Sua ausência demonstrava sua importância. Depois de muito tempo não se ouvia nenhuma granada explodir, nenhum tiro ser disparado e por consequência nenhum grito de agonia clamando por socorro.

Era uma paisagem surreal em meio à mais cruel das guerras. Os soldados ingleses encolhidos em suas trincheiras se surpreenderam, pois vozes se ergueram em melodia do lado alemão. Os soldados entoavam a canção natalina "Noite Feliz". Era o Natal de 1914. A guerra que deveria ser rápida se estendia.

As vozes cessaram, entretanto um soldado inglês gritou em tom de brincadeira:

---

[1] Terra de ninguém era o nome do espaço que se localizava entre as trincheiras inimigas.

— *Good, old Fritz*!

Do lado alemão vem a resposta:

— Feliz Natal inglês!

Mais uma vez o silêncio. Então a mesma voz se manifestou do lado alemão num inglês arrastado:

— Nós não atiramos e vocês não atiram.

A trégua partira das trincheiras. Um episódio sem precedentes na história da humanidade. Contagiados pelo Natal, no dia 24 de dezembro, soldados alemães, ingleses e franceses confraternizaram-se ao longo de toda a linha de trincheiras, que se estendia do mar do Norte aos Alpes. Tudo começara sem afetação, sem ser planejado e distante dos gabinetes, onde as autoridades não conseguiam conversar. Era uma prova concreta de que aqueles homens não desejavam a guerra, eram vítimas de um jogo político egoísta.

Uma semana antes do Natal, os soldados já davam sinais de que estavam cansados da guerra. Em Armentieres, na fronteira francesa com a Bélgica, um bolo de chocolate embalado com extremo cuidado era lançado na trincheira inglesa por um soldado alemão. Junto ao bolo encontrava-se um bilhete que informava que os soldados gostariam de uma trégua de uma hora, pois era o aniversário de seu capitão e pretendiam fazer uma serenata. Entre as dezenove horas e trinta minutos até as vinte horas e trinta minutos, os soldados alemães cantaram acompanhados pelos soldados ingleses, que se sentaram do lado de fora das trincheiras para observar. Ao final da trégua, os alemães deram tiros para o ar para avisar que os ingleses deveriam voltar ao abrigo, pois o tempo pedido havia expirado.

Apesar das pequenas manifestações de cordialidade, ninguém

poderia imaginar o evento desencadeado na noite de Natal. Em Fleurbaix, na França, os ingleses perceberam curiosos que velas iluminam pequenas árvores natalinas nas trincheiras inimigas. O que estaria acontecendo?

— Senhores, minha vida está em suas mãos.

Estava escuro e não era possível ver bem, mas um homem caminhava em direção à trincheira inglesa.

— Estou caminhando na direção de vocês. Algum oficial poderia me encontrar no meio do caminho? — dizia o tenente alemão em inglês perfeito.

Seria uma armadilha? O que estava acontecendo? O silêncio imperava. No entanto o soldado alemão dirigia-se ao centro do campo de batalhas.

— Estou sozinho e desarmado. Existem trinta soldados ingleses perto de minha trincheira, gostaríamos de providenciar o enterro.

O estado de tensão era enorme. Ninguém compreendia o que estava acontecendo. Porém, antes que alguém disparasse contra o soldado alemão, um sargento inglês teve o mesmo ato de coragem e escalou a trincheira indo ao seu encontro. Os soldados olhavam atônitos para aquele quadro surreal. Sem baixar as armas continuavam apontando-as para os inimigos. Ambos os soldados combinaram que voltariam a conversar quando fosse dia, às nove horas da manhã.

Na manhã do dia seguinte, os soldados, previamente avisados do acordo, subiram as trincheiras de ambos os lados desarmados, carregando pás. Estava na hora de enterrar seus mortos. Um padre escocês fez um enterro coletivo de mais de uma centena de soldados em Fleurbaix. Um ex-seminarista alemão traduzia as palavras do padre para seu idioma. Na hora de cavar, todos se ajudaram e os mortos foram enterrados separados por nacionalidade. Essa cena se repetira ao longo de toda a linha de trincheiras.

Estávamos em plena guerra, mas o que se seguiu a esse evento foi inexplicável aos olhos humanos. Um clima de cordialidade jamais visto reinava na linha de combate. Era como se todos os anjos do céu houvessem decidido inspirar aqueles soldados no Natal de 1914. Havia soldados que cortavam os cabelos uns dos outros, não importando a nacionalidade, em troca de alguns cigarros. Em Neuve-Chapelle, soldados mostravam discretamente entre si a localização das minas que haviam sido enterradas. Em Pervize, na Bélgica, os soldados trocavam enlatados e tabaco entre si na mais perfeita demonstração de solidariedade. Havia jogos e brincadeiras, como por exemplo, corridas de bicicletas.

Nos dias subsequentes foram organizadas partidas de futebol, improvisando bolas com tecidos e latas. As correspondências encaminhadas aos familiares do outro lado das fronteiras eram trocadas pelos soldados para que pudessem chegar ao seu destino com mais facilidade. Eles demonstravam estar cansados daquela guerra sem sentido, mas longe dali, sentados em seus gabinetes, seus superiores estavam descontentes e preparavam-se para dar um basta naquela fraternidade.

Do comando geral viera o aviso de que qualquer forma de confraternização seria punida com a pena capital. Aos poucos os soldados foram retomando suas posições e as batalhas recomeçando. Aquele clima de cordialidade permaneceu até o Ano Novo e ambos os lados fingiam lutar, dando tiros para o alto ou advertindo seus adversários dos bombardeios, para que se abrigassem adequadamente saindo do alcance das bombas.

Em alguns locais essa guerra de faz-de-conta durou até março de 1915, com o tempo, porém, com as trocas de posicionamento das tropas e as constantes ameaças do alto comando, a batalha recrudesceu.

RAFAEL DE FIGUEIREDO DITADO POR FREI FELIPE

Dois anos haviam se passado. O verão de 1916 começava, seguido das cenas de horror. A guerra parecia não ter fim, as cenas de sofrimento e o número de vítimas cresciam. Edouard e Lucie atuavam lado a lado, e um profundo sentimento de amor entre eles se estabelecera. Apesar disso, ambos mantinham-se concentrados, cada um em suas funções, sem trair os compromissos que possuíam.

Os franceses tinham planos de iniciar uma grande ofensiva, capaz de terminar com a guerra, entretanto, os alemães se anteciparam e, em fevereiro de 1916, iniciaram sua ofensiva em Verdum. Sob ataque pesado, os franceses contaram com o apoio britânico. A Inglaterra e suas ex-colônias se dirigiram para o norte, com o objetivo de dividir o contingente alemão e fazer com que a artilharia se deslocasse; iniciaram uma contra-ofensiva em Somme.

A estratégia aliada funcionou, parte da artilharia alemã foi deslocada para o norte, o que não impediu que as batalhas de Verdum e Somme se tornassem duas das mais sangrentas da história. A contra-ofensiva britânica parecia arrasadora; com quase três milhões de projéteis disponíveis, bombardearam durante uma semana as linhas de defesa alemã. Porém, o plano não tivera o êxito desejado, uma vez que os alemães, protegidos em abrigos, não eram atingidos, e os grandes buracos criados sob impacto das bombas serviriam mais tarde para nichos de metralhadoras alemãs.

No dia primeiro de julho daquele ano, cessaram os bombardeios, e os soldados britânicos marcharam em direção à linha inimiga. Os alemães, percebendo a ofensiva terrestre dos adversários, deixaram os abrigos e defenderam suas posições. A ofensiva não havia tido o resultado esperado, e essa data ficou marcada como o pior dia na história militar da Grã-Bretanha. Cinquenta e oito mil soldados britânicos foram mortos ou feridos.

Edouard, junto com seu regimento médico, recebera ordens de dirigir-se a Somme. O número de feridos e mortos impressionava e as necessidades médicas eram urgentes.

— Mexam-se — gritava o soldado.

Os demais corriam buscando abrigo. A guerra parecia ter aumentado sua capacidade de produzir horror e sofrimento. Edouard e Lucie protegiam-se das explosões em um abrigo escavado sob a terra, na extremidade de um dos labirintos entrincheirados.

— Preciso escrever para minha esposa.

— Você já recebeu alguma carta?

— Não, ainda não, mas é compreensível. Com nosso sistema de correspondência no estado em que se encontra, não seria fácil receber alguma coisa. Não sei nem se ela já recebeu minhas cartas. E você, não tem ninguém para escrever?

— Não, meu pai era a última pessoa que me restava e também partiu no começo da Guerra.

— Lamento.

— Não lamente, creio sinceramente que ele é quem deve estar lamentando por nós nesse momento. Afinal, onde ele está não deve ser pior do que isso aqui.

— Preciso escrever também para a esposa de nosso paciente que faleceu ontem, lembra-se?

— Você anotou os dados?

— Sim, está tudo anotado — o médico procurou nos bolsos e encontrou um pedaço de papel sujo de sangue. O paciente havia morrido agonizando, mas antes fizera seu médico prometer que escreveria a sua esposa. Edouard pretendia cumprir a promessa.

— Temos tempo para escrever? — quis saber Lucie.

— Creio que sim, não podemos sair em meio às bombas.

— Você pode me ditar que eu escreverei.

— Ela vai reconhecer que a letra era de uma mulher.

— Vou contar que ele estava impossibilitado de escrever e me ditou a carta antes de morrer.

Ele percebeu que havia algumas folhas de papel e material para escrever num canto do abrigo. Estendeu o braço e ofereceu o material para sua companheira. Àquela altura as roupas de ambos estavam de todo imundas. Chovia bastante naquele verão e a lama se impregnava em tudo.

Edouard começou a pensar no que escrever à esposa do soldado, mas Lucie não perdeu tempo e começou a escrever. Ele deixou, não estava conseguindo concentrar-se. A enfermeira escrevera rapidamente duas páginas e ela mesma se surpreendeu com a facilidade com que o fizera. Edouard reconheceu algumas características daquela escrita. Lucie parecia ter sido inspirada espiritualmente. Ali, em meio a tudo aquilo? Seria possível?

Fazia tanto tempo, as reuniões que realizava em Londres pareciam apenas resquícios do passado. Sequer cogitara da possibilidade de continuá-las por ali. Na verdade não seria possível. Entretanto, se Lucie possuía essa mesma sensibilidade, talvez pudessem tentar algo.

— Poderíamos fazer isso mais seguido — disse ela cortando os pensamentos do médico.

— Como assim? — respondeu voltando de seu mundo interior.

— Escrever para as famílias.

— Mas não conhecemos os dados para envio de correspondência.

— Podemos anotar quando os pacientes chegam, sempre tem alguém com eles que pode informar.

— Nossa carga de trabalho é por demais grande.

— Podemos tentar.

Ambos concordaram em fazer uma experiência nesse sentido. Anotariam os dados e, quando fosse possível, escreveriam missivas para as famílias dos mortos. Edouard, que se habituara ao Espiritismo, compreendeu que, em muitos casos, os espíritos desses soldados estariam ao lado deles sugerindo o que escrever. Esta atividade se tornaria uma espécie de correspondência de além-túmulo. Questionava-se quanto ao estado mental dos recém-desencarnados, mas sabia que, se estavam ali, tinham auxílio e alguém os amparava. A partir de então, sempre que possível, realizaram uma reunião. Não foi difícil para a jovem freira se adaptar. Ele trazia consigo um volume de "O Livro dos Espíritos" e outro de "O Livro dos Médiuns", mas não imaginava que ambos seriam tão úteis. Lucie os leu com extrema rapidez, e os encontros entre ambos se tornaram repositório de esperança e tranquilidade. Precisavam improvisar os locais para escrever, mas a intensidade das emoções e a sinceridade com que se empenhavam superavam qualquer limitação do ambiente.

Os alemães passaram a utilizar gás mostarda. A fumaça amarelada gerava pânico entre os soldados aliados, sua ação era rápida e a morte ocorria de modo muito doloroso. O gás mostarda afetava as vias respiratórias, além de provocar o surgimento de bolhas sobre a pele. Bastava o primeiro sinal de gás mostarda para o desespero tomar conta da tropa. Os soldados se lançavam uns sobre os outros, lutando entre si para agarrar a primeira máscara disponível.

Os cavalos também possuíam máscaras, visto que tinham fundamental importância no transporte. As táticas alemãs variavam: com o emprego das máscaras, passaram a lançar primeiro gás lacrimogêneo, obrigando os soldados a retirar sua proteção, para depois lançar gás fosgênio que causava sufocamento. Era uma forma muito angustiante de morrer, e o impacto que essas cenas provocavam nos demais soldados que sobreviviam era profundo. O moral dos soldados caía, provocando medo e desespero.

— Coloquem as máscaras! As máscaras — gritavam nas trincheiras.

Ao longe, uma fumaça amarela surgia no horizonte. Em algum lugar da trincheira haviam lançado uma bomba de gás mostarda. Manter os inimigos cansados e em constante temor fazia parte da tática alemã, pois ninguém sabia em que parte da trincheira eles lançariam a próxima bomba de gás.

Edouard e Lucie colocaram as máscaras conforme o treinamento e se prepararam para o pior. Não demorou até que os primeiros soldados afetados pelo gás dessem entrada no ambulatório improvisado. Havia muito pouco a ser feito, chegavam quase sempre mortos ou em estado final de agonia. A equipe médica apenas constatava a morte.

O TESTEMUNHO DOS SÁBIOS

— Qual a situação? — Edouard indagou à enfermeira.

— Não há nada que possamos fazer.

O médico caminhava ao lado dos corpos, observando-os. Percebeu que um dos soldados trazia algo em sua mão fechada. Ajoelhou-se ao lado do corpo para verificar do que se tratava.

— Lucie, veja isto!

Ela se aproximou enquanto ele estendia-lhe a mão com um pedaço de papel.

— O que é isso?

— Ele deixou anotado o nome da esposa, filhos e endereço.

— Como ele sabia?

— Talvez os outros soldados tivessem comentado algo. Traga-me algo que eu possa utilizar para escrever. Vamos anotar seu nome.

Anoitecera e as peças de artilharia, assim como os tiros, pareciam ter dado uma pequena trégua. Edouard não tirava da cabeça a ideia de que o soldado havia deixado aquele bilhete com a esperança de que alguém o encontrasse e escrevesse para sua família. Era certo o que faziam? Muitas vezes se questionava sobre isso. Porém, não faziam nada de mal. Algumas vezes diziam que o próprio familiar moribundo havia ditado as palavras antes de falecer, noutras apenas informavam os fatos, narrando o amor que sentiam pela família e o heroísmo com que tinham defendido os interesses da nação.

— Creio que temos uma carta para escrever — disse Lucie tirando Edouard de suas reflexões.

— É verdade.

Ambos se ajeitaram e procuraram um local calmo. A iluminação poderia atrair a atenção da artilharia, por isso deveriam se contentar com a fraca luminosidade de uma vela acesa de modo discreto.

Sentaram-se e Edouard passou a ler um trecho de "O Livro dos Espíritos". Lucie parecia estar bastante concentrada. Fazia tempo que Edouard não exercitava a psicografia, mas de modo inesperado sentiu imenso desejo de fazê-lo. Em processo de transe mediúnico, Lucie se deixava influenciar pelas companhias espirituais que os circundavam. Edouard percebera o que se passava e estava atento à condução do fenômeno.

— Não estamos sozinhos — disse a freira com voz abafada.

— Quem está conosco? — indagou o médico.

— Um familiar do morto.

— Ele gostaria de nos dizer alguma coisa?

— Ele vai ajudar a escrever a carta.

Edouard desconfiava que os soldados mortos não tivessem condições de participar do intercâmbio mediúnico, devido ao natural estado de perturbação. Nem sempre as cartas apresentavam conteúdo que pudesse comprovar a presença de algum familiar ou de alguém que houvesse conhecido aquele que morrera. Entretanto, em casos especiais, alguém mais próximo se apresentava para ajudar. Esta era a primeira vez que recebiam tal informação, mas bastou esse pequeno diálogo para compreender como o processo se dava.

— Ele quer ditá-la?

— Não — Lucie fez um pouco de silêncio, parecendo esperar a resposta do espírito. — Ele quer que você escreva.

Edouard havia sentido vontade de escrever, mas a falta de hábito o fizera se acomodar. Preferia que Lucie o fizesse.

— Será mais fácil se você o fizer — comentou a médium aparentemente respondendo alguma possível dúvida de Edouard.

Sem fazer mais objeções e aproveitando o momento de tranquilidade que desfrutavam, ele se colocou de modo sereno em estado de concentração. Procurava não pensar em nada, como havia aprendido, evitava qualquer emoção que pudesse interferir nos rumos da atividade. Era preciso estar em condições de neutralidade, esquecendo-se de si mesmo.

Não demorou e a mão de Edouard fizera os primeiros movimentos. Em poucos minutos escreveu curta página, porém, carregada de emotividade e informações pessoais que não poderiam confirmar. Relendo o texto ele ficou em dúvida se poderia enviá-lo daquele modo à esposa do soldado. E se as informações não fossem verdadeiras?

Lucie ainda envolvida pela atividade foi rápida ao vir em auxílio.

— É extremamente importante que esse material seja enviado para a família. A esposa pensa em cometer suicídio e é preciso que ela compreenda que seu marido, antes de morrer, a perdoou pela traição conjugal que ela perpetrara.

— Como saber se o que escrevemos está correto?

— Não há como saber, lamentavelmente, tudo que lhe peço nesse momento é que tenha confiança.

Edouard estava desconfiado, não encontrara uma razão óbvia para crer naquilo.

— Olhe dentro do bolso da camisa do soldado — disse o espírito através da médium.

Quem seria o espírito que se comunicava? Não poderia ser o mesmo que havia escrito a carta.

— Sou apenas um amigo que os tenho auxiliado nessas atividades — respondeu o espírito percebendo as indagações silenciosas de Edouard.

— Mas o corpo não estava mais aqui. Não sei para onde o levaram.

— Encontre-o e pegue a fotografia que existe dentro do bolso. Deve enviá-la junto com a carta. Depois de ver a fotografia poderá decidir sozinho o que fazer.

Edouard aguardava a conclusão da atividade. Lucie voltou a si e ambos encerraram o encontro com uma prece de agradecimento.

Curioso, o médico saiu em busca do corpo do soldado. Encontrou-o com facilidade. Investigando os bolsos do desconhecido, acabou por encontrar uma fotografia em preto e branco, um pouco amassada. Nela havia a imagem de uma jovem, com certeza sua noiva ou esposa. Ele encontrou no verso da imagem algumas palavras, que pareciam dirigidas à jovem fotografada. "Não a culpo, meu amor continua incondicional". Ele perdoava a esposa, a comunicação mediúnica não se equivocara. Escreveria a correspondência.

Procurou um local onde pudesse permanecer sozinho por algum tempo e com lápis e papel buscou inspiração para redigir a carta de despedida à jovem da fotografia. Um familiar desencarnado do soldado, ou da jovem, alguém preocupado com os desdobramentos da situação, auxiliou-o na produção do texto. Graças às informações obtidas através de mediunidade de Lucie, tinha elementos suficientes para escrever um material contundente.

A possibilidade de fazer o bem em meio aos horrores da guerra era um alento e permitia que se fugisse daquela situação, ao menos por alguns instantes. Antes que pudesse desfrutar desse sentimento de bem-estar foi chamado à realidade, por causa do alvoroço que a captura de alguns soldados alemães provocava na turba insana.

Carregavam dois jovens alemães desarmados, que eram empurrados aos pontapés e cuspidos. Seriam levados para "o buraco", como eram conhecidas as prisões improvisadas, utilizadas na Primeira Guerra Mundial. Via de regra, essas prisões eram adaptadas em trechos de trincheira, que não estavam sendo utilizados devido ao avanço das tropas ou em trechos que haviam parcialmente desmoronado. Eram buracos úmidos e apertados, fechados por uma grade que permitia visualizar os prisioneiros. Sobre eles os soldados gritavam ofensas, cuspiam, urinavam e defecavam. A raiva e o ódio alimentavam a si mesmos e colocavam os seres humanos abaixo dos animais.

- 27 -

Se a humanidade pudesse ver a insanidade que um conflito dessas proporções desencadeia, com certeza não o estimularia, nem sua indiferença com o sofrimento alheio seria tão natural. Aqueles que não viveram a guerra estão longe de imaginar seus horrores, e aqueles que a viveram dificilmente mantém os pensamentos em ordem depois do que viram. Só na guerra a criatura humana que assassina seus semelhantes recebe condecorações de seu país, por si só uma prova da loucura coletiva que um conflito desencadeia.

O número de espíritos que vagavam pelos campos de batalha era muitas vezes superior ao número de soldados em combate. Perdidos e confusos, era fácil encontrá-los empunhando armas, dando ordens e lutando ao lado de encarnados, como se para eles a guerra ainda não tivesse acabado. Existiam verdadeiros contingentes militares na esfera espiritual. Como sempre havia os bons e os maus intencionados. Desde aqueles que desejavam manter a tropa unida e motivada, inspirando algum familiar para que evitasse a morte quase certa, como também os que se aproveitavam para saciar seus interesses particulares, indiferentes à guerra. Vingadores e vampiros espreitavam suas vítimas em cada canto e aproveitavam toda oportunidade. O excesso de trabalho causava imensa dificuldade no serviço de socorro espiritual.

Ninguém ficava sem auxílio, mas era preciso esforço redobrado por parte das companhias espirituais que prestavam assistência. Os soldados da fraternidade erguiam os caídos e se multiplicavam em dedicação e doação, contudo o número de tragédias particulares era grande para receber a todos com rapidez. Infelizmente a humanidade ainda não estava pronta, não havia compreendido que a insanidade gera mais insanidade e, com ela, os efeitos daquilo que plantamos. Cada um sofreria as consequências de seus próprios atos.

Espíritos obstinados pelo passado buscavam a vingança inspirando seus desafetos à queda. Era raro encontrar alguém que estivesse em condições de se sentir tocado pela esperança, estabelecendo sintonia com os servidores da espiritualidade. Em resumo, reinava o caos, todo ele provocado pela própria humanidade.

A ofensiva anglo-francesa começou em julho de 1916 e durou até novembro daquele mesmo ano. O que deveria ter sido uma estratégia para romper as linhas de defesa alemãs, fracassou: mais de um milhão de mortos e feridos, uma verdadeira carnificina por alguns quilômetros quadrados de êxito.

Para essa batalha estava guardado o surgimento dos tanques de guerra, que viriam a substituir a cavalaria convencional. Entretanto, os tanques ingleses não foram eficientes e a maior parte deles parou de funcionar ou foi danificada sem trazer vantagens aos aliados. Assim como Verdun durante anos assombrou os pesadelos franceses, Somme colocou os ingleses diante da crueldade da guerra. O número de baixas entre os soldados ingleses e oriundos de suas colônias marcou indelevelmente a sociedade, tornando-se um dos seus maiores pesadelos.

Os submarinos alemães continuavam deixando os canais no norte da Bélgica, através do mar do Norte, para torpedear os cargueiros e navios de suprimentos que abasteciam a Europa e a Inglaterra.

Edouard e Lucie sobreviviam como era possível. As cenas e a dura conjuntura dos campos de batalha ultrapassavam os limites racionais que a humanidade tinha condições de enfrentar. A loucura e os traumas psicológicos multiplicavam-se, transformando a vida daquelas pessoas. Existem eventos que não precisam ser narrados, pois a imagem mental dos mesmos nada de útil faria. Narrar a tristeza e a crueldade humana nos seus mínimos detalhes não deixa de ser um desvario, se nossa intenção for fazer algo de bom.

Os aviões que deveriam aproximar os povos, encurtando distâncias, eram usados para atacar as posições inimigas. Completa desilusão de seu inventor, Alberto Santos Dumont, que abrira mão dos direitos de patente em prol da humanidade, e caíra em profunda depressão, que o acompanharia até o fim da vida, ao saber que sua herança intelectual tinha sido transformada em uma máquina de guerra. Ele, que chegou a ser preso na França devido aos seus estudos de astronomia, pois os vizinhos supunham que espionava o país a mando dos alemães com seus estranhos instrumentos, não estava preparado para ver seu invento ceifando vidas. Acabara por cometer suicídio, quando viu os aviões atacando o Campo de Marte, em São Paulo, durante a revolução constitucionalista de 1932. O Brasil perdia um de seus mais notáveis homens que, num instante de fraqueza, optou por atitude desesperada.

Na França, em 1916, em situação antagônica, foi justamente um piloto ferido em acidente aéreo que fora tocado pelas ideias do Espiritismo. Henri Regnault era jornalista e lutou como piloto na Primeira Grande Guerra. Recebera uma obra de Allan Kardec no leito hospitalar. Como ele mesmo cita em suas memórias, a filosofia espírita alterou sua compreensão. "Eu era um materialista frio, acreditava que tudo acabava com a morte. Quando me senti mutilado devido ao acidente, comecei a questionar a vida e a sua brevidade, aonde todas as filosofias positivistas nada respondiam ao meu ser, foi-me enviado um livro de Allan Kardec, que me deu nova visão sobre a finalidade de vivermos". Este mesmo piloto tornar-se-ia um dos maiores divulgadores do Espiritismo nas décadas seguintes.

Enquanto o horror tomava conta do continente Europeu, partes da Ásia e da África, no Brasil a Doutrina dos Espíritos ganhava força. Parecia que as potências celestes esforçavam-se por equilibrar as coisas, estimulando conceitos de fraternidade. Nesse mesmo ano de 1916, enquanto os homens ceifavam vidas no Velho Continente, em Minas Gerais o espírito do ilustre escritor Victor Hugo iniciava sua série de romances, através das mãos da médium Zilda Gama.

O estímulo da esperança estaria garantido com a produção de obras mediúnicas? As sombras temiam essa nova investida da espiritualidade superior, que encontrara um modo de tornar conhecidos os enunciados do Evangelho Redivivo. Em 1917, "O Santo Ofício", em Roma, anuncia a condenação definitiva do Espiritismo, proibindo católicos de participar de reuniões espíritas. Nesse mesmo ano, inicia-se a Revolução Comunista, o Czar é derrubado e uma ditadura apoiada nos ideais socialistas é instituída. A partir de então, toda ideia de sobrevivência do espírito é proibida, sufocando de vez o fértil movimento espírita russo.

Nesse mesmo ano, uma sequência de navios mercantes brasileiros, após terem sido torpedeados por submarinos alemães, leva o Brasil a declarar guerra ao Império Alemão. Nosso país, pouco afeito a conflitos bélicos de grandes proporções, precisou de suporte estrangeiro para se preparar, mas não chegou a ver seus soldados em campo de batalha. Talvez a espiritualidade tenha escolhido poupar a vida desses jovens. Todavia, o país participou com um corpo de paz, enviando médicos e enfermeiros à Europa, responsabilizando-se por auxiliar a população europeia carente de assistência com a organização de hospitais de campanha. Alguns desses hospitais foram doados aos países aliados com o fim da guerra, em 1918, pelo governo brasileiro.

O ano de 1917 fora marcado pelas mudanças na ordem mundial. O mundo se transformava de modo acelerado e os resultados dessas transformações eram imprevisíveis. Edouard e Lucie sobreviviam ainda, mas sua resistência psicológica era mantida com muito custo. Era impossível manter-se alheio ao ambiente em que eles viviam, a loucura nada mais era do que um mecanismo de defesa do espírito para se tornar alheio a todas as atrocidades que presenciavam aqueles homens e mulheres.

Edouard mostrava sinais de esgotamento físico e abatimento moral, a melancolia o fazia reviver, em curtos episódios oníricos, as lembranças de tempos felizes, ansiava pelo retorno à paz. Talvez sentisse que sua partida estava próxima. Lucie tudo fazia para levantar-lhe o moral, mas ela também se sentia cansada, afinal ambos eram veteranos de guerra, estavam naquela situação fazia três anos. O cansaço os abatia de todas as formas possíveis.

Não recebia notícias da esposa nem das crianças, tudo que sabia eram boatos que chegavam às trincheiras através de outros soldados. A guerra não havia chegado a Londres, mas como estaria sua família? Estariam bem? Essa aflição sem respostas aos poucos fora arrefecendo, e os testemunhos de dor e sofrimento eram de tal forma intensos que por vezes esquecia que ainda existia um mundo lá fora, onde os efeitos da guerra eram conhecidos apenas em páginas de jornal.

Como pode alguém, em qualquer parte do mundo, ser indiferente às tormentas que atingiam aqueles homens e mulheres? Apenas o egoísmo e o alheamento para nos manter indiferentes dessa forma. Ao menos uma prece pelas famílias destruídas, pelas vidas em ruínas. O que são dramas financeiros e amorosos perante a hecatombe coletiva provocada por uma guerra?

Sem pensar, apenas tentando sobreviver, por instinto Edouard seguia sua jornada. A cada dia assistia a morte de jovens cheios de sonhos, a cada dia lhe chegavam novos mutilados. Sua sensibilidade não tivera escolha, ou resistiria através do embrutecimento ou acabaria por se tornar mais um doente mental entre os soldados. Era preciso resistir, mesmo que não encontrasse mais forças para isso. Inconscientemente se mantinha de pé, agarrando-se à possibilidade de ser útil. Alimentando-se de esperança com cada sobrevivente.

Porém, tudo se tornaria mais difícil. A partida de Lucie foi um golpe muito duro para Edouard. Ela recebera um tiro, enquanto arrastava um soldado ferido na terra de ninguém entre as trincheiras. Ele se revoltara, enfurecido pelo descuido da enfermeira. Ela não poderia ter ido até lá, dizia para si mesmo. Ele, que tudo vira, não pudera fazer nada, ou teria o mesmo destino. Talvez fosse melhor assim, ela estaria livre daquele cenário de horror. Impotente, assistira os últimos instantes da companheira que tombara de imediato, com um tiro certeiro no peito.

Seu arrimo moral partia; a relação entre ambos era forjada pela situação extrema em que viviam. Um fortalecia-se no outro, em uma cumplicidade que poderíamos chamar de amor sublimado. Um sentimento de respeito e cuidado muito digno que os aproximava de modo inocente, sem os apelos da sensualidade. Muito provavelmente o vínculo entre ambos não era uma novidade, e decerto não seria a última vez que seus caminhos se cruzariam.

Entretanto, depois desse dia, o médico não foi mais o mesmo. Apesar do esforço por seguir trabalhando com a mesma dedicação de antes, sentia-se solitário. Entre feridos e gemidos, faltava-lhe alguém que o lembrasse do trabalho meritório que fazia todos os dias. Transformara-se em autômato, cumpria com suas obrigações, mas sem o ânimo necessário para se manter firme em seus compromissos.

A partir da morte da amiga, sentiu com toda a força, em sua própria intimidade, que seu instante também chegaria. Acolhia essa ideia com ansiedade, acalentava-a mesmo. Talvez para ele fosse a única forma de liberdade. Deixar a guerra para trás. Jamais todas aquelas imagens sairiam de sua mente. Não haveria como viver uma vida normal depois de tudo aquilo. Enfraquecera, e deixara-se abater profundamente. Porém, ninguém percebia. Todos ali se interessavam pelo médico, mas não pelo ser humano.

Era a hora do testemunho, o momento emblemático. Sem saber como, encontrava coragem, apesar do abatimento, e cheio de um sentimento de dignidade em cumprir seu dever, seguia em frente com todas as forças que lhe eram possíveis arregimentar. Como outrora, algo mais forte do que ele o sustentava naquela hora. A energia que o fazia agir brotava do âmago da alma, como se houvesse jorrado de um manancial subterrâneo e desconhecido.

Edouard não via, mas Elisabeth e Mariano se desdobravam sustentando-o a cada instante. Os raros momentos de sono eram idílios de emotividade. Sabedores dos compromissos que os aproximavam, os amigos espirituais compreendiam que o momento era especial na encarnação do médico e tentavam fortalecê-lo para o que estava ainda por vir.

Duas semanas haviam se passado. Edouard esforçava-se por continuar com seus serviços. As epidemias e mutilações se multiplicavam. Cansara de questionar quando tudo aquilo teria fim. Era preciso seguir adiante. Fizera um juramento, enquanto houvesse enfermos e feridos esforçar-se-ia por desempenhar bem suas funções. Naqueles últimos dias havia uma movimentação anormal entre os soldados alemães.

Ouviam-se alguns comentários de que a revolução, que derrubara o Czar na Rússia, fortalecera o Império Alemão, permitindo que as tropas fossem remanejadas. A chegada de novo contingente de soldados ao front era vista com apreensão. Significava que os esforços do lado aliado precisariam ser redobrados. Triste sina desses homens que abandonavam suas famílias para matar uns aos outros por questões que sequer compreendiam.

Edouard compreendera muito bem o significado daquela movimentação, logo teria mais trabalho. Sem dúvida que os alemães tentariam alguma ofensiva, aproveitariam o fator motivacional que elevava o moral das tropas. Estava certo! Não demorou muito, numa manhã em que o sol mal havia mostrado sua tímida face, se ouviu soar o apito. Esse som, que cortava os ares em tempo de guerra, parecia ferir a sensibilidade dos soldados. Todos sabiam que ao seu som o número de mortos se multiplicava.

Os alemães avançavam, tombando um após o outro. O que parecia uma tática suicida deveria ser mais um desvario de um comandante transformado pela guerra. Como podia mandar seus soldados para a morte certa? Porém, devido ao grande contingente de soldados, alguns conseguiram se aproximar consideravelmente das primeiras linhas de trincheira aliada.

Edouard atendia, preocupado em minimizar o sofrimento de seus companheiros. Agachado procurava estancar o sangue, que jorrava aos borbotões, de um jovem soldado ferido no peito por um estilhaço de granada. Os gritos e explosões não permitiam ter uma noção exata do que ocorria ao redor. O medo paralisaria qualquer pessoa que visse aquela cena pela primeira vez, no entanto a recorrência transformara aquilo em algo cotidiano para os soldados.

O médico não percebeu que dois soldados alemães conseguiam

se aproximar da cova rasa onde estava. Após ultrapassar uma barreira de arame farpado, que mais parecia uma prateleira de açougue por causa dos pedaços de carne ali pendurados, saltaram os dois dentro da trincheira onde estava Edouard. Espantado tentou se virar para ver o que ocorria, mas não teve chance, a baioneta do soldado alemão atingiu-o, fraturando algumas costelas e perfurando órgãos internos.

Uma intensa sequência de tiros levou ao chão os jovens alemães. Entretanto Edouard parecia ser um caso perdido. Um soldado britânico aproximou-se e pediu ajuda. Aos gritos conseguiu que a solidariedade de outro médico viesse atender o ferido. Os feridos foram removidos e arrastados pela lama por enfermeiros que andavam agachados. Chegaram a uma curva onde estariam protegidos do tiroteio.

Rasgando a camisa de Edouard, o médico percebeu que o ferimento era profundo e a quantidade de sangue que ele já havia perdido não lhe dava esperança de recuperação. Apenas sussurrou aos ouvidos de seu subordinado que tentasse ao menos minorar a dor do companheiro, pois sua vida estava condenada. Ele agonizava e alguns gemidos ainda mostravam que estava vivo, mas já havia perdido a lucidez.

Num ato de misericórdia muito duvidoso, o soldado que o acompanhava cumprira as ordens do oficial médico, administrando um paliativo que acalmaria em definitivo as dores do paciente. Edouard morria ali, entre a lama e os sonhos perdidos de milhares de jovens. Seu corpo só fora resgatado no dia seguinte e enterrado não longe de onde fora abatido.

Milhões de jovens perderam sua liberdade para lutar uma guerra injusta e sem vencedores, mostrando ao mundo que a insanidade quando desencadeada pode assumir proporções difíceis de serem imaginadas. A Primeira Guerra Mundial mudou o panorama do mundo que conhecíamos, e lançou a humanidade num período de trevas, desencadeando conflitos que se desdobram até os dias atuais.

- 28 -

Elisabeth e Mariano foram rápidos e conseguiram transportar Edouard para um local mais tranquilo, deixando para trás a virulenta paisagem das trincheiras. O jovem médico permanecia inconsciente, o efeito químico provocado pelo medicamento aplicado para apressar sua morte entorpecera seus sentidos. Estava sob efeito anestésico que alcançara as funções perispirituais.

Transportado até o leito de um hospital numa colônia espiritual próxima, permaneceu lá por algumas horas. Era preciso que o período de perturbação se dissipasse. Elisabeth aguardava sentada em uma cadeira ao seu lado, do mesmo modo que o faria se ambos estivessem em uma sala de recuperação em Londres. O efeito da perturbação, somado ao anestésico, parecia dissipar-se e Edouard passou a se mover com mais frequência.

Mais alguns minutos e seus olhos se abriram. Estava de todo desorientado, não conseguia se situar e tinha dificuldades de raciocinar.

Onde estaria que não ouvia mais os gritos e gemidos a que se habituara nos últimos anos? Não percebera que alguém estava ao seu lado.

Elisabeth, que notava suas indagações íntimas, compreendeu que vê-la ali com certeza ser-lhe-ia um choque. Lento, Edouard se moveu no leito e lançou o olhar pelo quarto onde estava. Tudo branco, limpo, bem diferente da paisagem francesa dos campos de batalha. O que era tudo aquilo? Seus olhos lhe pregavam uma peça?

Tudo mudou quando de repente percebeu que alguém estava sentado em uma confortável poltrona não distante da janela do quarto. Quem era aquela mulher? Elisabeth sorria com a dúvida que martelava os pensamentos do antigo cônjuge. Não pode ser, exclamava em voz audível. Como seria isso possível? Elisabeth morrera fazia alguns anos. Ele falava consigo mesmo, ignorando a presença da antiga esposa. Devo estar sendo vítima de uma manifestação mediúnica, ou então tudo não passou de um sonho.

Percebendo as torturas mentais e divagações que Edouard lançava contra si mesmo, Elisabeth achou por bem intervir.

— Acalme-se querido. Tudo está bem.

Edouard pareceu ainda mais intrigado. Será que todos os anos que passara na guerra foram uma criação de sua mente? Será que todo esse tempo estivera internado? Talvez em coma ou paciente de algum hospital psiquiátrico?

Uma sonora gargalhada cortou seus pensamentos. Dirigiu seu olhar para a porta e percebeu uma figura singular a observá-lo.

Vestindo hábito religioso, com a cabeça tonsurada, um jovial idoso de cabelos e barba grisalhos sorria-lhe. Quem seria este? O padre da instituição? Se o padre fora chamado, então minha hora chegou. Devo estar em estado terminal, por isso estou vendo Liz.

As conclusões de Edouard seriam cômicas, se ele não estivesse de verdade aflito com elas.

— Acalme-se meu filho. Passam-se os séculos e esses seus modos não se alteram.

Edouard olhava sem compreender. O padre falava sem que seus lábios se movimentassem. Havia enlouquecido de vez, talvez fosse uma consequência da guerra. Mas sentia-se bem para receber a extrema-unção.

Mesmo Elisabeth sorrira com as conclusões precipitadas do ex-marido.

— Acalme-se Edouard, senão seremos obrigados a colocá-lo para dormir de novo. Para que tamanha excitação? Será que nem agora você consegue descansar um pouco esses seus pensamentos?

Com certeza era Liz, só ela falava assim com ele.

— Ela tem razão, meu filho. É preciso um pouco de paciência, mais tarde você poderá obter todas as respostas que deseja. Porém, vejo que no momento você precisa de algum tempo com seus próprios pensamentos — Mariano deixava o quarto e solicitava com a mão que Elisabeth fizesse o mesmo.

Edouard se martirizava em pensamentos. Sequer havia passado por sua cabeça que ele poderia ter desencarnado. Era uma negação inconsciente da morte. Habituado a socorrer espíritos recém-libertos das vestes carnais, Frei Mariano sabia que seu pupilo necessitaria de alguns momentos a sós para aceitar o que acontecera. Já possuía elementos suficientes para encontrar todas as respostas por conta própria.

O TESTEMUNHO DOS SÁBIOS

— Mais tarde voltaremos — disse o velho frei em voz baixa a Elisabeth antes de sair.

Sem entender nada, Edouard tentava se acalmar. Sentara-se no leito e com as mãos na cabeça se autoindagava.

— O que está acontecendo?

Mentalmente tentava reorganizar as lembranças. Os últimos anos não poderiam ter sido um sonho, eram reais em absoluto. Percebeu que sua roupa estava suja de sangue. Sentiu certo desconforto abdominal e ao passar a mão lembrou-se que recebera um golpe de um soldado alemão, que lhe ferira as costelas. Portanto, deveria ter sido transportado para um hospital religioso. Apesar do ferimento, praticamente não sentia dor, era apenas um leve desconforto. Por certo não estaria sentindo nada se conseguisse controlar a ansiedade. Seus próprios pensamentos desordenados desencadearam o reaparecimento da ferida que o matara. Entretanto, como poderia explicar a presença de Elisabeth? Ela estava desencarnada havia alguns anos. Claro que poderia estar sendo vítima de um fenômeno mediúnico, mas por outro lado poderia estar desencarnado. Falando sem movimentar a boca, o frei era um indício nesse sentido. Porém, tinha receio de admitir essa possibilidade.

Aos poucos Edouard foi-se lembrando de seus últimos momentos nas trincheiras, as evidências levavam-no a uma conclusão inevitável. Estava morto, ao menos seu corpo estava. Se isso fosse verdade, poderia solicitar auxílio através do pensamento. Movido pela curiosidade insofreável do homem de ciência, animou-se com a ideia de realizar alguns testes.

Antes que pudesse pôr em prática sua curiosidade, porém, uma sonolência repentina invadiu-o e num pesado sono deixou-se entregar. Como era de se esperar a morte violenta abalara-lhe as condições psíquicas.

RAFAEL DE FIGUEIREDO DITADO POR FREI FELIPE

Acordou no dia seguinte ainda bastante sonolento, levara algum tempo para retomar a consciência de si mesmo e perceber que se encontrava no mesmo leito hospitalar de antes. Portanto, não tinha sido um sonho, estava realmente desencarnado. Lembrou-se de que um novo e amplo campo de experimentações se descortinava com a morte e agarrava-se a essa ideia para não se permitir ser invadido por pensamentos depressivos.

Percebeu a presença do mesmo religioso de antes junto à porta do quarto. Parecia que ele surgia do nada, de um momento ao outro. Quem seria ele, indagava-se Edouard. As feições eram familiares, lembrava-se de que havia um espírito que lhe dava conselhos e se apresentava como seu tutor, porém seus pensamentos ainda estavam um pouco confusos.

— Não se preocupe Jean, logo você estará em condições de descobrir o que deseja — disse o frade com um sorriso.

— Não consigo me lembrar, quem é você? Por que me chama de Jean?

Pareceu que imagens de um sonho muito distante invadiam-lhe os pensamentos; imagens desse mesmo religioso em outros tempos e a sensação de carinho que os unia.

— Não se aflija, pois tudo tem seu devido tempo.

Permaneceu em silêncio por alguns segundos e lembrou-se de Elisabeth.

— Noutro dia, você estava aqui e havia uma mulher...

— Elisabeth — atalhou Mariano.

Então era mesmo ela, pensou Edouard.

O TESTEMUNHO DOS SÁBIOS

Mariano apenas sorriu.

— Onde ela está? Posso vê-la?

— Mais tarde... Ela contava com alguns compromissos inadiáveis.

— O que eu faço? Não sei como me comportar...

— Espere um pouco, tem alguém que creio vai gostar de ver — disse isso e dirigiu-se à porta.

No leito surgia uma sombra feminina que, devido à luminosidade ambiente, Edouard não podia definir com clareza. Tomado de espanto, reconheceu tratar-se de Lucie. Um sorriso farto tomou seu rosto. Ambos selaram o reencontro com afetuoso abraço.

— Frei, o senhor pode continuar com suas atividades, eu tomo conta do paciente — disse a ex-enfermeira.

— Obrigado, minha filha, mais tarde eu voltarei — falou se retirando.

Lucie se dirigiu de novo para o amigo:

— Que bom ver que você está bem — disse rindo de suas próprias palavras.

Edouard não compreendeu a reação dela.

— Engraçado como as coisas mudam de repente. Eu acabei de perceber que estou contente por você ter morrido.

Edouard rira por sua vez.

— Nunca pensei que alguém ficaria satisfeito em me ver morto — seu sorriso transformara-se em apreensão.

RAFAEL DE FIGUEIREDO DITADO POR FREI FELIPE

— O que foi?

— Se estou morto, Sarah e minhas filhas estão sozinhas — lembrava-se que os familiares ainda deveriam estar em Londres.

— Não se preocupe, Elisabeth está com elas.

Ao olhar surpreso do amigo, Lucie continuou comentando.

— Ela é deveras dedicada. Incansável, esteve diuturnamente ao nosso lado enquanto estávamos nas trincheiras e sempre encontrou tempo para acompanhar a situação das filhas que ficaram em Londres.

— Como elas irão receber a notícia de que desencarnei?

— Gladys e Sarah estão bem. Elas seguiram com os encontros semanais e o conhecimento que adquiriram serviu-lhes de arrimo. Ainda não sabem o que aconteceu, pois a notícia não chegou. Elisabeth antecipou-se e pretende fortalecê-las para a novidade. As crianças, até mesmo pela pouca idade, passarão sem maiores problemas pelo evento. É você quem deve se preparar para não deixar que o sentimentalismo lhe traga problemas.

Edouard começou a perceber a utilidade de todas as suas observações espíritas. Os últimos anos na guerra haviam-lhe perturbado demais. Era difícil manter o idealismo diante das cenas de horror presenciadas dia após dia. Entretanto, parecia se apropriar aos poucos da tranquilidade e os pensamentos melhor organizados refletiam essa transformação íntima.

— E você, como está? — lembrou-se da morte trágica de sua amiga e não conseguiu concluir a frase deixando que as lágrimas cortassem suas palavras.

Lucie também se emocionou. Os segundos em silêncio trouxeram mais uma vez a calma.

— Eu fui trazida para cá adormecida. Não senti as repercussões da morte violenta. Assim como você, apenas uma confusão dos pensamentos me assaltou nos primeiros dias.

— E você encontrou alguém? — Edouard fazia referência a algum familiar, visto que ela havia perdido a família ainda encarnada.

— Infelizmente não. Soube que minha mãe está reencarnada, mas ainda não estou em condições de visitá-la, e meu pai não pode receber auxílio, devido aos seus pensamentos e sentimentos desordenados.

Edouard percebeu que as feições da freirinha se entristeceram e foi rápido ao mudar o assunto.

— E agora, o que fazemos por aqui? Não estou interessado em passar muitos dias entrevado no leito.

— Não mudou nada. Nem a morte foi capaz de alterar-lhe as características de paciente teimoso. Felizmente não é primeira vez que me encarrego de você e, portanto, sei muito bem como lidar com seus resmungos — respondeu rindo.

— Estava pensando, sinto-me tão mais leve. Sei que é apenas uma questão de tempo e logo estarei de todo adaptado. Não sei com exatidão como as coisas funcionam por aqui, mas sinto que existe um imenso campo de trabalho. Aos poucos pareço recordar eventos do passado, algumas fisionomias, alguns compromissos. Creio que muitas atividades esperam a minha recuperação.

— Se você quiser podemos passear um pouco, você não precisa ficar dormindo. Frei Mariano me pediu para não ser muito condescendente com você, para não mimá-lo em demasia.

— Quem é ele? Eu sei que somos muito próximos, mas não consigo ter uma noção clara disso.

— Ele é alguém muito respeitado por aqui. A relação de vocês vem de muito tempo, mas não conheço os detalhes. Porém, é fácil perceber sua predileção por você, ele o trata como a um filho.

Algumas semanas haviam-se passado. Edouard sentiu certa dificuldade de adaptação, em particular com o choque que sua morte representara para Sarah. Fora junto com Elisabeth visitar a ex-companheira durante o sonho e isso ajudara a jovem esposa. Gladys ainda deveria permanecer vários anos encarnada, o que servia de arrimo para a família.

Plenamente recuperado e apossando-se das recordações de suas últimas experiências reencarnatórias, conseguiu descobrir os objetivos existenciais que o norteiam e os compromissos que havia assumido para o futuro. Compreendeu quem era Frei Mariano e porque o mesmo preferia chamá-lo de Jean. Deixando o quarto hospitalar, transferiu-se para uma instituição muito próxima ao seu coração, onde deveria se preparar para as tarefas do porvir.

O casarão de estilo francês constituía-se em uma espécie de universidade, em que espíritos associados à cultura francesa e imbuídos de promover a transformação moral preparavam-se para cumprir seus projetos. Era lá que se fortaleciam antes de reencarnarem e dedicavam seu tempo na elaboração de material a ser ditado através da mediunidade[1]. O ambiente era sóbrio, tranquilo e voltado ao estudo e elaboração de projetos pessoais e coletivos.

Jean caminhava no parque acompanhado de seu tutor que viera conversar com ele. O verde das árvores e as fontes do jardim embriagavam de beleza os olhos cansados que haviam se habituado às paisagens da guerra.

— Como se sente? — perguntou o nobre frei.

— Melhor, estou me acostumando com a liberdade que herdei. Não tenho mais sentido necessidade de dormir, felizmente os pesadelos envolvendo os últimos anos da minha vida cessaram.

— A sua recuperação tem sido rápida, tendo em vista os horrores da guerra. Muitos espíritos levam essas lembranças na forma de imagens mentais por séculos, antes de conseguirem se libertar delas.

— O fato de não ter assassinado ninguém e ter tentado aliviar o sofrimento dos feridos facilitou-me a situação — respondeu desanimado.

— Não deve ser crítico em excesso com sua última existência — disse Mariano percebendo o tom melancólico de Jean.

— Eu devia ter-me esforçado mais, não cumpri a pleno êxito o que havíamos combinado.

— Não deve exigir demais de si mesmo. Pode não ter atingido a plenitude de seus projetos, mas fez o suficiente para que pudéssemos dar continuidade ao nosso planejamento reencarnatório.

— Deveria ter-me rendido sem tanta dificuldade ao Espiritismo.

---

[1] Essa mesma instituição aparece frequentemente nas obras ditadas pelo espírito François Rabelais (nota do médium).

Teria tido tempo de dedicar-me mais, quem sabe deixar algum registro gravado através da literatura, como era o projeto inicial.

— Sabíamos que seria difícil atingirmos pleno êxito, entretanto você cumpriu com o essencial, não apenas suportou os horrores da guerra sem cometer crimes, como se dedicou com nobreza ao alívio do sofrimento. Teve a sensibilidade fortemente agredida pelo que vivia e mesmo assim não se deixou arrastar pelo clima ambiente. Foi um grande teste para reforçar suas aspirações íntimas. Com relação ao Espiritismo, não é primeira vez que se dedica aos seus estudos, portanto não deixou igualmente de fortalecer convicções íntimas que, se bem trabalhadas, estarão latentes para serem utilizadas em futuras experiências reencarnatórias.

— Você sabe como eu sou, critico-me em demasia. Ainda preciso aprender a não ser tão exigente.

— Não se preocupe meu filho, ambos conhecemos muito bem as mazelas um do outro. Creio, porém, que você está satisfeito com o fim das dívidas de consciência. Suportar tudo que suportou, mostra a você mesmo que não existem resquícios do antigo general, que, por várias vezes, vangloriou-se do sangue derramado.

— Quanto a isso não resta dúvida. Sinto-me em paz, a experiência como Jean d'Oberville me deixou em uma situação muito tranquila, e a última reencarnação apenas me confirmou essa transformação.

— Bom, você já sabe quais serão as nossas próximas tarefas.

— Espero conseguir ajudá-lo do mesmo modo que fez comigo.

— Eu tenho plena confiança em você. Afinal, não será a primeira vez que me acompanhará os passos. Com seu conhecimento e a dedicação em se preparar para o futuro, tenho certeza de que sua inspiração me será muito importante. Não será sua primeira experiência nesse sentido.

Não esqueça que, apesar de ter ascendência moral sobre você, tenho também compromissos assumidos, dos quais preciso me desembaraçar; há irmãos a reerguer e tarefas a cumprir. Conto com sua dedicação caminhando ao meu lado, junto com nossos companheiros de ideal, para que possa desempenhar os compromissos esposados de modo satisfatório. Lembre-se de que deve se preparar, pois minha passagem sobre a Terra será breve, e logo você terá uma nova oportunidade para trabalhar os aspectos que necessitamos desempenhar junto aos ideais, que abraçamos na condição de reencarnados — suspirou antes de continuar. — É, meu caro amigo, nossas responsabilidades aumentam na proporção em que nos tornamos mais livres de nosso passado. Esforçamo-nos muito nesses últimos séculos para alcançar a situação atual, é preciso maior dedicação para desempenhar nossas funções. Com a graça de Deus, que possamos seguir em frente com coragem.

RAFAEL DE FIGUEIREDO DITADO POR FREI FELIPE

Epílogo

O Tratado de Versalhes, que privilegiava a posição anglo-francesa e definia que a Alemanha deveria pagar todos os custos da guerra, mergulhou o país no caos. Fora exagerado o desejo de vingança dos aliados e, suas consequências, funestas. Com a imposição de que só aceitariam negociar a paz com representantes legítimos do povo alemão, precipitou-se a queda do Império e o anúncio da República.

Com o surgimento da República de Weimar, a população esperava uma negociação justa, mas o que se viu levou os alemães a um profundo sentimento de humilhação. A Alemanha perdera aproximadamente 13% de seu território e 10% de sua população, anexados pelos países vencedores. O país abrira mão de suas colônias, de 75% de suas reservas de ferro e 26% das minas de carvão. Foram obrigados a destruir cerca de quinze mil aviões, além de milhares de armamentos. Suas Forças Armadas foram reduzidas ao contingente de cem mil homens. E mesmo seu principal porto passou a ser controlado por forças internacionais.

As extremas dificuldades que caíram sobre a população, levaram ao descontentamento. Os alemães sentiam-se traídos e responsabilizavam a nova República pelas humilhações que passavam. Se não fosse a guerra, sem a reação vingativa dos aliados em punir a Alemanha, não haveria espaço para o nacionalismo que crescia sem precedentes. A mais transformadora das guerras parecia ter findado, no entanto suas sequelas se desdobrariam, influenciando o mundo de modo permanente. O partido Social-Democrata tentou sustentar o regime, mas sua base política era muito fraca. Todas as forças, da extrema-direita à extrema-esquerda, e até as Igrejas Católica e Protestante, eram favoráveis à formação de um estado autoritário. O nacionalismo era o único ponto de acordo dos alemães após a guerra.

A dívida da Alemanha fora recalculada por diversas vezes até alcançar o montante de 132 bilhões de marcos-ouro, uma quantia impossível de ser paga. A hiperinflação assolava o país. Fora nesse contexto de insatisfação, conflitos internos e guerra civil que o nazismo foi forjado. O caminho estava aberto para Adolf Hitler e a ideologia preconceituosa e insana que defendia.

No outro extremo geográfico do conflito mundial estavam as nações árabes. Os ingleses haviam prometido a liberdade aos árabes que se revoltassem contra o Império Turco-Otomano; em primeiro de dezembro de 1918, porém, dois importantes estadistas europeus selavam em acordo o destino desse povo. Para Ingleses e Franceses, a conquista do Oriente Médio foi um grande negócio. Entretanto, para os árabes, a formação dessas novas colônias foi um ato de traição.

Compreendendo que a liberdade era apenas um jogo de palavras, os árabes que hoje habitam o território da Síria e do Iraque se rebelaram contra as potências ocidentais. Que chances teriam? Eram homens a cavalo com suas espadas retorcidas sendo massacrados por aviões e potentes metralhadoras. Esse é o típico evento que os "vencedores" de uma guerra preferem não comentar, como se numa guerra houvesse justos e caridosos. A guerra é um ato de insanidade coletiva, em que o mal se atreve a deixar o submundo para caminhar abertamente na superfície do planeta.

A reação Anglo-Francesa foi brutal. Enquanto franceses derrubavam o rei sírio, na Mesopotâmia, os ingleses despejavam quase cem toneladas de bombas com seus aviões, tática conhecida como "terror aéreo". Gás venenoso fora lançado sobre mulheres e crianças, assim como contra os valentes árabes que lutavam com espadas e precárias carabinas. Foi um massacre!

Aldeias inteiras foram exterminadas, até mesmo o gado era morto para que não servisse de alimento. Apenas nove pilotos ingleses perderam a vida nesse conflito, enquanto que do outro lado as baixas eram contadas entre milhares de mortos. Finda a revolta árabe, cabia aos vencedores, com a ponta de um lápis, traçar sobre o mapa as novas linhas geográficas que deveriam dividir o prêmio recém-conquistado. Churchill, primeiro ministro inglês, inventou dois países, a Jordânia e o Iraque, obrigando pessoas de etnias diferentes e com profundas marcas histórias, que as diferenciavam, a viver juntas.

Para acalmar o sentimento de traição entre os árabes, Churchill escolheu reis submissos, que poderiam servir bem a uma encenação, para colocá-los no poder. O petróleo e os conflitos de sua exploração continuam a ter seus desdobramentos nos dias atuais, em função do modo arbitrário que a situação foi conduzida. Ainda existe no povo árabe o sentimento de traição e a falta de autonomia, pois sua gente vive em países fictícios, criados pela mente ocidental, sem lhes conhecer a opinião. Os cidadãos sentem-se um povo sem pátria, porque não respeitaram seu passado e sua própria cultura secular.

Os massacres e pequenos dramas, que se ofuscam atrás de uma

guerra, são inenarráveis. O vencedor do conflito conta sua versão da história e faz com que ela prevaleça sobre as demais. Tudo, porém, não passa de uma questão de ponto de vista. Nunca existiu uma guerra sequer que trouxesse vantagens à humanidade. Ela pode até mesmo apressar transformações, mas suas consequências são sempre funestas e desordenadas. Não há nada que não pudesse ser contornado com o diálogo, mas os interesses particulares, quase sempre simulados, pintam ares de justiça onde apenas existe a barbárie e a falibilidade humana.

Para o Espiritismo, a guerra trouxe repercussões negativas, visto que conseguiu desconstituir um movimento criterioso e de vigor incalculável para a afirmação dos ideais espíritas. Uma visão científica do Espiritismo marchava a passos largos na Europa Ocidental, equiparando-se à visão eminentemente religiosa, que se desenvolveu mais tarde no Brasil. O pilar racional da Doutrina dos Espíritos sofreu profundo revés com a explosão de ambas as guerras mundiais.

Porém, uma reconstituição histórica do momento marcante dessas pesquisas pode, até certo ponto, trazer à tona essa vertente vigorosa, que apelava ao espírito crítico para comprovar a sobrevivência da alma e a comunicabilidade dos espíritos. É um trabalho que ainda está por ser realizado e que, nessas páginas, encontra forte apelo motivacional.

Os males provocados por uma guerra não são apenas sociais ou de ordem material, ultrapassam os limites da compreensão ordinária. Quando a primeira bomba toca o chão, já existe uma avalanche de pensamentos vingativos, de ódio e dramas sem-fim que se propagam em larga escala. A guerra é um atrito que paralisa o progresso espiritual e coloca em destaque as limitações intelectuais que ainda possuímos, demonstrando de maneira clara nossa incapacidade de compreendermos uns aos outros em bases fraternas.

Enquanto alguns aproveitam e retiram o melhor do sofrimento, a imensa maioria esculpe um futuro de martírio atrelado à culpa dos atos perpetrados. Assim como o magnetismo de Mesmer foi varrido para debaixo do tapete com as mudanças sociais do século XVIII, as guerras e transformações do início do século XX fizeram-nos esquecer o testemunho de muitos sábios do século XIX, que colocaram a credibilidade em jogo para afirmar que seus experimentos caminhavam na direção da existência de fenômenos mediúnicos.

Seria a pedra de toque do movimento espírita, o ponto onde o mundo se apoiaria para estudar e analisar os fenômenos mediúnicos com critério e isenção intelectual. Nunca antes tão renomados cientistas haviam voltado seus olhos para os fenômenos mediúnicos e, ao contrário de negá-los, reafirmavam-nos, considerando-os fatos verídicos. Porém, estávamos imaturos e deixamos que as sombras de nossa intimidade se avolumassem e chegassem à superfície. Se nosso coração ainda não estava pronto para abrigar essa noção de fraternidade, que advém da convicção de que a vida não termina com a morte, ainda é tempo de renovarmo-nos, de olharmos para trás e prestarmos as devidas homenagens a esses homens e mulheres que foram esquecidos, e são os verdadeiros revolucionários do bem. A maior homenagem que podemos prestar é reacendermos a chama da curiosidade científica e levarmos adiante o processo que foi interrompido de súbito. Dificilmente veremos, a curto prazo, outro grupo de renomados cientistas reencarnarem com o objetivo de reafirmar o Espiritismo. Esse trabalho foi realizado com maestria, os preconceitos foram minimizados. Se hoje nos esquecemos de tais testemunhos, é responsabilidade nossa, assim como o é reacendermos essa chama, empenhando-nos por elevar nossa voz nos púlpitos das academias com trabalhos sérios, que demonstrem ao mundo a existência de outra forma de ver a realidade, que não através do materialismo vigente.

Sofrendo com perseguições religiosas e campanhas caluniosas, que os faziam mudar de cidades e até de país em busca de um pouco de paz para continuar suas pesquisas, esses homens e mulheres visionários seguiam enfrentando os preconceitos científicos, para afirmar como o fez William Crookes, já com idade avançada, ante seus camaradas na sociedade de ciências de Londres: "Não digo isso é possível, digo isso existe!". A vida após a morte existia, era um fato. Mesmo que a genialidade acadêmica não conseguisse explicá-la, os fatos estavam lá, bem comprovados e documentados, e a intransigência intelectual não poderia colocar obstáculos a essas pesquisas. A eles, aos desbravadores da lucidez, que enfrentaram o preconceito de frente, nosso reconhecimento, pois abriram os caminhos que hoje trilhamos. Sem sua persistência corajosa, hoje não teríamos um caminho a seguir.

ANEXO I

Fotografia tirada por Charles Richet, da materialização de Bien Boa, à luz de magnésio e clorato de potássio.

ANEXO II

ALFRED RUSSEL WALLACE

Alfred Russel Wallace nasceu em Usk, Monmouthshire, na Inglaterra, em 8 de janeiro de 1823 e morreu em Broadstone, Dorset, também na Inglaterra, a 7 de novembro de 1913.

Trabalhou, inicialmente, como topógrafo e arquiteto. Por volta de 1840, começou a interessar-se por botânica. Em 1848, iniciou viagem pelo Amazonas, ali permanecendo até 1850.

Em 1858, numa reunião da Sociedade Linneana de Londres, foi apresentado conjuntamente um resumo da teoria de Darwin sobre a Evolução das Espécies e um ensaio de Wallace sobre o mesmo assunto, tomando como base a seleção natural.

"Na seleção natural não poderia justificar o gênio matemático, artístico ou musical, nem concepções metafísicas, razão ou humor e que algo no "invisível universo do Espírito" havia intercedido no processo evolutivo pelo menos em três momentos distintos:

1. Na criação da vida a partir da matéria inorgânica

2. A introdução da consciência nos animais superiores

3. A geração das faculdades acima mencionadas no espírito humano".

Em 1865, investigou os fenômenos das mesas girantes e a mediunidade, afirmando que as comunicações com espíritos são inteiramente comprovadas como qualquer outro fato da ciência. Via uma direção superior no processo evolutivo. Escreveu um livro que trata do Espiritismo e suas observações "O Aspecto científico do Sobrenatural".

Alfred Russel Wallace recebeu, em 1892, a Medalha de Ouro da Sociedade Linneana, prêmio anual que se concede a um botânico ou zoólogo, cujo trabalho tenha importância significativa para o avanço da ciência.

"Eu era, diz Wallace, um materialista tão convencido, que não admitia absolutamente a existência espiritual, nem qualquer outro agente do Universo além da força e da matéria. Os fatos, entretanto, são coisas pertinazes. A minha curiosidade foi primeiro excitada por alguns fenômenos ligeiros, mas inexplicáveis, que se produziam em uma família amiga; o desejo de saber e o amor da verdade forçaram-me a prosseguir nas pesquisas. Os fatos tornaram-se cada vez mais certos, cada vez mais variados, cada vez mais afastados de tudo quanto a ciência moderna ensina e de todas as especulações da filosofia dos nossos dias e, afinal, venceram-me. Eles me forçaram a aceitá-los como fatos, muito antes de eu admitir a sua explicação espiritual — não havia nesse tempo, em meu cérebro, lugar para esta concepção — pouco a pouco, um lugar se fez, não por opiniões preconcebidas ou teóricas, mas pela ação contínua de fatos sobre fatos, dos quais ninguém se podia desembaraçar de outra maneira. O Espiritismo está tão bem demonstrado quanto a lei de gravitação". — *Alfred Russel Wallace*, autor conjunto da teoria da evolução das espécies.

ANEXO III

RELATO DE WILLIAM CROOKES SOBRE DUAS EXPERIÊNCIAS COM KATIE KING

Em carta que escrevi a esse jornal no começo de fevereiro último, falei dos fenômenos de formas de Espíritos que se tinham manifestado pela mediunidade da Srta. Cook, e dizia que aqueles que se inclinassem a julgar severamente a Srta. Cook suspendessem o seu juízo até que eu apresentasse uma prova cabal, que acreditava suficiente para resolver a questão.

Neste momento a Srta. Cook consagra-se exclusivamente a uma série de sessões particulares, as quais não assistem senão um ou dois dos meus amigos e eu... Vi o bastante para me convencer plenamente da sinceridade e da honestidade perfeita da Srta. Cook, e para crer, com todo fundamento, que as promessas que Katie me fez, tão livremente, serão cumpridas.

Nessa carta descrevi um incidente que, em minha opinião, era muito próprio para me convencer de que Katie e a Srta. Cook eram dois seres materiais distintos. Quando Katie estava fora do gabinete, em pé, diante de mim, ouvi um gemido vindo da Srta. Cook, que se achava no gabinete. Considero-me feliz por dizer obtive, enfim, a prova cabal de que falava na carta supramencionada.

Por enquanto não me referirei à maior parte das provas que Katie me forneceu nas inúmeras ocasiões em que a Srta. Cook me favoreceu com as suas sessões em minha casa, e só descreverei uma ou duas das que se realizaram recentemente. Desde algum tempo fazia experiências com uma garrafa de 6 ou 8 onças que continha um pouco de óleo fosforado, e que estava solidamente arrolhada. Eu tinha razões para esperar que, à luz dessa lâmpada, alguns dos misteriosos fenômenos do gabinete pudessem tornar-se visíveis, e Katie também esperava obter o mesmo resultado.

A 12 de março, durante uma sessão em minha casa, e depois de Katie ter andado entre nós e de ter falado, durante algum tempo, retirou-se para trás da cortina que separava o meu laboratório, onde os assistentes estavam sentados, da minha biblioteca, que, temporariamente, serviu de gabinete. Um momento depois, ela reapareceu à frente da cortina e chamou-me dizendo: 'Entre no aposento e levante a cabeça da médium: ela escorregou para o chão.' Katie estava, então, em pé, diante de mim, trajada com seu vestido branco habitual e trazia um turbante.

Imediatamente dirigi-me à biblioteca para levantar a Srta. Cook. Katie deu alguns passos de lado para me deixar passar. Com efeito, a Srta. Cook tinha escorregado um pouco de cima do canapé, e a sua cabeça pendia em posição muito penosa. Tornei a pô-la no canapé e fazendo isso tive, apesar da escuridão, a viva satisfação de verificar que a Srta. Cook não estava trajada com vestuário de Katie, mas sim trazia a sua vestimenta ordinária de veludo preto e achava-se em profunda letargia. Não decorreu mais que três segundos entre o momento em que vi Katie de vestido branco diante de mim e o em que coloquei a Srta. Cook no canapé, tirando-a da posição em que se achava.

Voltando ao meu posto de observação, Katie apareceu de novo e disse que pensava poder mostrar-se a mim ao mesmo tempo em que à sua médium. Abaixou-se o gás e ela me pediu a lâmpada fosforescente. Depois de ter-se mostrado à claridade durante alguns segundos, ma restituiu, dizendo: *"Agora, entre e venha ver minha médium"*. Acompanhei-a de perto à minha biblioteca e, à claridade da lâmpada, vi a Srta. Cook estendida no canapé, da mesma maneira como eu a tinha deixado; olhei ao meu redor para ver Katie, ela, porém, tinha desaparecido. Chamei-a, mas não recebi resposta. Voltei ao meu lugar; Katie tornou a aparecer logo, disse-me que durante todo o tempo tinha estado em pé, perto da Srta. Cook; perguntou então se ela própria não poderia tentar uma experiência e, tomando de minhas mãos a lâmpada fosforescente, passou para trás da cortina, pedindo que não olhasse para o gabinete.

No fim de alguns minutos, restituiu-me a lâmpada, dizendo que não tinha podido sair-se bem, que havia esgotado todo o fluido da médium, mas que tornaria a experimentar em outra ocasião. Meu filho mais velho, rapaz de 14 anos, sentado a minha frente, em posição que podia ver o que se passava por trás da cortina, disse-me ter visto distintamente a lâmpada fosforescente, a qual parecia plainar no espaço, acima da Srta. Cook, iluminando-a durante o tempo em que ela estivera estendida e imóvel no canapé, mas não tinha podido ver ninguém segurar a lâmpada.

Passo agora à sessão realizada ontem à noite, em Hackney. Katie nunca apareceu com tão grande perfeição. Durante perto de duas horas passeou pela sala, conversando familiarmente com os que estavam presentes. Várias vezes tomou-me o braço, andando, e a impressão sentida por mim era a de uma mulher viva que se achava a meu lado, e não de um visitante do outro mundo; essa impressão foi tão forte, que a tentação de repetir uma nova e curiosa experiência tornou-se-me quase irresistível.

Pensando, pois, que eu não tinha um espírito perto de mim, mas sim uma senhora, pedi-lhe permissão para tomá-la em meus braços, a fim de poder verificar as interessantes observações que um experimentador ousado fizera há pouco, de maneira tão sumária. Essa permissão foi-me dada com graciosidade e, por essa razão, utilizei-me dela, convenientemente, como qualquer homem bem educado o teria feito nessas circunstâncias. O Sr. Volckman ficará satisfeito ao saber que posso corroborar a sua asserção, de que o "fantasma" era um ser tão material quanto à própria Srta. Cook. Mas o que vai seguir mostrará quão pouco fundamentado tem um experimentador, por mais cuidado que tenha em suas observações, em aventurar-se a formular uma importante conclusão quando as provas não existem em quantidade suficiente.

Katie me disse então, dessa vez, julgava-se capaz de mostrar-se ao mesmo tempo em que a Srta. Cook. Abaixei o gás e, em seguida, com a minha lâmpada fosforescente penetrei o aposento que servia de gabinete.

Eu tinha pedido com antecipação a um de meus amigos, que é hábil estenógrafo, para notar toda observação que eu fizesse, enquanto estivesse no gabinete; porque bem conhecia eu a importância que se dá às primeiras impressões e não queria confiar à minha memória mais do que fosse necessário. As suas notas acham-se nesse momento diante de mim.

Entrei no aposento com precaução: estava escuro, e foi pelo tato que procurei a Srta. Cook; encontrei-a de cócoras, no soalho.

Ajoelhando-me, deixei o ar entrar na lâmpada, e, à sua claridade, vi essa moça vestida de veludo preto, como se achava no começo da sessão, e com toda aparência de estar insensível por completo. Não se moveu quando lhe tomei a mão; conservei a lâmpada muito perto do seu rosto, mas continuou a respirar com tranquilidade.

Elevando a lâmpada, olhei em torno de mim e vi Katie, que se achava de pé, muito perto da Srta. Cook e por trás dela. Katie estava vestida com uma roupa branca, flutuante, como já a tínhamos visto durante a sessão. Segurando uma das mãos da Srta. Cook na minha e ajoelhando-me ainda, elevei e abaixei a lâmpada, tanto para alumiar a figura inteira de Katie, como para convencer-me por inteiro de que eu via, sem a menor dúvida era a verdadeira Katie, que tinha apertado em meus braços alguns minutos antes, e não o fantasma de um cérebro doentio. Ela não falou, mas moveu a cabeça, em sinal de reconhecimento. Três vezes examinei a Srta. Cook com extremo cuidado, de cócoras, diante de mim, para ter certeza de que a mão que eu segurava era de fato a de uma mulher viva; e três vezes voltei a lâmpada para Katie, a fim de examiná-la com segurança e atenção, até não ter a menor dúvida de que ela estava diante de mim. Por fim, a Srta. Cook fez um ligeiro movimento e sem mais demora Katie deu um sinal para que eu fosse embora. Retirei-me para outra parte do gabinete e deixei, então, de ver Katie, mas só abandonei o aposento depois que a Srta. Cook acordou, e que dois assistentes entrassem com luz.

Antes de terminar este artigo, desejo salientar algumas diferenças que observei entre a Srta. Cook e Katie. A estatura de Katie era variável: em minha casa a vi maior 6 polegadas do que a Srta. Cook. Ontem à noite, tendo os pés descalços e não se apoiando na ponta dos pés, ela era maior 4 polegadas e meia do que a Srta. Cook, e tinha o pescoço descoberto; a pele era perfeitamente macia ao tato e à vista, enquanto a Srta. Cook tem no pescoço uma cicatriz que, em circunstâncias semelhantes, se vê com muita distinção, sendo áspera ao tato. As orelhas de Katie não são furadas, enquanto as da Srta. Cook trazem na maioria das vezes brincos. A cor de Katie é muito branca, enquanto a Srta. Cook é muito morena. Os dedos de Katie são muito mais longos que os da Srta. Cook, e seu rosto é também maior. Nas formas e maneiras de se exprimir há também diferenças assinaladas.

William Crookes, 1874.

Fotos de Katie King ao lado de William Crookes em sessões de materialização com a médium Srta. Cook.

Durante três anos Katie King seguiu se materializando e colocando-se à disposição para que muitos sábios do século XIX a estudassem. William Crookes foi um dos mais notáveis cientistas do século XIX. Era físico e químico e foi vencedor, em 1907, do prêmio Nobel de Química, por ter descoberto o elemento químico Tálio. Escreveu ainda, muitos outros artigos versando sobre as experiências que o convenceram da realidade do fenômeno espírita.

Para maiores informações, consultar sua obra resumida e traduzida para o português pelo título "Fatos espíritas", editado pela Federação Espírita Brasileira.

Depoimentos

RAFAEL DE FIGUEIREDO DITADO POR FREI FELIPE

"Trinta anos se passaram desde que publiquei as atas das experiências tendentes a mostrar que fora dos nossos conhecimentos científicos existe uma força posta em atividade, por uma inteligência diferente da inteligência comum a todos os mortais. Nada tenho que retratar dessas experiências e mantenho as minhas verificações já publicadas, podendo mesmo a elas acrescentar muitas coisas". — *William Crookes*, 1898.

"A maior parte dos fatos enunciados sugere o caráter e a memória de certas pessoas mortas. Estou convencido de que essa substituição de personalidade ou possessão é um progresso sensível na evolução de nossa raça. Pelas minhas experiências, convenci-me de que os pretendidos mortos podem comunicar-se conosco e penso que, para o futuro, eles poderão fazê-lo de um modo mais completo. Graças a essa nova ciência, os nossos amados mortos sairão do túmulo". — *Frederic Myers*, considerado um dos pais da psicologia, em comunicação ao Congresso Oficial de Psicologia de Paris.

"Há doze anos que estudo a mediunidade da Sra. Piper. No começo eu só queria descobrir nela a fraude e o embuste. Entrei em sua casa profundamente materialista, com o intuito de desmascará-la; hoje, digo com simplicidade: Eu Creio! A demonstração foi-me feita de modo a afastar a possibilidade da menor dúvida". — *Richard Hodgson*.

O Doutor *Giuseppe Masucci*, após experiências com a médium Eusápia Paladino, conseguiu sintetizar bem o motivo da não aceitação geral dessas evidências por parte da comunidade científica, mesmo após as efetivas conclusões de tantos sábios e comissões científicas, que se formaram para tal fim. "Fui obrigado a demolir todo o edifício das minhas convicções filosóficas, às quais eu tinha consagrado parte de minha vida".

ESPIRITISMO FÁCIL
Luis Hu Rivas

Abc do Espiritismo | 21x28 cm | 44 páginas
ISBN 978-85-8353-002-2

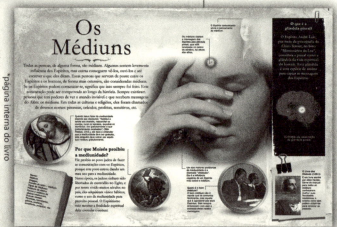

Entenda o Espiritismo com poucos minutos de leitura.

Podemos lembrar de vidas passadas? Existe a vida em outros planetas? Nos sonhos podemos ver o futuro? Como é a vida depois da morte? Onde está escrita a lei de Deus? Quais são as preces poderosas? Como afastar os maus Espíritos? Quem foi Chico Xavier? E Allan Kardec?

Catanduva-SP 17 **3531.4444** | boanova@boanova.net | São Paulo-SP 11 **3104.1270** | boanovasp@boanova.net
Sertãozinho-SP 16 **3946.2450** | novavisao@boanova.net | www.boanova.net | www.facebook.com/boanovaed

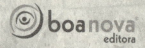

ROTEIRO DE ESTUDOS DAS OBRAS DE ANDRÉ LUIZ

ESTUDOS, COMENTÁRIOS E RESUMOS DA SÉRIE: "A VIDA NO MUNDO ESPIRITUAL"

EURÍPEDES KÜHL

Estudo Doutrinário | 16x23 cm | 512 págs
ISBN 978-85-99772-94-2
GRÁTIS - CD COM PRECES E MENSAGENS DA SÉRIE

A coleção de livros de autoria do Espírito André Luiz, psicografada pelo médium Francisco Cândido Xavier (alguns em parceria com Waldo Vieira), constitui um abençoado acervo de ensinamentos. Nessa obra, Eurípedes Kühl apresenta resumos, observações e sugestões para facilitar o estudo de todos os livros dessa coleção. Em formato de roteiro, esse livro poderá ser estudado individualmente ou em grupo. Indispensável para aqueles que buscam conhecer o Espiritismo ou se aprofundar nos conhecimentos da Doutrina.

——— ADQUIRA JÁ O SEU ———

Catanduva-SP 17 3531.4444 | boanova@boanova.net | São Paulo-SP 11 3104.1270 | boanovasp@boanova.net
Sertãozinho-SP 16 3946.2450 | novavisao@boanova.net | www.boanova.net | www.facebook.com/boanovaed

AMAR TAMBÉM SE APRENDE - CAPA DURA

14x21 cm | 144 páginas
Filosófico/Relacionamentos
ISBN: 978-85-99772-99-7
Preço de Capa: R$ 22,00

Acredita-se erroneamente que a atual "forma de amar" sempre existiu em todas as épocas. Mas o "conceito ou a maneira de amar" da contemporaneidade não existiu desde sempre. Por essa razão, precisamos nos conscientizar de sua historicidade, ou seja, do conjunto dos fatores que constituem a história de um comportamento, de uma atitude. Assim como todos os povos elegem suas tradições, também constroem suas maneiras de amar.

Condições especiais para pagamento, fale com nossos consultores.

Catanduva-SP 17 3531.4444
Sertãozinho-SP 16 3946.2450
Sao Paulo-SP 11 3104.1270

www.boanova.net
boanova@boanova.net

 /boanovaed

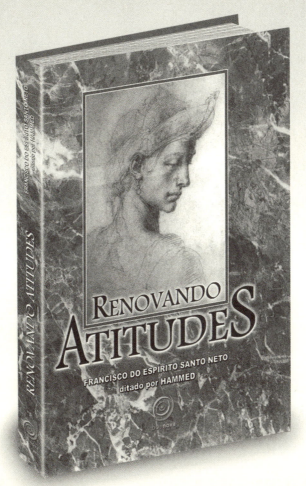

RENOVANDO ATITUDES
Francisco do Espírito Santo Neto/Hammed
Filosófico | 14x21 cm | 248 páginas | ISBN 978-85-99772-61-4

Elaborado a partir do estudo e análise de 'O Evangelho Segundo o Espiritismo', o autor espiritual Hammed afirma que somente podemos nos transformar até onde conseguirmos nos perceber. Ensina-nos como ampliar a consciência, sobretudo através da análise das emoções e sentimentos, incentivando-nos a modificar os nossos comportamentos inadequados e a assumir a responsabilidade pela nossa própria vida.

Impressão e acabamento: Corprint Gráfica e Editora Ltda.